组织工作道与行

于涛 著

人民东方出版传媒
People's Oriental Publishing & Media
東方出版社
The Oriental Press

图书在版编目（CIP）数据

组织工作道与行 / 于涛著 . —北京：东方出版社，2022.7
ISBN 978-7-5207-2806-5

Ⅰ . ①组…　Ⅱ . ①于…　Ⅲ . ①中国共产党—组织工作—研究　Ⅳ . ① D262.2

中国版本图书馆 CIP 数据核字（2022）第 091623 号

组织工作道与行
（ZUZHI GONGZUO DAO YU XING）

作　　者：于　涛
责任编辑：张永生　陈钟华
责任校对：曾庆全
出　　版：东方出版社
发　　行：人民东方出版传媒有限公司
地　　址：北京市西城区北三环中路 6 号
邮　　编：100120
印　　刷：三河市龙大印装有限公司
版　　次：2022 年 7 月第 1 版
印　　次：2022 年 7 月北京第 1 次印刷
开　　本：710 毫米 ×1000 毫米　1/16
印　　张：24
字　　数：310 千字
书　　号：ISBN 978-7-5207-2806-5
定　　价：68.00 元
发行电话：（010）85924663　85924644　85924641

目　录

C O N T E N T S

序 PREFACE

为农村集体经济鼓与呼

于涛同志的著作《组织工作道与行》出版了，特表示祝贺，并感谢她在组织工作、乡村振兴和理论工作等方面打造了一个好样板，写出了一本好教材。

我是在2019年7月结识于涛同志的，她时任中共烟台市委常委、组织部长，邀请我到烟台做“不忘初心、牢记使命”主题报告。当时，烟台的主题教育还没有启动，但他们主动学在前面，这让我没有想到，所以印象深刻。

更高兴的是，在烟台期间，我还了解到，市委组织部主动作为，在全国率先推行党支部领办合作社，把群众组织起来，走共同富裕的新型农业合作化道路。听到这个经验，我很高兴甚至有些激动，心头涌动起为这一做法鼓与呼的念头与劲头。

我一直关注农村集体经济发展。1959年12月16日，毛泽东同志在读苏联《政治经济学教科书》时就说：“在社会主义工业化过程中，随着农业机械化的发展，农业人口会减少。如果让减少下来的农业人口，都拥到城市里来，使城市人口过分膨胀，那就不好。从现在起，我们就要注意这个问题。要防止这一点，就要使农村的生活水平和城市的生活水平大致一样，或者还好一些。”随着国际大环境的剧烈变化，全球供应链特别是粮食、能源等这些关涉国计民生最重要、基础性的物资供应极可能遇到挑战。所以，习近平总书记多次强调，我们的饭碗要端在自己的手上；我们的饭碗里要盛着自己生产的粮食。

更重要的是，集体经济是农村劳动者当家作主的标志，是共同富裕的根本前提。习近平总书记多次强调人民当家作主。人民不仅要在政治和文化领域里当家作主，更要首先在经济领域当家作主；如果人民在经济领域不能当家作主，那么，在政治和文化领域里当家作主往往会成为一句空话。我们党是领导我国一切事业最为核心的力量。从长远和根本上讲，如果我国农村不能积极稳妥地推进和实现农业集体化，还会涉及我国社会主义这一根本制度中党领导一切和“以工农联盟为基础”等能否有效巩固的根本问题。如果不敢提倡和鼓励农村集体经济发展，甚至回到一家一户的小农经济，邓小平同志提出的农业、农村和农民必须要实现“两个飞跃”的战略构想根本无法实现，而且我们党在我国广大农村还会失去应有的经济基础，党就不可能长期执政，中华民族就不可能实现伟大复兴，中国特色社会主义旗帜就不可能永远高扬。

一段时间以来，一些人对农村集体经济的重大意义认识不够，主张土地私有化，主张资本下乡跑马圈地，少数地区存在农村基层党组织软弱涣散、群众集体意识淡漠等问题。党的十八大以来，烟台市全面发展壮大集体经济，填补了在全市范围发展壮大农村集体经济的空白，把习近平总书记关于“发展新型集体经济，走共同富裕道路”的指示变成了活生生的现实，成为农村走向共同富裕的先行者、“报春花”。

通过各种途径，我还了解到：截至2020年底，烟台全市共有3045

个村成立了党支部领办合作社，占全市行政村总数的47.3%。据不完全统计，带动新增集体收入3.9亿元，群众增收5亿元。农村的社会面貌焕然一新，人心被重新凝聚起来，群众关心集体，团结奋斗，守望相助，蔚然成风。党在农村执政的经济基础更加坚实，阵地更加巩固，党组织的凝聚力、号召力、组织力增强，党员干部成为带动共同富裕的生力军，党员和群众心心相印、水乳交融。这组数据和事实，促使我进一步思考：在相同的制度下，体制机制和人，哪个更重要？毛泽东同志说，“世间一切事物中，人是第一个可宝贵的”。邓小平同志也说过，办好中国的事情，关键在人。习近平总书记特别强调人的主观能动性。于涛同志在市委组织部长这个位置上，依靠党组织和人民群众，竟然使占全市总数47.3%的行政村实现了新型农业合作化。这充分说明，体制机制和人中，人是关键的决定性因素。在全党全国，这样的组织部长当然是多一点才更好！

更让我印象深刻的是，为了推行党支部领办合作社，烟台的同志们克服了很多困难，成绩来之不易。缺乏现成经验，他们就加强理论学习和调查研究，白手起家，闯出一条新路。思想认识不统一，他们就到田间地头做深入细致的思想工作，发动群众自己解放自己。部门协调难度大，组织系统就主动担当补位，扛起政治责任。很多我熟悉的领导干部和学者到烟台调研，并对烟台的做法给予充分肯定，来自全国20多个省的1万多名同志到烟台考察，不少地方组织了县乡村各级干部学习讨论。这充分说明，烟台的做法经得起检验，有普遍意义。

党支部领办合作社的成功不是偶然的，而是因为烟台市委组织部在全市营造了“党建融入一切”的大环境。烟台在干部人事工作、城市基层党建、企业党建、传承红色基因等方面有很多亮点。例如，2017年，烟台在全国率先出台了《关于加强干部意识形态能力考察的意见（试行）》和实施细则，准确识别干部的政治立场、政治方向，提拔了几位长期埋头苦干但提拔较慢的易学习式干部，引起强烈反响。出台全国首个党群服务中心地方标准，实施“红心物业”党建领航工程，通过党建解决物业和居民的各种矛盾。在国企探索“资本链上抓党建”、党建标准化质量体系等做法，培养和树立了一些先进典型。本书就是于涛同志在组织工作一线的所思、所讲、所悟的思想成果。

于涛同志是一位善于用“笔杆子”做工作的组织部长。她态度鲜明地坚定共产主义信仰，按习近平新时代中国特色社会主义思想办事，为带领群众走共同富裕道路，担当作为、敢于斗争，这些都给我留下了十分深刻的印象。特别是，她善于通过实地调研、讲党课、写文章、与网友交流等方式，以深入浅出的语言，向广大干部群众宣讲党的创新理论，让马克思主义真正成为人民手中的有力思想理论武器。她的这本著作，可以说是一本学习贯彻习近平新时代中国特色社会主义思想的活教材，一本组织工作和乡村振兴的教科书。读罢书稿，我有几点深刻印象。

——这是一本讲坚定理想信念的书。一些人讳言理想信念、讳言共产主义，根本原因是思想理论上的困惑。于涛同志坚持崇高信仰、大声说出信仰、主动传播信仰。这本书以“组织路线要为政治路线服务”“共产主义，路在脚下”分别为首章、首节的标题，就表明了作者的态度。她在大会上公开批评“有的干部甚至不好意思说自己信仰马克思主义，羞于启齿”。她回复网友说：“组工干部习惯于谨言慎行，为什么我要开公众号发文章？因为我希望做一个点灯的人……让马克思主义的坚定信仰者越来越多。”这说明，一名党员只要有远大理想和崇高追求，站位就高了，心胸就开阔了，就能坚韧不拔、百折不挠，做到“风雨不动安如山”。

——这是一本讲做到“两个维护”的书。任何工作都有一个路线问题，思想上政治上的路线正确与否是决定一切的。党的路线正确，就有了一切，没有人可以有人，没有枪可以有枪，没有政权可以有政权。路线不正确，有了也可以丢掉。这是我们党用血换来的经验教训。党的十八大以来，党和国家事业取得历史性成就、发生历史性变革，最根本的原因在于有习近平同志作为党中央的核心、全党的核心掌舵领航，在于有习近平新时代中国特色社会主义思想的科学指引。于涛同志的这本书，处处体现了她增强“四个意识”、坚定“四个自信”、做到“两个维护”，坚持党的正确政治路线的自觉性和坚定性。烟台从 2017 年起把政治标准作为考核干部的第一标准，筹建胶东（烟台）党性教育基地时，特别提出要体现习近平总书记关于改革开放前后两个历史时期不能相互否定等重要论述，批判历史虚无主义。在推行党支部领办合作社的过程中，她反复向干部讲为什么必须坚持集体所有制、坚持人民主体地位、坚持共同富裕的方向。正因为坚持了正确政治方向，所以这些工作尽管曾经困难重重，但是最终取得成功，并赢得组织的肯定和群众的衷心拥护。

——这是一本讲理论联系实际的书。做到“两个维护”，口头上容易，难的是在理论上真正透彻理解习近平新时代中国特色社会主义思想，这需要付出很大努力。马克思主义者既承认物质决定意识，但同时也重视发挥意识对物质的反作用，注重发挥人的主观能动性。这就是共产党人重视理论建设和理论指导的依据。毛泽东同志在延安时就指出:“笔杆子跟枪杆子结合起来，那么，事情就好办了。”于涛同志爱读书、爱写作，她既有较高的理论水平，更善于用明白晓畅的语言，向干部群众讲道理。她说:“我一直建议，干具体工作的同志，也要多读一些理论，在埋头拉车的时候更要抬头看路。”她说:“我们很多创新做法都得益于读书的启发。比如，推行党支部领办合作社，就读了 20 世纪 40 年代胶东解放区编印的《如何组织起来》、20 世纪 50 年代出版的《中国农村的社会主义高潮》、习近平同志的《摆脱贫困》等书，只有理论上的清醒才能有道路的坚定，才有了力排众议的这条新路。”这充分体现了“把论文写在大地上”“把彻底的理论讲彻底，把鲜活的思想讲鲜活”，对做好党的理论工作很有启发意义。

——这是一本讲如何通过党建推动发展的书。于涛同志在烟台提出“党建就是生产力”“集体经济不仅是一个经济问题，还是重大的政治问题”，这充分体现了生产力与生产关系、党建与发展、“统”与“分”的辩证法，打造了一个以抓党建促发展的样板。共产党人抓发展，不能只讲生产力，不能只盯着投资多少、利润高低、项目大小，而是要深入现象看本质，追根溯源，通过抓生产关系，为发展生产力开辟道路。本书对这些原理的阐述告诉我们，“党领导一切”不仅是政治上的要求，也是发展的强大动力。这对于正确理解“坚持党对一切工作的领导”，避免党建和业务工作“两张皮”，既坚持集中统一，又让基层充满积极性，是具有普遍意义的。

——这是一本讲树立斗争精神的书。这本书展示了一名共产党员应当如何按习近平总书记的要求进行新时代的伟大斗争。在全国没有成功先例、部门没有明确分工、各方面有不同看法、基层积极性参差不齐的条件下，烟台市委组织部按照习近平新时代中国特色社会主义思想，坚持突破常规，带领群众发展集体经济，强调“只要是对群众有益的事，我们就要义无反顾地去干”。面对探索中遇到的思想分歧和利益羁绊阻力，于涛说：“要有敢于担当的精神。看到农村基层党组织薄弱、两极分化的问题，如果不说话、不作为，就是把个人利益看得太重、明哲保身。”这充分体现了她敢于斗争、善于斗争的精神。

——这是一本讲群众路线的书。历史活动是群众的事业。烟台推行党支部领办合作社，引导群众重新增强集体意识，是党的群众路线的生动实践。于涛说：“走群众路线不仅是一种感情，也是一种工作方法。”她批评个别干部关于“群众对发展集体经济积极性不高”的认识时说：“你在宣传发动群众方面做了哪些具体工作？”“连乡镇的同志、村党支部书记都不知道，群众怎么能知道？干部不深入群众，不做深入细致的思想工作，老百姓怎么能知道合作社的好处？”“继续靠惯性往前走，乡村能在你手上实现振兴吗？”她本人走遍辖区所有乡镇，去过几百个村，察民情、摸实情，与基层干部和广大群众交朋友，许多村干部可以随时给她打电话、发信息。正是因为走群众路线，烟台才做到了不定指标、不搞“大呼隆”、不搞行政命令，而是成熟一个成立一个，确保每个合作社的成立、每位社员的入社，都是主动和自愿的。这充分证明，走群众路线是我们党最有效、最根本的工作方法，是确保党的事业长治久安的法宝。

2022 年 3 月 1 日，习近平总书记在中共中央党校（国家行政学院）中青年干部培训班开班式上的讲话中对广大党员干部提出坚持马克思主义信仰、旗帜鲜明讲政治、最根本的本领是理论素养、发扬担当和斗争精神、牢记中国共产党是什么、要干什么这个根本问题、始终保持党同人民的血肉联系等要求。我以为，这本《组织工作道与行》，正是作者学习贯彻习近平总书记重要讲话精神的结晶，所以我向大家推荐这本书。

李慎明

（中国社会科学院原副院长，

世界社会主义研究中心主任，中国政治学学会会长）

2022 年 5 月 29 日

自序 AUTHOR'S PREFACE

我愿做个“点灯的人”

习近平总书记多次要求党员干部带头读书学习，要求干部亲自参与文稿起草。这为我们做好基层工作提供了根本的遵循。

我长期从事组织人事工作，担任过山东省统计局人事教育处处长。2013年6月任山东省统计局党组成员、副局长，继续协助主要领导分管人事。2015年1月任中共莱芜市委常委、组织部长，后兼任统战部长。2016年6月任中共烟台市委常委、组织部长。其间，还分管市委党校以及市总工会、团市委、市妇联等群团组织工作。

我工作之余的最大爱好是读书。从事组织人事工作这些年，我体会到，党的建设和组织人事工作，实践性强，理论性也很强。推动任何一项工作，都需要加强学习、广泛调研、深入群众，都需要学习历史、弄通理论，自己先从思想上想明白，再讲给别人听、带领群众干。只有这样才能把理论和实践结合起来，少走弯路。

在各级组织的关怀和同事、群众的支持下，我把读书、调研、写作当成推动工作的重要方法，积累了不少讲稿、文章。2019 年 10 月，我开通了个人微信公众号“春在千门万户中”，开始发表文章。很多读者留言，一些文章被中央组织部和山东省委组织部等部门的微信公众号转载，这些都是对我的巨大鼓励。其中有一位读者留言说：

自从有了您的公众号，我就成了您的一名忠实的读者。理论文章、视频、读诗，每一篇都让我收获很大。《大国善治》让人更进一步理解中国为什么“能”、为什么“行”。《衣家村的路》让人看到了烟台基层党建工作的扎实深入，也看到了烟台基层干部队伍的素质，更看到了烟台群众的实干、苦干。看到的、听到的、读到的，让人感到烟台有一心为民的组织工作干部队伍，有可亲可爱的人民群众。

读者不期而然的一段话，让我感动不已。他的共鸣，让我深切感到，在当前这个大变局的时代，有无数胸怀理想、脚踏实地的志同道合者，在党的旗帜下，共同推动着历史前进。

组织工作干部习惯于谨言慎行，一般不轻易表达自己的观点。为什么我要做个“另类”，开通个人微信公众号发表自己的文章？因为我希望做一个“点灯的人”——用我心里的火，点燃别人心里的灯。我点燃 100 个，这 100 个就可能点燃 1000 个人、10000 个人，慢慢地，马克思主义的坚定信仰者就会越来越多。

其间，经常有读者问我，可否将这些文章结集出版，以便于阅读？问的人多了，我进行了慎重的考虑，觉得只要有利于宣传马克思主义和党的主张，只要能点燃更多的人心中的灯，把这些作品出版，似乎也未尝不可。习近平总书记要求领导干部当战士不做绅士，如果连宣传党的主张还瞻前顾后，那么何谈当战士？

2020 年 11 月，我被调到山东省药监局工作，于是出版此书又多了一层意义，那就是对我之前几十年从事组织人事工作做一个阶段性总结，请读者批评指教。

虽然工作领域发生了重大变化，但是对之前工作中所运用的认识论和方法论进行总结，也有利于今后的工作。而且，如果能与更多人分享我的所思所想所行，能够得到更多人的指正，我们之间能相互启发、取长补短、共同提高，也是好事。于是就有了这本书。

谨以此书向伟大的中国共产党致敬！

·第一章·

组织路线要为政治路线服务

共产主义，路在脚下

习近平总书记指出：“要牢记我们党从成立起就把为共产主义、社会主义而奋斗确定为自己的纲领，坚定共产主义远大理想和中国特色社会主义共同理想，不断把为崇高理想奋斗的伟大实践推向前进。”[①] 针对一些人认为共产主义前途渺茫等观点，习近平总书记在2015年同中共中央党校县委书记研修班学员座谈时再次强调：“我们不能因为实现共产主义理想是一个漫长的过程，就认为那是虚无缥缈的海市蜃楼，就不去做一个忠诚的共产党员……我们现在坚持和发展中国特色社会主义，就是向着最高理想所进行的实实在在努力。”[②]

为什么共产党员要把共产主义作为远大理想？

在人类文明的发展进程中，一直存在两种对立的价值观，其根本区别在于是为公还是为私。既有主张“人不为己，天诛地灭”“各人自扫门前雪，哪管他人瓦上霜”的狭隘个人主义的价值观；更有与之对立的追求公而忘私、“先天下之忧而忧，后天下之乐而乐”的价值观。从人类历史发展的进程来看，“公者千古，私者一时”是一个规律。中华民族自古以来就有“天下为公”的价值观，它哺育了无数埋头苦干、拼命硬干、为民请命、舍身求法的仁人志士，是中华文明能够绵延5000多年的重要精神动力。

① 习近平：《在庆祝中国共产党成立95周年大会上的讲话》，《人民日报》2016年7月2日。
② 习近平：《做焦裕禄式的县委书记》，《学习时报》2015年9月7日。

马克思在正确认识人类发展规律的基础上，把这种心系天下的价值追求概括为“为人类的福利而劳动”。毛泽东同志将其概括为“全心全意为人民服务”，并将其作为中国共产党的根本宗旨。习近平总书记用“江山就是人民，人民就是江山”来阐述以人民为中心的发展思想。

在马克思主义之前，东方和西方都有许多思想家批判私有制，憧憬一个“大道之行，天下为公”、消灭了剥削压迫和不平等、具有高度物质文明和精神文明的理想社会，但是他们并没有找到实现理想的科学道路。马克思提出了唯物史观和剩余价值理论，并认为无产阶级是全世界最受剥削和压迫，同时也是最具备革命性的阶级。《共产党宣言》中写道，无产阶级“结合成更大的集体，它的力量日益增长，它越来越感觉到自己的力量”①，并指出“过去的一切运动都是少数人的或者为少数人谋利益的运动。无产阶级的运动是绝大多数人的、为绝大多数人谋利益的独立的运动。无产阶级，现今社会的最下层，如果不炸毁构成官方社会的整个上层，就不能抬起头来，挺起胸来”②。而共产党人，正是无产阶级的先锋队，只有胸怀共产主义远大理想，才能带领人民群众为自己的利益而奋斗，克服一切艰难险阻，最终实现“每个人的自由发展是一切人的自由发展的条件”③的联合体。

正因为共产主义理想是一个有科学依据又无比高尚的目标，所以吸引了一大批持有公而忘私、大公无私价值观的人，他们是高尚的人、纯粹的人。马克思为了共产主义事业奉献一生，虽疾病缠身、穷困潦倒，仍矢志不移。李大钊在北京大学当教授时，月薪二三百银圆，那时一般市民的月薪也就十块银圆，如果他安于过个人的幸福生活，可以比当时99%的人都舒适，但是他为了建立赤旗的世界，不惜走上绞刑架。还有

---

①《马克思恩格斯选集》第1卷，人民出版社1995年版，第281页。
② 同上书，第283页。
③《马克思恩格斯文集》第2卷，人民出版社2009年版，第53页。

很多这样的先烈，为了共产主义事业抛头颅洒热血。

他们为什么参加革命？他们为了劳苦大众，为了实现共产主义的远大理想，选择了一条布满荆棘、充满坎坷的道路。他们也是为人父母，也有儿女情长，可是为了信仰、为了理想，不怕坐老虎凳、被灌辣椒水，甚至不惜牺牲生命。我敬仰这样的人，虽不能至，但心向往之。

今天我们所处的时代，比他们处所的时代幸福百倍，要坚守自己的信念，不过是需要多付出一些责任感、多有点自律精神而已。只要每名党员都能不忘初心，一心为党、一心为公、一心为民，事事以人民利益为先，立足岗位履职尽责，就是实实在在地在为共产主义奋斗。很多党员干部出问题，根源就在于其内心背弃了共产主义理想。既然他们丧失了高层次的理想目标，就必然臣服于低级需求，在行为上信奉个人主义、享乐主义，很容易混淆是非，丧失道德底线，走上违纪违法之路。在业务工作中，如果背离了共产主义的理想信念，也必然容易受到新自由主义、历史虚无主义的影响，出台违背发展规律、背离人民利益的错误政策，最终在政治上迷失方向，搬起石头砸自己的脚。他们愧对先烈、愧对前辈，令人扼腕。

为什么共产党员要坚定共产主义远大理想？

共产主义理想不是虚无缥缈的，也不是“谁也说不清楚”的，马克思主义预测了共产主义理想社会的三个基本特征：一是生产力高度发达，物质财富充裕，能够充分地满足人们的实际需要；二是社会文明程度和人的思想境界极大提高；三是每一个人获得自由而全面的发展。当前，我们党开启迈向第二个百年奋斗目标的新征程，全面建成社会主义现代化强国，这是迈向共产主义社会的必要步骤，在为未来的共产主义奠定物质基础。

当然，这个物质基础不能脱离共产主义的远大理想。习近平总书记指出，中国现代化是人口规模巨大的现代化、全体人民共同富裕的现代化、物质文明和精神文明相协调的现代化、人与自然和谐共生的现代化、走和平发展道路的现代化。这是中国现代化与西方资本主导的、物质主义的、两极分化的、对外侵略扩张现代化道路的根本不同。其中，每一个特征也都孕育着共产主义的萌芽。这就是说，共产主义其实就在我们身边，就在我们手上，就是我们正在建设的事业。

共产主义不仅是一个理想、一种社会形态，也是一个长期的历史过程。只要我们向着追求解放和发展生产力、推动人的全面发展和社会全面进步的方向不懈努力，就一定能够达到理想的彼岸。

（本文是作者 2016 年 7 月第一次参加烟台市委组织部中心组学习时的发言节选，编入本书时作了修订）

永远把人民放在最高位置

这次新冠肺炎疫情，对全球不同种族、不同信仰、不同国家、不同体制的人们，都是无差别的严峻挑战。正是因为“无差别”，正是因为“严峻”，我们才能更加看清什么是社会主义，什么是资本主义；什么叫“举国体制”，什么叫“各自为政”；什么叫“生命第一”，什么叫“群体免疫”……

截至 2020 年 7 月 5 日，占全球人口 4.25% 的美国，累计确诊病例超过 287 万例，确诊人数约占全球新冠肺炎病毒感染者的 26%。

作为一个拥有全世界最先进的医疗技术，又是最早与我国停航的国家，美国出现这种情况的主要原因就是它作为一个资本主义国家，为了经济利益、选民选票，不敢像我国这样果断按下经济发展的“暂停键”，采取严格管控措施，只能任由亿万生命暴露在未知的病毒面前。而我国在中国共产党的领导下，自始至终把人民群众生命安全和身体健康放在第一位。为了人民的生命健康，不惜承受巨大的政治和经济风险，不惜代价，采取最严格的管控措施，竭尽所能救治患者，用最有力的行动诠释了“人民至上”“生命至上”的深刻内涵。

一、永远把人民放在最高位置，首先是认清“我是谁”

把人民放在最高的位置，必须要有参照系，有“低”才能显出其“高”；只有找准自己的位置，才能摆正人民的位置。在人民群众面前，党员干部是把自己看成高高在上的“官老爷”，还是恭恭敬敬的“店小二”；是自以为高明的“精英”，还是虚心求教的“学生”；是光彩照人的“珍珠”，还是朴实无华的“泥土”？

党的性质、国家的性质，要求我们选择后者。因为我们的国家叫“人民共和国”，我们的货币叫“人民币”，我们的权威媒体叫“人民日报”，我们的党员干部叫“人民勤务员”。这些称呼大家可能习以为常，但从历史的角度、从世界的眼光看，这都是一种鲜明的标记，它说明人民在中国这片土地上具有至高无上的地位。战争年代，人民军队里的干部叫“指挥员”，战士叫“战斗员”，做饭的叫“炊事员”……大家都是革命队伍中的一员，虽然分工不同，但身份完全平等。而在国民党的军队里，则称为“长官”“伙夫”等，其身份的高低贵贱之分不言自明。这也体现了共产党和国民党根子上的区别。但这些年，有些称呼渐渐开始被异化了，“人民警察”被称为“警官”了，“人民公仆”开始享受“当官”了，更有甚者已经不满足于称呼上的变化，肆无忌惮地要起了官威。这与党的宗旨是格格不入的。

2013 年 11 月 27 日，习近平总书记视察山东时，曾在菏泽市给各区县的主要负责人念过一副对联："吃百姓之饭，穿百姓之衣，莫道百姓可欺，自己也是百姓；得一官不荣，失一官不辱，勿说一官无用，地方全靠一官。"习近平总书记用非常通俗的语言，说明了干群关系，告诫各级干部要记得"自己也是百姓"。闻一多先生曾经说过："和人民在一起——就是说自己本身是人民一分子，是在他们之内而不在他们之上。"他还讲，对人民要"从心里就爱起，和受苦难的人在一起，他身上的虱子爬到你身上来，都不觉得他脏"。这是70多年前一个旧中国进步知识分子的感悟。时代发展到了今天，党员干部更要将心比心、不忘初心。不管是在什么岗位上的干部，都要把走进群众、融入群众当作一个课题、一种使命，不要总觉得自己知识多、职位高，不要总觉得农村脏乱差、农民见识浅，相反，我们要坚信"群众是真正的英雄，而我们自己则往往是幼稚可笑的"[①]。

那么，怎样才算真正融入百姓、得到百姓的认可呢？我认为有两条非常简单而现实的检验标准：一是有没有给你报信的，二是有没有为你求情的。这两条标准，都是有出处的。

第一条，来自2008年震惊全国的"瓮安事件"。2008年6月28日，贵州省瓮安县发生了一起影响全国的"打、砸、抢、烧"恶性事件，瓮安县委、县政府，以及瓮安县公安局、财政局被烧毁，100多名公安干警被打伤。事件的直接起因是6月22日凌晨，一个叫李树芬的女学生溺水身亡，在社会上引发了种种猜测，大量群众被错误舆论裹挟，最终导致了这起群体性事件。也就是说，从李树芬溺水身亡到最终发生"打、砸、抢、烧"事件，经过了7天时间。这7天内，各种谣言满天飞，一些群众已经有了组织串联的迹象，但当地党委、政府没有信息来源，没有及时采取有效措施。事后，一位领导同志发出这样的疑问：经过这么

①《毛泽东选集》第3卷，人民出版社1991年版，第790页。

长时间，出了这么大的事，居然没有一个人向当地领导报信？！

大家再想一想，一直到20世纪70年代，国民党还经常派特务来内地搞破坏，但是来一个抓一个，特务根本没有容身之地，因为广大群众都是我们的情报员，特务一落地，群众就报信。我们不妨扪心自问：在自己工作的领域内，如果基层出现了什么情况，有没有人会主动跟你通个信？出事有人报信，这是干部融入群众、得到群众认可的一条标准。

第二条，来自两件真实的事情。《胶东子弟兵》这本书里收录了龙口籍老将军丁钊回忆的一个故事。陈金庭是烟台莱阳人，跟着部队打仗打到福建。有一天，他奉命到村子里剿匪，发现一个青年拿着大砍刀慌慌张张地跑进一个院子里。陈金庭追赶过去，几次对青年大喊："放下刀！举起手来！"但由于南北语言不通，青年根本听不懂他的话。陈金庭以为青年是土匪，就开枪把他打死了。后来他发现，被打死的青年是个贫苦农民。部队为了维护军民关系，决定枪毙陈金庭。陈金庭知道后，坦然表示："我是共产党员，我愿意用自己的生命来挽回影响。"更感人的是，他从口袋里掏出仅有的一元钱交了最后一次党费。结果，在审判大会上，群众得知事情真相后，卖棺材的人说："我的棺材不卖了！"被打死的青年的母亲也冲上台说，她的儿子已经死了，不能再让这个战士牺牲了。就这样，群众一致要求不要枪毙陈金庭。最终事情得到了圆满解决，也达到了教育群众的效果。

和这个故事一样令人震撼的是著名的"耿飚之问"。1991年，老一辈革命家耿飚重返半世纪前战斗过的陇东某县，晚饭后突然来了黑压压一群告状的群众，向他诉说对一些县乡干部的不满。耿飚就召集当地干部开会，说起50年前他任副旅长时，部队曾驻扎在这里，一个战士损害了当地群众的利益，旅部决定枪毙他。这时来了一大群老百姓，跪下为这个战士求情。耿飚反复说明八路军的军纪，可老百姓仍跪地不起，最后，耿飚只好含泪接受了群众的要求。故事讲完后，耿飚大声问道：

"现在，我要问问今天在座的你们这些人，不管哪一个，如果犯了事，老百姓还会替你们求情吗？"这一问，把在场的干部问得哑口无言，有的干部甚至失声痛哭。今天的干部都应该扪心自问，如果自己犯了事，会有群众来求情吗？

在日常工作中，可能没有人把这两条标准作为一种追求。但这是对干群关系最实在的检验、最真实的拷问。党员干部只有非常坦然、肯定地回答这两个问题的时候，才算真正摆正了自己与老百姓的关系。

二、永远把人民放在最高位置，关键是牢记"为了谁"

关于"为了谁"，答案非常明确，当然是"为了人民"。我国的传统文化中，"为民"的思想源远流长，白居易的"百姓多寒无可救，一身独暖亦何情"，郑板桥的"衙斋卧听萧萧竹，疑是民间疾苦声"，传递的都是一心为民的理念和情怀。中国共产党从诞生那一天起，就把"人民"写在自己的旗帜上。党章明确规定，中国共产党党员必须全心全意为人民服务。但对于这句"为人民服务"，有些同志虽然天天挂在嘴上却不见得能完全落到行动上，甚至做了不少名为"为民"，实则"伤民"甚至"害民"的事。

例如，有的干部平时不与困难群众联系，逢年过节，上级要求走访慰问困难群众的时候，就让村党支部书记选个困难户，去送袋米、送桶食用油，送完就走。更有的前呼后拥、层层陪同，领路的、拍照的一大堆人，送的那点东西甚至赶不上汽油钱贵。这样的做法与其说是"为民"，不如说是"作秀"。前段时间，烟台市委通报了一批形式主义、官僚主义的典型案例，其中有一个案例让人印象深刻：某电子商务企业负责人反映，在营改增期间，税务部门通知他领取几十元的退税，当时他在外地出差，就表示要放弃，结果税务部门答复说必须在规定期限内领取，否则后期将会对他进行处罚。他只好安排专人专车到市区办理相关业务，来回燃油费用加上高速通行费用一共花了 300 多元。这是为民，还是增加群众负担呢？！

要知道，“为人民服务”不是嘴上喊的，不是让人看的，而是要扎扎实实做的。

第一，要真正做到为民，就要把小事做细。《毛泽东选集》第 1 卷有一篇文章，题目是《关心群众生活，注意工作方法》。毛泽东同志在文中指出：“我们应该深刻地注意群众生活的问题，从土地、劳动问题，到柴米油盐问题。妇女群众要学习犁耙，找什么人去教她们呢？小孩子要求读书，小学办起了没有呢？对面的木桥太小会跌倒行人，要不要修理一下呢？许多人生疮害病，想个什么办法呢？一切这些群众生活上的问题，都应该把它提到自己的议事日程上。应该讨论，应该决定，应该实行，应该检查。”① 毛泽东同志提出这些要求的时候，不是在我们党取得全国政权以后，而是在 1934 年第五次反“围剿”的关键时期，这足以看出毛泽东同志对群众工作的极端重视。

习近平总书记也反复强调，“我了解人民群众最关心的就是教育、就业、收入、社保、医疗、养老、居住、环境等方面的事情”② “要及时感知社区居民的操心事、烦心事、揪心事，一件一件加以解决”③。习近平总书记把群众关心关注的问题解释得非常明确，需要我们做的，就是要把群众的诉求一件一件地收集起来、一件一件地解决好，在任何时候都把群众利益放在第一位。

比如，2020 年新冠肺炎疫情防控期间，在社区管控最严格的时候，群众反映最集中的问题就是“买菜难”问题。为此，烟台市一些基层党

---

①《毛泽东选集》第 1 卷，人民出版社 1991 年版，第 138 页。

②《国家主席习近平发表二〇一八年新年贺词》，《人民日报》2018 年 1 月 1 日。

③《坚定改革开放再出发信心和决心　加快提升城市能级和核心竞争力》，《人民日报》2018 年 11 月 8 日。

组织积极行动，搭建“送菜到家”绿色通道。社区干部把辖区群众纳入自己的微信群、朋友圈，随时看信息、听召唤，老张家需要买2斤肉、老李家需要买5斤鸡蛋……事无巨细，真正当好群众的“代办员”，受到群众欢迎。为了做好隔离群众的服务保障，社区工作者把“家”安置在冰冷的楼道里，没有取暖设备，一把凳子、一张行军床、一床被就是全部“家当”。他们在楼道里24小时轮流值守。除了当“代办员”，他们还给群众当快递员、清扫工、搬运工，把工作做到了百姓的心坎上，用细致的工作和耐心的态度，赢得了群众的理解和支持。

又如，我们发现，在城市基层治理当中，有一对突出的矛盾，就是物业和业主之间的矛盾。在一些小区，物业公司是弱势群体，虽然也干活了，但物业费有时候收不上来；在一些小区，物业可能比较强势，业主成为弱势群体，交着高额物业费，却享受不到应有的服务。为解决这些问题，烟台创建了“红心物业”党建品牌，在两方出现矛盾时，社区党组织站出来一肩挑两头，一头是物业，一头是业主。在物业企业建立党组织，加强对物业的监督并进行评星定级，对存在侵害群众利益行为的物业企业直接将其列入“黑名单”，以后限制其进入物业行业。对居民来说，难在组建业主委员会，单靠群众个人无法抗衡物业组织。我们建立健全社区党支部，在党支部领导下组建业主委员会，广泛吸收党员参加。在物业公司和业主委员会双方都建立党组织的基础上，实现交叉任职，把物业和业主委员会拧成一股绳，实现事务联商、服务联办，形成治理合力。这些小事直接提升了群众的幸福感。

习近平总书记告诫我们：“要坚持把人民群众的小事当作自己的大事，从人民群众关心的事情做起，从让人民群众满意的事情做起，带领人民不断创造美好生活。”这是我们应该始终牢记的。

第二，要真正做到为民，就要把事情做实。为人民服务，要把工作做到群众心里去，绝对不能做表面文章，更不能作秀。烟台市牟平区有个老报馆，里面有一张报纸给我留下深刻的印象。报纸上报道的是，1947 年党中央战略撤离延安、胡宗南占领延安以后，为了迎接中外记者采访，标榜国民党的形象，胡宗南专门设置了一个“为人民服务处”，服务内容包括发放赈济、免费治病、代写书信等。服务处挂牌那天很是热闹，因为张贴的通告说，延安城内不论男女老幼，只要来就发救济金 20 元法币，或者 2 尺布，或者 2 升米。但是“为人民服务处”门口拥挤了几天之后，胡宗南发现老百姓依旧不说国民党的好话，所有的服务内容最后只能不了了之。这就说明，是否真心为了群众，群众是最清楚的。即使搞一些花架子，哪怕是给群众一些小恩小惠，但是不走心，群众也不会买账。现在有个别地方为了在群众满意度调查中有个好成绩，就在临近测评的时候，组织机关干部入户走访，名义上是听取意见，实际上就是去说个好话，让群众在评议的时候能给自己打个“满意”。这种临时抱佛脚的做法也许一时有用，但最终会透支群众的满意度。不是说入户走访不对，而是这种投机式的入户走访要不得，入户走访更应做在平时、做在经常。要想真正得到群众的满意度，还得靠真功夫、实功夫，实实在在地为群众办实事、解难事、做好事。

第三，要真正做到为民，就要把好事做久。习近平总书记强调，要正确认识“功成不必在我”①，要“不计较个人功名，追求人民群众的好口碑、历史沉淀后真正的评价”②。这就要求我们必须把为人民服务贯穿工作的全过程。很多民生项目不是在短时间内能见效的，必须一代接着一代干，代代接力、久久为功。

2020 年 5 月，习近平总书记在山西视察期间，再次强调“右玉精神”。“右玉精神”出自山西省右玉县，那里曾经生态环境恶劣，但历届

---

①《习近平谈治国理政》第 1 卷，外文出版社 2018 年版，第 400 页。

②《习近平关于“不忘初心、牢记使命”论述摘编》，党建读物出版社、中央文献出版社 2019 年版，第 190 页。

县委、县政府团结全县党员干部群众，坚持植树造林、改善生态环境，经过几十年的不懈努力，全县森林覆盖率由不到 0.3% 提高到 54% 以上，在全国引起了强烈反响。我认为，这就是真正的为人民服务，其背后体现的是我们党的价值追求，其结果得到人民群众的高度认可。

习近平总书记说："一个政党，如一个人一样，最宝贵的是历尽沧桑，还怀有一颗赤子之心。"[①] 现在，新冠肺炎疫情发展态势虽然已趋于缓和，但考验我们的为民之心能否持久的"大考"仍在继续。我们能不能像抗疫期间干部下沉一线那样，把随时守在群众身边、随时听从群众召唤的好做法坚持下去？能不能像抗疫期间测体温一样，一个不少地了解辖区群众的衣食冷暖？能不能像抗疫期间定时给公共场所消毒一样，不厌其烦地履行好每天的工作职责？这是每一名共产党员需要认真思考并用一生去努力践行的使命。

三、永远把人民放在最高位置，根本是弄懂"依靠谁"

历史已经无可辩驳地证明，我们党就是依靠广大人民群众把"最后一碗米送去做军粮，最后一尺布送去做军装，最后一件老棉袄盖在担架上，最后一个亲骨肉送去上战场"的无私支持，才夺取了全国政权、取得了今天的伟大成就。这次疫情防控斗争伊始，习近平总书记就特别强调，"要广泛发动和依靠群众，同心同德、众志成城，坚决打赢疫情防控的人民战争"[②]。在回顾新冠肺炎疫情防控时，习近平总书记深情地指出，"战胜这次疫情，给我们力量和信心的是中国人民"[③]，"广大人民群

①《习近平总书记指导河北省党的群众路线教育实践活动回访记》，《人民日报》2014 年 3 月 24 日。

②《习近平在北京市调研指导新型冠状病毒肺炎疫情防控工作时强调　以更坚定的信心更顽强的意志更果断的措施　坚决打赢疫情防控的人民战争总体战阻击战》，《人民日报》2020 年 2 月 11 日。

③《习近平同波兰总统通电话》，《人民日报》2020 年 3 月 25 日。

众识大体、顾大局，自觉配合疫情防控斗争大局，形成了疫情防控的基础性力量”①。我在工作中很深刻的一点体会就是，紧紧依靠最广大人民群众，是我们战胜一切艰难险阻的最大秘诀。

但在实际工作中，有一些不想、不会、不能依靠群众的现象，值得我们警惕。

第一，不想依靠群众。有些同志遇到事情，能想到各方面力量，但就是想不到群众。比如，面对推动乡村振兴、发展新型农村集体经济的课题，有些干部对怎么招商引资都很有想法，却很少考虑怎么发动群众、自力更生。对于引进资金、资本，我们是欢迎的，特别是不少企业有丰富的管理经验，而且它们带着资金来到农村，有这些资本的投入，农村的面貌可能会更快得到改变。但是，如果单单是引进了资本，群众除了拿到一点地租以外再没有其他方式参与，那么群众的获益就比较有限。即使党组织把土地流转起来了，那也是领着群众打工，这不是我们所提倡的。村集体和资本合作，要掌握主导权，尤其是收益分配权。否则，群众就不会觉得村里的发展是自己的事，即使将来村庄发展了，那也是物质上的、形式上的，而不是有内涵的发展，更不会有人心的凝聚。

第二，不会依靠群众。有些干部出现了官僚化、机关化倾向，习惯于发号施令，拟个文件、发个通知驾轻就熟，但对于怎样把群众组织起来开展工作，却没有多少好办法，个别干部甚至感到和群众打交道“太麻烦”，群众会“添乱”。为了不与群众打交道、少与群众打交道，有时候他们会走一些歪门邪道。自 2017 年起，烟台市委组织部会同有关部门，集中力量把受过刑事处罚、存在“村霸”和涉黑涉恶等问题的村干部全部清理出去。现在回过头来分析，这些被清除出去的人之所以当初能当上村干部，一个重要原因就是在推荐村党支部书记、村委会主任人

① 《习近平在参加内蒙古代表团审议时强调　坚持人民至上　不断造福人民　把以人民为中心的发展思想落实到各项决策部署和实际工作中》，《人民日报》2020 年 5 月 23 日。

选的时候，往往听取群众意见不够，只是看谁“听话”、谁“好使”、谁能把事“摆平”，却忘记了这些人为什么“听话”、为什么“好使”。要知道他们在上级面前装出的每一个笑脸、做的每一点小事，都会加倍从老百姓身上夺回来。不把他们清理出去，群众怎么能答应？！

第三，不能依靠群众。胶东革命纪念馆内有一张老照片，它反映的是解放战争时期一个班长在打了一天仗之后，烧了一壶水给小战士洗脚的故事。这张照片打动了我。著名诗人臧克家在《有的人》这首诗里写道：“骑在人民头上的，人民把他摔垮；给人民作牛马的，人民永远记住他。”现在有个别干部“官瘾”比较足、“官气”比较大，总是把自己放在群众之上甚至是群众的对立面，把干群之间本应融洽的“鱼水”关系，变成了生硬的“官民”关系，甚至是“水火”关系，这就导致有时候我们想依靠群众却依靠不了。比如，有的地方在森林防火、创建全国文明城市等工作中，靠的主要是党员干部和专业队伍，群众只是站得远远地看热闹。究其根源，就是有些干部在平时与群众沟通少、见面少，连人与人之间最基本的感情联系都没有，群众凭什么相信你？凭什么愿意跟着你干？

党员干部应该努力贴近基层、贴近群众，学会依靠群众。

第一，依靠群众就要尊重群众，善于集中群众智慧。群众的智慧是无穷的。我和一些村党支部书记交流，觉得他们都是非常聪明、非常有智慧的人。我到群众当中去听、去看，总感觉自己的收获很多。我手机里有不少村党支部书记和社区工作人员的微信，在研究政策、推动工作的时候，除了听取有关部门和科室的意见，肯定要听听这些基层同志的意见。他们觉得可行、可接受，我心里才对这个政策有底。

我的切身体会是，不论做什么工作，知识缺了，就到群众中去学习；办法少了，就到群众中去寻找；工作难了，就到群众中去请教。到一线拜群众为师，听取群众的意见和建议，善于把人民群众的“土办法”集中起来，就能变成我们解决问题的“金点子”。回首我们党推进改革的历程，大多是顶层设计与基层创造相结合的产物。这次疫情防控，基层群众也有很多创新创造，有很多行之有效的办法。

大家在基层工作，也要多用用这个办法，遇到难题了不妨到村子里、百姓家走一走、看一看、聊一聊，一定会深受启发。但要强调的一点是，大家一定要尽可能地采取“四不两直”（不发通知、不打招呼、不听汇报、不用陪同接待，直奔基层、直插现场）的方式，扑下身子去真正搞些调研，而不要提前选好点、设计好路线，走马观花看一看，这样不仅毫无意义，而且会增加群众的反感。

第二，依靠群众就要组织群众，善于调动群众力量。党员干部的本事再大也是有限的，只有依靠群众、发动群众，由群众去做群众的工作，由群众去团结更多的群众，才能凝聚更大的力量。解放战争期间，国民党构筑了以城市为中心的统治体系，当时这套体系可以说非常精密、高效，但唯独有一点：国民党困守大城市，脱离群众，到了战争的紧要关头，一旦哪个城市失守，那一大片地方就会失灵。而我们党恰恰相反，从微观看，我们党的交通效率是比较低的，到了农村基层基本是靠人力，但由于每名党员都能团结群众、组织群众，一个地方哪怕只有一名党员，也能团结带领一大批群众去战斗，而且总体路线不会出现大的偏差，所以我们党能长期坚持敌后斗争，并最终取得胜利。

这次疫情防控，城市社区党组织的工作力量在战时配备不足的问题比较突出，有些社区几名工作人员要服务几千甚至上万人。平时勉强可以满足社区运转和群众需求，可一旦发生像新冠肺炎疫情这样的紧急突发情况，就捉襟见肘，甚至瘫痪。为避免出现这种情况，我们提出，社区工作重点要从“服务群众”向“组织群众”转变，角色定位要从“保姆”向“组织者”跨越，在平时就把群众组织起来，让群众自己服务自己。

在这方面，烟台有不少好例子。比如，芝罘区大海阳社区，通过把群众有效组织起来，大家以劳动换劳动，以服务换服务，争着为集体作贡献，甚至有 80 岁的志愿者去照顾不能自理的 70 岁的老人。这完全是一个党建引领城市社会治理的范本。又如，栖霞市亭口镇衣家村，群众还是那些群众，但一经组织起来，群众的力量就变得不可阻挡！这些年，烟台大力推行党支部领办合作社，最终目的不仅仅是群众增收、集体致富，更要通过合作社这个载体，把群众组织起来，将其凝聚到党组织周围。这是其他类型合作社都不可能达到的效果，也是我们最看重的地方。现在看，效果确实不错，最直接的体现就是在新冠肺炎疫情防控中，不管是“入户摸排”还是设卡值守，发展党支部领办合作社的村普遍比其他村做得好。

第三，依靠群众就要教育群众，善于凝聚群众共识。教育引导群众和相信依靠群众是辩证统一、不能偏废的。有的同志对群众的意见不加辨别、对群众的行为听之任之，甚至完全迁就个别人的不合理要求和非理性行为。这就会损害党组织的威信，导致关键时刻工作叫不齐号，基层党组织的组织力因此打折扣。

教育引导群众，就是要把我们党的理论、路线、方针、政策告诉群众，把我们作出的努力、取得的成绩告诉群众，进而统一群众思想、凝聚群众共识。面对汹涌而来的疫情，我们为什么能迅速动员群众、凝聚群众力量？一个很重要的原因，就是得益于高密度的、公开透明的正面宣传。各级部门频繁召开新闻发布会、及时披露疫情防控最新进展，让群众看到了党和国家战胜疫情的信心和行动，也了解了客观存在的困难和不足，最大限度争取到了群众的理解和支持。

教育引导群众也要讲究方式方法、把握尺度分寸，既不能过硬，也不能过软。特别是要注意克服两种倾向：一种倾向是简单粗暴、低端低效。有些同志做群众思想政治工作，“通不通、三分钟，再不通、龙卷风”。这样做工作哪怕群众一时服软了，也就埋下了后患。另一种倾向就是一味迁就、金钱开路。有的同志片面强调“动之以情”“相互理解”，却忘记了“晓之以理”“依法办事”，放弃了对党的方针政策的坚持，放弃了对法治原则的坚守，甚至放弃了对日常事理的坚持，结果“理解”变成了对少数人的迁就、迎合。有的干部完不成工作任务，就花钱搞定，客观上导致个别群众“一切向钱看”，胃口越来越大。在棚户区改造、拆迁补偿中出现的问题，就是由这种原因导致的。看起来做了好事，但失去了大部分群众的信任。这些干部“花钱买平安”，只想自己任内不出事，不想后任怎么办、后果怎么样，这是一种错误的、扭曲的政绩观。我们坚持以人民为中心，要学会做群众工作的方法，解开群众思想上的疙瘩，让群众心甘情愿地跟我们走，而不是迫于压力。对于少数破坏法纪的人，必须理直气壮地予以打击。让坏人受到惩戒，才能给好人以空间。

［本文是作者2020年7月7日在烟台市委党校（烟台行政学院）2020年度开学典礼上的讲话］

政治标准是考核干部的第一标准

2017年，烟台市委组织部在全国率先试行干部政治素质考察制度。之所以重视此事，一方面是因为这是事关培养“接班人”还是培养“掘墓人”的大问题，另一方面是因为政治素质有隐蔽性，考察有难度，需要破题。

一、背景动因

首先需要说明的是，干部考核与干部考察是两个既紧密联系又各具特定内涵的概念。干部考察是干部选拔任用的重要环节，主要面向拟选拔任用的特定干部；干部考核是干部管理的重要手段，面向在岗的所有干部。政治素质有很强的隐蔽性和迷惑性，准确了解掌握干部的政治素质，仅仅依靠任职前的干部考察是不够的，需要把功夫更多地下在平时，发挥干部考核（主要包括平时考核、年度考核、专项考核、任期考核4种方式）的基础性作用。为表述简便，下面统一用“政治素质考核”的提法（同时包括考察和考核的内容）。

烟台市的干部政治素质考核工作正式起步于2017年8月。市委组织部聚焦干部意识形态能力，出台了《关于加强干部意识形态能力考察的意见（试行）》，后来又出台了实施细则，明确“三问一查双评”、跟踪考察验证、部门联合“会诊”、结果研判运用、工作责任追究等工作制度。对政治素质过硬的干部，在同等条件下优先使用；对政治上不合格的干部，实行“一票否决”。

为什么要开展关于干部政治素质考核方面的探索呢？

第一，开展干部政治素质考核是贯彻党中央决策部署的必然行动。我始终认为，作为一名党的干部，只要有机会为党工作，就必须站在全局和讲政治的高度思考问题，时刻关注党中央在倡导什么、号召什么、部署什么、强调什么，并在具体工作中予以充分体现。如果不能及时跟进，“只顾低头拉车，不抬头看路”，很可能会发生南辕北辙的错误。方向错了，马越好、跑得越快，反而会离正确的目标越远。所以，我到烟台任职后开展的第一项工作，就是要求市委组织部系统梳理习近平总书记关于组织工作的重要讲话、批示和指示，明确要求每开展一项工作，都要首先学习习近平总书记有关重要论述。烟台的组织系统努力做到学习贯彻习近平新时代中国特色社会主义思想坚决、快速、彻底，推动工作创新、超前、坚定、从容。所以，我们才能自豪地说，近年来烟台市组织工作的所有创新，都得益于学习贯彻习近平新时代中国特色社会主义思想。

在系统学习梳理中，我们越来越清晰地认识到，在干部队伍建设中，始终严格把好政治关口、始终坚持政治标准，是习近平新时代中国特色社会主义思想的重要组成部分。随着全面从严治党不断深入，中央对党员干部政治素质的要求越来越明确，对开展政治素质考核的目标任务越来越清晰。

比如，在 2013 年全国组织工作会议上，习近平总书记提出 20 字好干部标准，其中第一条就是“信念坚定”，他强调：“如果理想信念不坚定，不相信马克思主义，不相信中国特色社会主义，政治上不合格，经不起风浪，这样的干部能耐再大也不是我们党需要的好干部。”这讲明了政治素质与能力素质的关系。

党的十九大报告进一步明确提出，建设高素质专业化干部队伍要“突出政治标准”。在 2018 年全国组织工作会议上，习近平总书记又强调：“政治标准是硬杠杠。这一条不过关，其他都不过关。如果政治不合格，能耐再大也不能用。”习近平总书记还指出，“政治问题有的是灵魂深处的东西，特别是政治上的两面人，有很强的隐蔽性和迷惑性，识别起来确实比较难，但也不是不能发现”“要透过现象看本质，既听其言、更观其行，既察其表、更析其里”。对于干部政治素质考核这项工作，习近平总书记既讲观点，又教方法，切中要害、明确要求，为我们抓好贯彻落实工作指明了方向。

习近平总书记重要讲话精神在中央文件中也有充分的体现。《党政领导干部选拔任用工作条例》和《党政领导干部考核工作条例》两个重要文件，都把干部政治素质考核摆在了突出位置，明确要求选拔任用党政领导干部，必须把政治标准放在首位，必须对领导班子和领导干部的政治素质进行了解、核实、评价。

通过学习习近平总书记的讲话、学习中央文件，我们坚定了这样的认识：抓干部政治素质考核是抓好干部队伍建设的首要任务、第一关口，必须在落细、落实上迈出步子、拿出办法。

第二，开展干部政治素质考核是忠诚于党的必然选择。我们之所以把干部的政治素质看得很重，积极探索开展干部政治素质考核的有效途径，一个重要的原因是我们在工作实践中发现，有些干部的思想其实是混乱的，如果不能很好地把这些干部鉴别出来，我们的事业就可能因此蒙受损失。

比如，烟台栖霞市牟氏庄园是我国北方规模最大、保存最完整的封建地主庄园，这个庄园的主人，是当年北方头号大地主，外号叫“牟二黑子”，是个典型的地主恶霸。当然，他家有钱，可以供孩子读书，也就会自我标榜是“耕读传家”。但是，历史上他家的良田千顷，不是靠勤俭节约、辛勤耕作积攒起来的，而是在“人吃人”的大灾之年，逼迫灾民“以地换粮”“大斗进小斗出”，强取豪夺剥削来的。在倡导家风建设的时候，有的同志主张宣传牟二黑子的“家风”。放着那么多革命先烈的家风不去总结、不去弘扬，非得去给地主恶霸带上光环，这不是典型的历史虚无主义吗？如果恶霸地主都能成为正面典型，那么，共产党当初领着穷人闹革命的合理性在哪里呢？简直糊涂透顶！如果组织部门政治意识不强，不加辨别，提拔了这样的干部，甚至让他去分管宣传思想工作，那么，危害将是何其巨大？！

又如，有的同志认为，农村要想发展就得靠土地私有化。这简直是咄咄怪事！坚持公有制为主体，多种所有制经济共同发展，是社会主义基本经济制度的重要组成部分。公有制经济是社会主义的重要经济基础，是维护最广大人民群众根本利益和实现共同富裕的重要保证，这不是一个党员干部应该有的认识吗？实现共产主义是党的最高目标。虽然当前我们还处在社会主义初级阶段，仍然需要坚持“两个毫不动摇”，毫不动摇地鼓励、支持和引导非公有制经济健康发展。但是，如果让私有化成为方向和道路，那么，共产党和资产阶级政党还有区别吗？那还是共产党的初心吗？主张土地私有化，是同党的主张背道而驰的错误观点。

如果任用的干部在这些根本问题上立场不坚定甚至出现偏差，那么，必然会导致工作偏向。所以，要不要加强干部政治素质考核、能不能抓好干部政治素质考核，不仅是一个干部考核的问题，而且还是涉及方向、路线的原则问题，是培养、选拔“接班人”还是“掘墓人”的问题，是决定党和国家前途命运的问题，没有理由不高度重视，必须全力以赴做好。

第三，开展干部政治素质考核是履行组织部门职责的必然要求。组织路线是为政治路线服务的，组织部门的重要职责之一就是为党的事业把好用人关，这就要求每名组工干部都要增强政治敏锐性和鉴别力。如果没有强有力的措施、没有健全的机制，组工干部的政治敏锐性和鉴别力就没有保证。我经常给烟台组织系统的同志们讲一个例子，2017 年，某省的省委党史研究室有两名干部要被提拔，在公示的时候，方志敏烈士的孙子方华清对此公开提出质疑。他说，前几年敌对势力利用网络大肆诋毁抹黑方志敏烈士及其领导的红十军团的时候，这些省委党史研究室的同志对此没有予以及时回应和有力反击，这是对历史虚无主义让步，这种干部不符合党的政治标准。在方华清提出质疑后，这两名干部被暂缓提拔了。

我看到这个新闻之后，对部里的同志说，这件事虽然不是发生在烟台，但也需要我们反思。为什么方志敏同志的孙子对那次干部提拔提出了质疑，而组织部门事先却没有把这当作问题？这本身就非常值得警醒。我们应该怎么看待政治标准，怎么判断政治素质？针对这个问题，烟台组织系统开展了讨论，让组织部长、组工干部都对照反思，能不能打包票，类似的问题不会出在自己身上？有了这样的警醒，烟台各级组织部门全面行动起来，自觉探索加强干部政治素质考核的系列办法。

第四，开展干部政治素质考核是解决干部考核突出问题的必然举措。除了如前所述的思想认识上的问题，在干部考核实践中，还有一些具体操作层面的问题，需要我们重视并破解。突出表现在以下几个方面：

考核方式“飘”。目前在对干部进行政治素质考核评价时，主要采用民主测评和个别谈话等方式，有的考核评价过程简单化、表面化、程序化，测评时参与人员往往“闭着眼打钩”，都是清一色的“好”或“优”，而个别谈话在很大程度上受心态、时间、空间、外部环境等影响，很难反映真实情况。有的组织部门不愿做深入细致的辨析工作，考核不严格、走过场，导致“两面人”“伪忠诚者”蒙混过关。

考核内容“虚”。有的同志认为政治素质本身就是比较虚的概念，很难量化，对政治素质考核缺乏深入研究，没有统一标准和科学体系；有的不注重研究政治素质的具体内涵，导致政治素质考核多是定性内容，标准抽象、内容笼统、不接地气，考核工作人员难以把握，被测评人摸不着头脑，影响了考核实效。

考核效果“差”。有的政治评语千篇一律，“偏、空、高”，泛泛而谈，缺乏实际内容，甚至直接“复制粘贴”，缺乏“一人一像”的准确性；有的以有无违法违纪行为替代了政治表现，背离了政治素质考核的本意；有的不重视结果运用，认为政治素质是软指标、虚指标，考过了就结束了，导致政治素质考核的结果与干部使用相脱节。

我们把这些问题提出来，摆到桌面上，这样一来，推进干部政治素质考核就有了“标靶”，而我们采取的措施就更有针对性和实效性。

二、主要做法

总的看，我们着力解决了干部政治素质考核“考什么”“怎么考”“怎么看”“怎么用”这 4 个关键问题，初步构建了一套全方位、立体化的干部政治素质考核体系。

第一，解决“考什么”的问题。

从调研的结果看，基层最关心、最关注的问题是政治素质考核到底考什么，有没有具体的指标。

针对这一问题，我们按照《党政领导干部选拔任用工作条例》的要求，坚持高站位与找准小切口相结合，从“政治忠诚、政治定力、政治担当、政治能力和政治自律”5 个方面，把干部政治素质考核的内容细化为 28 个方面，让政治标准更加具体化，可感知、可评价，以此解决政治标准过于笼统、空泛、不易把握、难以评价的问题。

一是政治忠诚，主要看干部对党的信仰、对党的组织、对党的事业的态度和表现，看干部是不是能够牢固树立“四个意识”，对党保持唯一的、彻底的、无条件的、不掺任何杂质、没有任何水分的忠诚。

政治忠诚不是抽象的，而是具体的，不仅体现在言语上，更体现在行动上。比如，前几年有的干部把妻子、孩子都送到国外，自己留在国内当“裸官”；有的忙不迭地购买国外的资产，防止把钱“都放在一个篮子里”。这些干部无一例外都把“忠诚”挂在嘴上，但他们的行动出卖了内心的真实想法。我们在对人大代表推荐人选进行考察时就曾发现，有的人频繁出国，甚至拿到了其他国家的绿卡。这样的人选，一心向外，怎么可能代表人民呢？甚至他们有可能站到人民的对立面，这样的人必须坚决拿下。

干部政治上是不是忠诚，还体现在是不是对党坦荡、老实，严格规范按权限办事，如实报告该报告的事项。近年来，我们把干部个人有关事项报告抽查、档案审核等情况，作为考核干部忠诚度的重要方面。有一名年轻干部，在组织发现他的档案有疑点、对他进行调查核实的时候，故意隐瞒实情、不向组织如实说明情况。但一件事只要做了就一定有痕迹，心存侥幸、蒙混过关是不可能的。我们让干部自己说明情况，是给其一个主动坦白的机会，是否可以采信，组织上还会调查论证。最后证明，这名干部说了假话，于是对其作出了降职、调离公务员岗位、限制提拔使用的严肃处理。不忠诚、不老实就是政治素质不合格。

二是政治定力，主要看干部是否能够在思想上政治上排除各种干扰、抵挡各种诱惑，坚定“四个自信”；看干部在大是大非面前政治立场是否坚定，能否带头抵制错误言论。

我们考核干部在错误言论面前的政治定力，从不同渠道收集了一些迷惑性很强的问题，比如，有的同志对全面从严治党的战略决策，提出了“党大还是法大”的问题；有的年轻人说，现在世界发展这么快，中国发展这么快，我们怎么还能用几百年前的理论指导现在的实践，马克思主义是不是过时了；等等。我们在干部考察谈话中，把这些问题提给被考察对象，看他们能不能从思想理论上认清这些问题，能不能坚定“四个自信”。事实上，对这些问题，习近平总书记在不同的场合都给出了明确的答案。关于“党大还是法大”的问题，习近平总书记指出，“党大还是法大”是个伪命题，权大还是法大才是一个真命题；关于马克思主义过时论，习近平总书记指出，尽管我们所处的时代同马克思所处的时代相比发生了巨大而深刻的变化，但从世界社会主义 500 年的大视野来看，我们依然处在马克思主义所指明的历史时代。不可否认的是，并不是所有干部都能领悟习近平总书记讲话精神的实质。

我们考核干部在面对个人进退、留转等重大问题时的政治定力，特别是换届等关键时期干部的表现，看他们是心浮气躁、上蹿下跳，甚至心态失衡、丑态百出，还是泰然自若地接受组织考验、挑选和安排。这些干部心理层面无法掩饰的表现，也是政治定力中一个重要的考量内容。

我们考核干部在日常言行中的政治定力，看干部在聊天的时候，是经常唱衰中国还是看好中国，是觉得美国的制度好还是中国的制度好，是觉得反腐有害还是坚决拥护反腐，经常在朋友圈里转发的是《人民日报》的文章还是《苹果日报》的内容，等等。管中窥豹、见微知著，通过这些日常言行，也可以评判干部的政治定力。

三是政治担当，主要看干部在贯彻党中央决策部署、完成重大任务时的表现，看干部是不是真正做到了“两个维护”。

我认为，讲政治最根本的一条就是坚决维护习近平同志党中央的核心、全党的核心地位，坚决维护党中央权威和集中统一领导。“两个维护”是实的而不是虚的，要体现在行动中而不是口号上。像“秦岭违建”问题，习近平总书记作了6次批示，有关干部就是无动于衷，违建就是拆不动，显然这是对“两个维护”置若罔闻。如果党员干部嘴上口口声声说“两个维护”，实际工作中却做不到，那就是阳奉阴违、口是心非。

当前，各地都面临整治“大棚房”、拆除违建别墅、清理整顿违规高尔夫球场等任务。对中央的明确要求，地方干部是坚决彻底整治，还是想方设法搞变通、想保留？这看起来是发展问题，但体现的是干部的担当作为、政治素质。我认为，党中央部署的防范化解重大风险、精准脱贫、污染防治等三大攻坚战，以及庆祝中华人民共和国成立70周年等重大敏感时期的维稳工作，都是考核干部政治担当的关键时刻。比如，2018年，央视《焦点访谈》曝光海阳市破坏沿海防护林事件后，我们安排组工干部全程参与事件的调查处理，对不担当不作为、落实力不强的干部及时作出组织处理，有2名县级干部被撤职或调离岗位、4名科级干部被撤职或降级。这件事之后，我们在制订2019年度考核办法时，把“四个意识”是否牢固树立，执行中央、省委、市委决策部署是否态度坚决、行动迅速，政治生态是否风清气正等与干部政治素质密切相关的指标，作为约束性指标，纳入全市经济社会发展综合考核，与各级各部门和党员干部奖惩直接挂钩，形成了对政治素质，特别是对政治担当考核的硬约束。

四是政治能力，这是在干部所有能力中排在第一位的能力。习近平总书记明确指出，政治能力就是把握方向、把握大势、把握全局的能力，是辨别政治是非、保持政治定力、驾驭政治局面、防范政治风险的能力。

政治能力与干部的日常工作息息相关。比如，有的干部缺乏政治敏锐性和政治鉴别力，对政治上的苗头性、倾向性问题不能见微知著、防患于未然，甚至对挑战政治底线的错误言行和不良风气听之任之、逃避责任、失职渎职。在 2012 年至 2013 年初湖南省衡阳市破坏选举案这样严重挑战党的政治底线的大案中就有不少干部随波逐流，甚至参与其中。这实在值得我们警醒。

我们把领导干部抓党建的能力看作很重要的政治能力。习近平总书记说，抓好党建是最大的政绩。但是这项工作量大面广，做了多少工作，取得了多少成绩，发挥了多少作用，不像经济指标那么好衡量。不认真抓这个工作，虽然眼前没有什么问题，但是过两三年问题一定会暴露出来。如果认真抓，可能一时半会儿也看不到什么变化，但是过两三年党建工作一定会有大改观。所以，党建工作不能立竿见影，是潜绩。就像有人说的，城市的下水道是这个城市的良心一样，抓党建也是一个领导干部的良心。没有对党的事业的忠诚和担当，没有对群众的情怀和责任，没有"功成不必在我"的境界，不可能干好工作。

烟台市有个区委组织部长，他不搞花架子，不搞伪创新，心无旁骛扎实细致地抓党建，把很多问题和风险都解决在萌芽状态。他干了两年之后，把区基层党建基础夯得很实，群众满意度测评跃升全省第一。时任中央组织部长赵乐际同志到该区调研后，在全国城市基层党建工作会议上，点名表扬他们的做法；中组部组织局的领导到该区视察社会组织党建后表示："我对社会组织党建的所有疑问，在这里都找到了答案。"这样的干部就是政治能力强的同志。经组织研究，市委提拔这位同志到市委组织部工作，分管全市的基层党建。现在，我们可以自信地说，烟台的基层党建工作在全国也是走在前列的。

五是政治自律，主要看干部严格遵守党的政治纪律和政治规矩情况。政治自律既有在大的、宏观方面的要求，那就是不走偏、不唱反调，也有在日常言行、细微之处时刻警醒、时刻斗争的微观要求。微观要求更易接触、更易了解、更易考核识别干部。比如，我们在干部考察谈话中发现，有的干部在不经意间，习惯把单位主要负责人称为"掌柜的"或者"老大"，这与《关于新形势下党内政治生活的若干准则》中"党内一律称同志"的要求背道而驰。称呼问题看似无关紧要，但对党内干部来讲却是一个纪律问题，折射出干部政治意识强不强、遵守政治纪律严不严的问题。进一步讲，这也反映出这个单位政治生态好不好、纪律约束硬不硬，是不是建立起清清爽爽的同志关系、规规矩矩的上下级关系等问题。

当然，政治自律不仅体现为"自我约束性"，而且还体现为"对外斗争性"。旗帜鲜明反对错误言论，做"战士"不做"绅士"，同样是习近平总书记提出的要求，是党员干部的一种很重要的政治素质。比如，面对历史虚无主义的种种言论，我们就要当仁不让站出来、旗帜鲜明地顶回去，而不能听之任之。

第二，解决"怎么考"的问题。

首先，建强考核队伍。组工干部要考核别人，前提是自己要经得起考核；要把干部的政治素质考准考实，自身的政治素质必须过硬。为此，我们提出了一个"大干部"理念——不是说干部的职务高，而是要求在干部政治素质考核上，组织部的每个科室都是干部科室，每名组工干部都有考核验证、分析辨别干部政治素质的责任。

比如，在研究动议乡镇党委书记时，就要专门听取组织科的意见。组织科要对这名同志抓党建述职评议的情况、党建任务完成情况等作出详细说明，对那些只会抓发展、不会抓党建，在党建考核中位次靠后的干部，不纳入视野。

同时，我们把干部参加党校培训情况，作为考核干部政治素质的重要窗口。对烟台市委党校重点班次，我们推行“跟班管理＋跟踪考核”的办法，安排组工干部全程跟班，记录干部参训情况和课堂内外表现；考核其对政治纪律、政治规矩的态度和在接受理论教育、党性教育时，能否坚定理想信念、做到知行合一；对学员逐一作出不超过 100 字的政治能力评价，作为研判评价干部政治素质的重要参考；等等。“用人用大节，看人看细节”，在党校培训期间，干部比较轻松，也比较真实，是考核干部的好时机。

随着“大干部”理念的深入推广，我们把市直部门的政工科长、乡镇的组织委员，都纳入组工干部队伍，为干部政治素质考核提供基础支撑。自 2020 年以来，我们抓住机构改革的机遇，在党员人数 50 人以上的市直机关及直属事业单位，全部设立党建办公室，按照县（市、区）委常委、组织部长的标准，在全市统筹配备党建办主任。截至 2019 年 10 月，48 个应配备党建办主任的部门，已经配备 44 个，他们平均年龄 44.5 岁，研究生以上学历的占 32.4%。这支精干的力量，对加强本单位党员干部的政治素质建设、抓好政治素质的日常考核，发挥了积极作用。

其次，明确考核流程。针对干部政治素质的隐蔽性、复杂性特点，我们在干部政治素质考核中推行“三问一查双评”工作流程，着力推动干部政治素质考核实现标准化、精细化。

“三问”，就是在干部谈话过程中，向谈话对象重点询问了解三方面内容：一问信仰，了解干部坚定“四个自信”的情况，看其能否认真学习贯彻习近平新时代中国特色社会主义思想，能否坚决抵制和批判错误思潮，以及本人及家属有无搞封建迷信、烧香拜佛、看风水、参与邪教活动等情形。二问纪律，了解干部能否自觉遵守政治纪律，能否牢固树立“四个意识”、坚定“四个自信”、坚决做到“两个维护”，是否存在爱惜羽毛、不敢亮剑的现象，看其是否在茶余饭后、生活圈、微信圈口无遮拦，发布小道消息、散播政治谣言和不当言论、诋毁党的政策和形象，以及有没有不良嗜好等。三问表现，了解干部在贯彻落实上级重大决策部署、完成重大任务、面临重大考验、应对突发事件中的具体表现情况，看其是否存在心口不一、阳奉阴违等情形。

“一查”，就是查阅干部政治素质档案。我们把建立干部政治素质档案，作为一项基础性工作来抓，要求各级党组织明确专门工作人员负责记录、收集本地本单位干部政治素质方面情况。主要做到“四必记”：一是理论学习必记，如中心组学习、党校培训、理论研讨情况等；二是政治生活必记，如参加民主生活会（组织生活会）发言、相互批评意见，民主评议党员结果等；三是决策执行必记，如对上级重大决策部署的立场态度、执行落实、工作效果等；四是日常言行必记，如对日常工作和生活中涉及意识形态、政治素质方面的情况进行记录。对领导班子成员，还注意收集其落实意识形态工作责任制的情况，如抓意识形态建设的讲话材料、重大事件处置、履行“一岗双责”情况等。

随着政治素质考核工作深入推进，各级组织部门对干部政治素质表现的把握越来越准确。比如，有的单位在干部政治素质档案中写道：“在违法建设拆除工作中，主动担当、带头攻坚，在全市率先将自然保护区内 29 栋别墅全部按期和谐拆除。”还有的写道，“采取不发通知、不打招呼、不听汇报、不用陪同接待，直奔基层、直插现场方式，走遍全市 784 个行政村，准确掌握实际情况和一手资料”。我们有了这些信息，对干部政治素质的研判就会更准确。

“双评”，就是在干部的任职考察、专项调研中，对其政治素质进行正反向测评；在领导班子、领导干部的年度考核中，对其政治素质进行专项测评，并采取无记名投票方式，对其政治素质进行评议。

为了防止出现考核测评走过场、大家“闭着眼睛，一律打‘优’”的情况，我们对正反向测评的比例作出强制性规定，“正向测评”中，“优秀”比例不得多于三分之一；“反向测评”中，每张测评票不得全部为“不了解”或“不存在”。否则，该次测评作废，要组织重新测评。通过测评后的统计看，测评结果相对集中，比较容易发现干部队伍中在政治素质上的一些苗头性、倾向性问题。这也从侧面印证了一个道理：干工作就怕认真，只要我们拿出认真的劲头，就能做好工作。

最后，完善考核方法。针对干部政治素质具有复杂性的特点，对干部政治素质的考核既不能局限于一时一事，也不能做表面文章。为此，我们重点在 4 个方面作了探索和拓展：

一是由集中考察向日常考核拓展。逐步由单纯考察向考察调研拓展、由任职前的集中考察向融入日常的一线考核拓展，注重把干部考核的工作重心放在平时、放在日常，重点从干部的落实力来看干部的政治素质。比如，我们借鉴“四不两直”的工作方式，市委组织部考核调研组随机旁听县（市、区）委常委会、政府常务会，直接了解主要负责人的民主作风、决策能力情况，直接了解领导班子的工作氛围、团结协作情况，直接了解领导班子成员的担当作为、尽职履责情况，掌握分析研判领导班子和领导干部政治素质的第一手资料。另外，市委组织部由常务副部长带队，在一年内与全市 154 名乡镇（街道）党委书记逐一进行面对面交流，直接掌握干部的现实表现和精神状态。

二是由“八小时内”向“八小时外”拓展。探索推行以考察谈话、家人访谈、个人承诺为主要内容的“两谈一诺”干部家风考察模式，当面访谈干部的配偶及成年子女，电话访谈干部的父母等近亲属，深入了解考察对象的生活作风、业余爱好、家教家风等情况，把干部“八小时外”与“八小时内”的表现进行对比，看干部能否做到工作与生活一个样、人前与人后一个样、台上与台下一个样。该项制度实行以来，我们对涉及提拔调整的355名干部均开展了家风考核。有的县（市、区）探索开展家访的办法，明确10类必访情形，通过上门家访、家属恳谈会等形式，了解干部“八小时外”的政治表现情况，推动以良好家风促进干部政治素质能力提升。

比如，在蓬莱市的一次干部随机家访中，组织部门了解到，一名乡镇干部从2012年开始，隐姓埋名捐助孤寡老人、贫困户和家庭困难学生共19人。对这样的干部、这样的事迹，由于他们刻意低调，有些情况其所在单位也不了解，组织部门如果不深入开展家访，很难发现。

三是由单打独斗向联合作战拓展。探索建立“六会诊”机制，即与纪委监委重点“会诊”干部遵守政治纪律、政治规矩的情况，与宣传部门重点“会诊”干部意识形态工作责任的落实情况和现实表现，与政法委重点“会诊”干部对待邪教的态度和反对抵制邪教的情况，与统战部重点“会诊”干部是否存在信仰宗教的情况，等等。比如，针对互联网是当前意识形态工作主战场、最前沿的实际情况，我们强化与宣传部门的即时沟通。2018年，在推荐省人大代表、省政协委员过程中，我们在省里规定征求24个部门意见的基础上，增加了征求宣传部门的意见，对意识形态、政治素质方面存在问题的，均不作为提名人选。之后，在提拔重用干部时，我们都向市委宣传部发函征求意见，对意识形态、政治素质方面存在负面情形的干部，实行“一票否决”。

四是由短时考核向蹲点考核拓展。以往的干部考核，往往集中在一个相对短的时间段内，对干部政治素质的评价往往不够全面。为此，我们探索推行蹲点考核的方式，选派组工干部到工作现场，与干部同吃、同住、同劳动，近距离、全方位考核干部。2018年，围绕推进市级重点项目塔山南路建设项目，我们安排考核办的同志把办公室搬到项目指挥部，与指挥部的同志一同办公、一同推进项目，收到了较好效果。

烟台市福山区委组织部也开展了相关探索，他们从部内抽调机关干部，对乡镇、街道、园区和维稳压力大、工作任务重的部门，进行了为期 3 个月的深入考核。通过与基层干部谋在一起、想在一起、干在一起，零距离、陪伴式考核干部担当意识、规矩意识和工作作风、生活作风的表现。在考核中，他们发现一名 1965 年出生的“老乡镇”，敬业精神突出，政治素质很高，干部群众认可度很高。根据这次考核结果，福山区委将他提拔为副科级领导干部，在当地引起强烈反响。

第三，解决“怎么看”的问题。

一个人看另外一个人，可能不一定准；但 360 度全方位、无死角看一个人，就相对比较准了。以往不同科室开展干部考核的结果是单独存放的，同一名干部在不同任职阶段的考核结果往往难以相互比对，制约了对干部的综合研判效果，在干部政治素质考核上也存在类似的问题。针对这种情况，我们运用大数据、云计算技术，研发了“干部队伍建设智慧云平台”，用于分析研判干部政治素质。目前，这个平台已经获得国家版权局登记证书，烟台市委组织部拥有全部独立著作权。借助云平台，我们更好地实现了全面、历史、辩证地看干部的政治素质。

全面地看就是实现多渠道信息整合，把部内各科室通过开展干部考察调研、年度考核、民主生活会和组织生活会、党校培训等渠道收集的信息，统一纳入数据平台，并与纪委监委、公安、民政等部门数据资源进行共享，目的是全景式展现干部基础信息、日常信息和干部监督信息。目前，平台已采集各类研判信息 4.9 万余条，覆盖全市 7700 名正科级以上干部。在平台上，我们专门设置“政治思想表现”专栏，把干部参加民主生活会、主题教育、意识形态、社区服务等情况进行定向收集汇总，对干部政治素质相关信息进行一站式收集，随时可以一键调阅。

同时，我们还依托云平台，为593名县（市、区）党政班子成员、乡镇（街道）党（工）委书记以及其他表现优秀的科级干部，建立干部多维信息库，收集干部在环保督察、重点项目建设、新旧动能转换、党建等方面重点工作的推进情况、取得的主要成绩以及综合考核情况，每季度更新一次。

历史地看，就是实现多维度信息比对。在云平台上，干部信息不再是分散的，而是聚合的，特别是系统可以按照时间顺序，对干部信息进行整合分析，从干部不同任职经历、工作表现、教育培训、表彰奖励等情况，自动分析得出干部在政治表现、熟悉领域、性格特点等方面的内容，再辅以每名干部的基本信息，基本实现了对干部过去与现在、优点与不足、定量与定性等全方位、立体化的精准画像。

比如，平台具备自动形成干部社会关系图谱功能。在开展班子匹配度分析时，如果班子中的成员，在多年前曾经在同一个部门甚至同一个科室工作，系统会自动提示。而以往这样的信息只有长期从事干部工作的人员才能掌握，在干部酝酿时也容易被忽视。

平台具体运用到干部政治素质研判上，就是可以对干部多年来参加组织生活会、民主生活会等对照检查材料，将班子成员的相互批评意见等进行系统对比。以往，这些材料由于形成时间不一，比对起来比较复杂。现在，把相关信息录入平台后，系统可以自动汇集分析。个别干部连续两年查摆的问题相似度高，对别人提出的批评意见整改不到位等情况，都可以及时被发现。

辩证地看，就是实现多视角信息预警。在云平台上，我们除了设置5大类28种正向评价信息外，还定向收集21种干部负面信息，包括干部交通违法、信用评价、网络舆情、个人事项查核、信访、违纪等，把碎片化的信息变成综合的、全景式的负面清单，并对关键负面信息作出预警提示。

比如，平台会对干部受处分的影响期进行自动记录，并对影响期内干部受到影响的事项作出提示，有效避免了受处分干部进入干部动议环节。又如，平台专门收集了干部网络舆情信息，在酝酿干部时，系统会自动提示并展示舆情的相关原始资料，有效避免了干部科室由于不了解相关情况而造成的被动。

第四，解决“怎么用”的问题。

只有把干部政治素质考核的结果利用起来，才能发挥其应有的作用。我们重点抓了 3 个方面：

一是体现在干部选拔任用上。只有把干部政治素质考核的结果充分体现到干部选拔任用上，才能让干部真正重视起来、自觉行动起来。烟台市委明确规定：把政治标准作为选拔任用干部的首要依据，对政治素质过硬的干部，同等条件下优先使用；在民主测评中总体评价“一般”及“较差”等次得票率超过三分之一或“较差”等次得票率超过五分之一的，以及存在负面情形的干部，一律不予提拔重用。

在具体工作中，对政治素质过硬的干部坚决使用。有一位干部是县委常委、组织部长，因为综合表现突出，一年后被提拔担任市直部门“一把手”；机构改革后，又担任了另一个重要部门的“一把手”，在两个综合部门经受住了考验，表现出较好的政治素质，最近烟台市委又任命他为县（市、区）正职。这样的例子还有很多，仅 2018 年以来，我们先后提拔了 5 名被省委表彰的担当作为的好书记，提拔了 12 名在参与上合峰会等特殊时期维稳督导工作中表现优秀的干部，其中 8 人被提拔担任市直部门（单位）“一把手”。

同时，对政治素质表现有问题的干部坚决不用。有一个乡镇党委书记，抓发展的能力非常突出，县委多次极力推荐这名干部。但我们经过综合分析研判发现，这名干部虽然工作干得不错，但在政治自律方面，群众有反映。我们就坚持政治素质第一的标准，没有提拔这名干部。后来，这名干部果然在廉洁上出了问题。现在回过头来看，如果当初我们没有坚持政治标准，提拔了这名干部，那既是对党的事业不负责任，也是自己工作的失职。

二是体现在教育培训上。建立干部教育培训与政治素质考核联动机制，对在政治素质考核中发现的苗头性、倾向性问题，特别是面上普遍存在的问题短板，及时采取开设专题课程、开展专门培训等方式，帮助干部尽快补齐短板。例如，我们分析考核结果发现，一些干部防范化解风险的意识不强、办法不多，对习近平总书记有关重要讲话精神理解不够深不够透，我们随即邀请专家到烟台开展专题讲座，并同步在烟台网络党校上线 16 门相关课程，让干部在短时间内补充相关知识。

又如，经调研发现，烟台本地的一些干部对胶东革命历史和革命精神了解不多，缺乏进一步加强政治教育的载体。于是，我们全力以赴加强胶东党性教育基地建设。2018 年，我们从习近平总书记视察烟台后第 2 天起，就开始谋划建设蓬莱教学区，用不到 2 个月的时间，达到了“开门迎客”的标准，创造了将习近平总书记的指示要求贯彻到底、落实到位的“烟台速度”。2019 年，我们盘活一处占地 80 亩、展陈面积 5800 平方米的烂尾工程，仅用 106 天就高水平建成胶东红色文化陈列馆，成为全市开展主题教育的重要载体。

目前，烟台市党性教育基地已经形成了涵盖古代文明教育、近代警示教育、革命传统教育、改革开放教育的完整的“四大板块”，串联起 32 个教学点，形成了逻辑严密的有机整体。特别是把习近平总书记视察烟台时莅临的蓬莱水城、万华烟台工业园、中集来福士海洋工程有限公司烟台基地等纳入党性教育基地建设，重走习近平总书记走过的路，让党员干部更加深刻地学习领会习近平总书记视察山东、视察烟台重要讲话精神。中共中央党校（国家行政学院）习近平新时代中国特色社会主义思想研修班的学员在参观基地后评价说：“像烟台党性教育基地这样把党史、国史和现实相结合，古代、近代和现代相交融，紧密呼应‘四个意识’‘两个维护’、涵盖党性教育方方面面，在全国是不多见的。”

三是体现在监督管理上。坚持把政治纪律和政治规矩作为干部管理监督的第一准则，对政治素质考核中发现有倾向性、苗头性问题的干部，有针对性地对其进行提醒谈话，早打招呼；对意识形态素养差、政治立场模糊的干部，在关键时刻、重要事件中经不起考验的干部，视情节作出组织处理。出台实施《烟台市认定和调整不适宜担任现职干部办法（试行）》，明确不适宜担任现职的第一条标准就是不遵守政治纪律和政治规矩，对存在不严格遵守党的政治纪律和政治规矩、不坚决贯彻执行党的路线方针政策、在重大原则问题上立场不坚定、关键时刻经不住考验等情形的干部，坚决予以调整。

三、认识体会

通过开展干部政治素质考核的实践，我主要有以下几点体会：

第一，开展干部政治素质考核的前提是“想抓”，关键在政治态度。

干部政治素质考核这项工作抓起来有难度，但也不是难以破题，关键看有没有真正想抓的态度，有没有从政治上看问题的高度，有没有“干部政治素质是‘1’，其他素质是‘0’”的硬度。在党的十九大报告突出强调“干部政治标准”的两个月之前，烟台就出台了加强政治素质考核的有关文件，并不是相关措施已经完备了，而是认定这项工作不抓不行。直到今天，我依然认为，我们的工作还有很大的改进空间。但这并不妨碍我们先行一步，摸着石头过河。具体的方法可以在工作实践中不断完善，但抓工作的态度必须坚定不移。

事实证明，通过我们的工作，传达出鲜明的态度，让烟台的干部感受到“什么是政治素质”，开始主动去提升自身的政治素质，在工作中凸显政治素质，这与中央全面从严治党的要求是高度吻合的。如果再拓展一步的话，我认为，今天我们处在一个全面深化改革的新时代，艰巨的干部人事制度改革任务、日新月异的发展形势，已经不允许我们有“等一等、看一看”的旁观心态了。对中央的决策部署，必须拿出“一脚油门踩到底”的攻坚态度，决心一次下足，集中火力突击，先干起来，在干中改，在干中变，在干中赢得主动，在干中争取未来。

第二，开展干部政治素质考核的重点是“会抓”，关键在辩证思维。

我始终认为，正因为有了难题，我们的工作才有提升的机会。干部政治素质考核，难就难在政治素质的抽象性、隐蔽性，但这恰恰考验的是我们考核方法的有效性，考验的是我们思维方式的科学性，考验的是组工干部透过现象看本质的看家本领。破解这个难题的过程，让我们对干部考核方式进行了系统梳理，也让我们对知事识人的方法有了新的认识。具体而言，面对政治素质考核的难题，需要强化辩证思维，处理好以下 3 个关系：

一是处理好“近”与“远”的关系，善于用望远镜看“远”。政治素质考核，既要看细节、看一时一事，又要看整体、看主流，避免考核有局限性、片面性。所以，我们在干部政治素质考核中，才格外重视“干部队伍建设智慧云平台”的作用，才格外重视对干部过往历史的考核。对当前有错误言行的干部，坚决不用；对那些到什么山头唱什么歌、随风倒的干部，也坚决不用。

二是处理好“言”与“行”的关系，善于用放大镜看“行”。干部的政治表达、政治表态很重要，但更重要的是看他们怎么做，以及在什么样的指导思想下去做。所以，我们把考核的重点从“纸上”转到“场上”，把考核的主战场从“档案盒里”转到“指挥部里”。

三是处理好“表”与“里”的关系，善于用内窥镜看“里”。干部政治素质考核，考的是干部思想深处的东西，这是考核的难点所在，也恰恰是考核的价值所在。曾经有的同志提出，开展蹲点调研式的考核，成本高、难度大，得出的结论还不是干了哪几样活吗？蹲点调研式考核的重要性在于，它不仅看干部干成了什么，更看干部以什么样的态度、用什么样的状态、从什么样的出发点去干。这些内容，只有在沉浸式的考核中才能发现。

第三，开展干部政治素质考核的根本是“用好”，关键在应用的刚性。

干部政治素质考核能不能真正发挥作用，能不能引导干部都照着做，关键看组织部门能不能发扬斗争精神，是不是动真的、来实的。所以，对那些经过实践检验、政治素质过硬的干部，就要坚决使用，甚至顶着压力破格提拔重用；对那些政治素质不过关的干部，我们要坚持“零容忍”，坚决为党的事业把好用人关口。只有坚决把政治素质好的干部用起来，坚决不让政治上有问题的人混进来，坚决把“政治素质是第一素质”的导向树起来，才能打造政治上的“绿水青山”，才能让我们的政治生态越来越好。

（本文是作者2019年10月31日在中组部全国组织干部学院专题培训班上的讲座报告）

附：干部政治素质如何考准考实
——山东省烟台市探索干部政治素质考察方法

“德才兼备、以德为先”是我们党选用干部的原则。新修订的《党政领导干部选拔任用工作条例》明确提出，选拔任用党政领导干部，必须把政治标准放在首位。

眼下，山东省烟台市正努力完善干部政治素质考察方法，推动干部政治素质考察由虚转实，由单角度到多维度，力求考准考实干部的政治忠诚、政治定力、政治担当、政治能力、政治自律。记者日前来到烟台市，探访当地如何将干部政治素质考准考实。

把政治素质摆在首位，考察指标由虚转实

“有无心口不一、阳奉阴违、和中央唱反调的行为”“有无搞封建迷信活动情况”……在最近对干部的例行考察中，莱山区委组织部干部科科长李志成首先询问被考察干部的政治表现。“过去考察干部，往往一上来就问干部有何特点、业绩如何，对干部的政治素质考察重视不够。近年来考察干部，把政治素质考察真正放在了首位。”前后的明显变化让李志成感触颇深。

政治素质相对抽象、较难量化，基层组织部门在具体操作时也不易把握。“过去政治素质考察，从考察形式到考察环节多是一带而过，缺乏有效抓手。”莱山区委常委、组织部长孙健说，由于干部政治素质考察不严格、走过场，导致一些基层干部不注重自身政治素质的提升，片面认为讲政治只是高级干部的事，有意无意中放松了自我要求，也影响

了党员干部在群众心中的形象。

政治素质考察不仅须摆在首位，更应具体、量化。为了让政治素质考察指标由虚转实，莱山区建立政治素质表现正面、负面清单。

“以前谈到讲政治，我们基层干部觉得离得远，也很空泛，甚至简单认为只要不乱说话就是讲政治。”莱山区黄海路街道办事处主任张俊海结合自身工作谈道，现在有了详细清单，让大家时时对照，对自身工作有了更严格的要求。2019 年 4 月刚到任，张俊海就着手解决部分社区业委会换届选举等老大难问题，“过去面对复杂的群众工作，往往退一退、等一等，现在思想认识上有了变化，考虑更多的是如何创造性地解决问题。”

记者注意到，不光莱山区，在烟台市各县区，政治素质考察内容均在不断细化完善。在烟台市本级，考察对象确定后，采取无记名投票对干部政治素质进行正向和反向测评，按照“优秀、良好、一般、较差”四个等次评价，对政治上不合格的“一票否决”。福山区出台考察办法，从“政治忠诚、政治定力、政治担当、政治能力和政治自律”5 个方面，对政治素质考察指标细化，2018 年以来因政治素质存在问题，有 8 名干部被谈话提醒、19 名干部被预警管理。

近距离蹲点考察，激励干部担当作为

基层干部是执行党中央决策部署的“神经末梢”，对他们的政治素质考察，不仅看政治理论学习，而且看在落实工作中是不是讲政治，面对工作难题能否担当作为。

走进福山区清洋街道兴华庄社区，过去脏乱差的 100 多亩棚户区基本拆迁完毕。一大早，面庞黝黑的街道党工委书记刘延塔来到其中一户搬迁户家中查看情况。“你家现在这院子 100 多平方米，搬了后能换更大的新房呢！”刘延塔和搬迁户唠起嗑来。在刘延塔身旁，福山区委组

织部下派干部曲坤正捧着一本厚厚的笔记本详细记录——从5月5日报到起，她将在清洋街道蹲点考察干部3个月以上。

包括曲坤在内，2019年福山区委组织部分两批、每批4人，抽调部内机关干部到拆迁任务重、位置偏远的镇街一线蹲点考察干部，时间不少于3个月。“通过与基层干部共同推进重点工作，组织部门能长时间、近距离、全方位接触干部，考准考实干部的政治意识、政治担当。”福山区委常委、组织部长宋军委说。

下派时间虽不长，但曲坤的工作笔记已记了近30页，记者随手翻了翻：“5月6日（周一）早晨7时30分，与梁芳芳、袁涛、唐莉、郭静四位同志，五人攻坚小组一起去做拆迁工作，上午聊了3个小时，帮助拆迁户分析利弊”，“兴华庄板块内房屋198套，红线内已完成清零，剩余红线外未签约5户6套房”……

“以前考察干部，一般用半天到一天时间，以谈话、测评为主，形式相对单一，听得多、看得少。”短短几天，让参与干部考察工作近6年的曲坤切身感受到蹲点考察的实效，“白天和干部一起项目攻关，商量对策，观察干部在工作中的表现；工作时间外，我们一起聊家长里短、谈天说地，了解干部思想动态……这样能对干部能力素质、工作作风全方位了解。”

近距离蹲点考察，激发出干部干事创业的积极性。清洋街道属于福山区的老城区，棚改、拆迁、信访等矛盾不少。“过去认为这些多属历史遗留问题，有的还不在街道职能权限内，往往等着区委区政府决策。”2019年初交流到清洋街道任党工委书记的刘延塔说：“蹲点近距离考察，督促我们做工作更主动、更讲究方法。”

考察干部的政治素质，既要注重其平时表现，也要注重其重要关头、关键时刻的表现。2018年以来，烟台市本级，福山区、芝罘区、莱山区、莱阳市等地，把干部在重点工作、重大项目一线的表现，特别是干部在处理疑难复杂问题中表现出的格局和能力水平作为考察识别干部政治素质的重要依据。"通过重点工作实地考察，把迎难而上、勇于攻坚的干部识别出来。"烟台市委常委、组织部长于涛表示。

在烟台市档案局工作了9年的毛玉柱，曾多次被抽调到信访一线处理难题，因工作实绩突出，2018年底被提拔担任长岛综合试验区纪工委书记。"新岗位对政治素质和政治能力提出了更高的要求，遇到问题我必须主动研究，担当作为。"毛玉柱说。

采访中不少干部表示，政治素质考察中，不仅有负面"不能为"清单，更有"担当有为"的正面要求，激发出了大家干事创业的积极性。

全方位分析研判，知人知面更知心

"请介绍一下刘文博同志的政治素质，特别是承担党的建设、廉政建设、维护稳定、违建拆除、扫黑除恶等工作的完成情况"……近期，芝罘区委组织部干部考察组对机构改革后毓璜顶街道新调整的10余名干部进行季度考察，街道党工委书记朱杰从干部参加学习、落实上级决策部署等方面介绍了干部政治表现情况，为考察组全面研判干部政治素质提供了参考依据。

"政治素质考察绝非一日之功。组织部门要注重考察干部平时的一贯表现，不断积累反映干部真实表现的活情况、真素材。"芝罘区委常委、组织部长蒋海华对记者谈起了如何将政治素质考准考实的体会。为织密考察网，除了常规考察，自2018年起，芝罘区还专门增加了对新任干部的"月考""季评"，在干部调整岗位刚满一个月、一个季度时，对干部政治素质、服从安排、岗位适应等情况作全面了解；同时还结合提拔考察，向干部家属、邻居等了解干部"八小时外"的言行等。

"新到这个岗位，本以为岗位熟悉期间工作强度不会很大，但'月考''季评'督促我们自我加压、尽快适应。"2019年1月被提拔重用到芝罘区凤凰台街道担任党工委副书记的杨丹说："考察把政治标准放在第一位，要求我们敢担当、有作为。"

采访中，不少组工干部坦言，政治素质很难通过一时的外在表现精准识别，也难以通过单一的干部档案、现实表现材料等记录精准研判，须全面综合分析研判，才能把干部政治素质考准考实。因此，烟台市建立干部考察多维信息库，把干部政治表现作为重要指标，每季度收集更新干部政治表现及具体事例，目前已为 192 名县（市、区）党政班子成员、154 名乡镇（街）党（工）委书记，以及其他 193 名优秀干部建档"画像"；芝罘区、莱阳市、莱山区等地还建立了政治素质表现多部门认定联审制度。

2018 年，在莱山区对区某部门科级干部政治素质正反向测评中，一名干部被反映存在"政治自律意识不强、弄虚作假"等问题。为此，区委组织部向信访、纪检监察、宣传部门等了解情况，纪检监察部门查实线索显示，该干部与联系服务对象存在不正当经济往来，最终被免职。

全方位的信息不仅能考准干部个人政治素质的情况，还能对干部群体的政治素质发展趋势进行综合研判。近期，芝罘区在经常性考察和提拔任职考察时，重点对班子政治意识和干部政治素质进行专项测评，并运用大数据对全区 700 多名科级干部政治素质指标进行纵向、横向分析研判。近 3 年政治素质考察结果发现，政治素质考核指挥棒发挥作用愈加明显。

"加强干部政治素质考察，就是要让政治素质标准具体、鲜明，使政治素质考察有方向、有目标、有举措，真正考准考实干部忠诚度，提升干部政治素质。"于涛表示，如何把政治素质考准考实，仍需继续深化完善，力求把干部的政治素质"画"得更精准。

（原载于《人民日报》2019 年 5 月 28 日，作者：江琳）

党校姓党，天经地义

2015 年 12 月 11 日，习近平总书记在全国党校工作会议上就如何做好党校工作发表了重要讲话。这个讲话讲得非常透彻、明确。对在党校工作的同志来说，要经常把这个讲话拿出来，认真学习、深刻领会、坚定践行。

一、要毫不动摇地恪守党校姓党原则

习近平总书记强调："党校因党而立，党校姓党是天经地义的要求。"对于这一根本原则，我们不能只说在嘴上，而要落实到行动上、体现到工作中。

一要把党校姓党体现到"两个维护"上。讲政治，最根本的一条就是坚决维护习近平同志党中央的核心、全党的核心地位，坚决维护党中央权威和集中统一领导。党校搞理论研究的同志，对"两个维护"有更深刻的理解，理应知道"两个维护"是实的而不是虚的，要体现在行动中，而不是口号上。像秦岭违建别墅问题，习近平总书记作了 6 次批示，有关干部就是无动于衷，显然是对"两个维护"置若罔闻。嘴上口口声声说"两个维护"，实际工作中却做不到，那就是阳奉阴违、口是心非。党校要培养学员做到"两个维护"，自己首先要做到。只有自己做到了，才能引导党校学员做到。

烟台市委党校系统全体教职员工，必须把"两个维护"作为最高的政治原则，习近平总书记指示什么，党校就坚决贯彻什么；党中央要求干什么，党校就坚定干什么。在自身做好的同时，认真扎实开展习近平新时代中国特色社会主义思想的理论研究和教育教学。党校教师必须立志做研究习近平新时代中国特色社会主义思想的专家、权威，要在这个领域推出在全省乃至全国都有影响的精品课。全市各级党校都要有这样一种追求。

二要把党校姓党体现到严守纪律上。2018 年修订的《中国共产党纪律处分条例》，把党的纪律归纳为政治纪律、组织纪律、廉洁纪律、群众纪律、工作纪律、生活纪律六大类。这六大类纪律都是必须遵守的。作为党校的老师，本身就应该有“学为人师，行为世范”的要求，就是要给学生作表率、当榜样。如果比学生还落后，就没有资格做老师。

同时，作为党校的教师，要比一般教师有更高的要求，那就是坚持“学术探索无禁区，党校讲课有纪律”，严守政治纪律和政治规矩，坚定站在党的立场上讲话，绝不允许发表违反党的理论和路线方针政策、违反中央决定的错误观点。要发扬斗争精神，提高斗争本领，加强对各种社会思潮的辨析和引导，在噪声杂音面前敢于挺身而出，旗帜鲜明地与错误思想作斗争。这不是最高标准，而是底线要求。党校的职责定位要求我们就是要比一般人看得真、看得准。在该发声的时候不发声，本身就是违反政治纪律；站在讲台上发错了声，更是不允许的。

三要把党校姓党体现到从严治校上。党校是锻造革命者的地方，是党性教育的大熔炉，校风必须正、作风必须实、要求必须严。要把严以治校、严以治教、严以治学贯穿党校工作全过程，以落实市委巡察整改意见为切入点，坚持问题导向，举一反三，系统整改工作中的其他问题。要加强制度建设，按规定办事。不管是人员招录还是职称评聘，不管是后勤管理还是请销假，都得建立规矩，规范管理。要严肃党内政治生活，以此作为抓班子、带队伍的重要手段严肃对待，作党内政治生活的典范。

要严格落实“十不准”规定和培训纪律要求，敢抓敢管、严抓严管，来党校学习的党员干部，无论什么身份、什么职务，到了党校都是普通学员，不允许任何人搞特殊。组织部门要继续对重点班次安排跟班联络员，随时考察干部在校表现，通过学风考察识别干部的作风，把学习培训作为培养干部、发现干部、考察识别干部的重要渠道。

二、要毫不动摇地提升办学质量

建设高素质专业化干部队伍、推动全市高质量发展，离不开党校各项工作高质量推进。要按照市委对标赶超的要求，坚持质量立校，在全国、全省寻标定位、比学赶超、争创一流，全力完成好“保三争二抢第一”的目标。

一要聚焦首要任务。这个首要任务就是要推动学习习近平新时代中国特色社会主义思想往深里走、往实里走、往心里走，落地生根、开花结果。各级党校都要专题举办习近平新时代中国特色社会主义思想理论研修培训班，在主体班次中单列专门的教学单元，科学设置教学专题，形成完备的课程体系。

推动习近平新时代中国特色社会主义思想入心入脑，需要付出巨大努力。这方面，我们还是有差距的。

比如，有些同志思维方式还停留在过去，习近平总书记提出改革开放前后两个历史时期不能互相否定的重要思想，但是有些同志就是转不过弯来。如果不能打通这个脉络，就不可能真正理解习近平新时代中国特色社会主义思想，更不可能准确讲授习近平新时代中国特色社会主义思想。

又如，有的同志把西方的理论和话语体系当成金科玉律，觉得符合西方标准的就是好的，不符合西方标准的，就是落后的、陈旧的；有的同志把西方经济学奉若圭臬，但就是不会用习近平新时代中国特色社会主义思想所蕴含的马克思主义立场来看问题，不会用马克思主义政治经济学观点来看中国经济问题。从这些表现可以看出，有的同志对党的基本理论学得少了、信得浅了，甚至根本就没有走心。这样的人站在讲台上，必然是“以其昏昏，使人昭昭”，不可能把党中央的新理念新思想新战略给学员讲清楚，更不要说能产生精品课了。

二要完善教学布局。要按照《2018—2022 年全国干部教育培训规划》，进一步改进和完善课程设置。要强化党性教育，确保党的基本理论教育和党性教育不低于总课时的 70%。其中，党性教育要有单独单元，且不低于总课时的 20%，一个月以上的班次必须安排学员进行党性分析。要围绕提升干部的专业化能力，紧扣 100 项“三重工作”、新旧动能转换、八大产业发展等设置课程，有针对性地补齐干部的能力缺项和素质短板。

关于党性教育，我们要下大气力深入研发精品课。要让课程打动人、感染人、启发人、教育人，而不是对故事和理论进行简单的堆砌。怎么才能打动别人呢？首要的一点是自己能沉进去，先要感动自己。如果自己都不能理解烈士的牺牲是为了什么，都不能认同这种牺牲和奉献，怎么可能打动学员呢？

关于党的理论更是如此，只有自己真学真懂、真信真用，才能把理论讲透彻。我向大家推荐《大道之行》《天下为公》《大国新路》等几本书。这几本书的共同特点就是，没有一句是对着党的十八大和十九大文件来照本宣科的，但又没有一句不是围绕党的十八大和十九大精神来阐释道理的。观点正确不说，关键是娓娓道来、浅显易懂，说理透彻、润物无声。这样的理论书成了畅销书，因为读者不费劲就能看完、看懂，然后不知不觉、潜移默化地对习近平总书记的思想有了深刻领会，我觉得这就是理论教学要追求的境界。把简单的事说复杂了，那是吓唬人的，只有把复杂的事讲得很浅显，让人能听懂，才是本事。

党校教师要勤于思考，想办法把课讲好、讲生动，想办法丰富自己的理论素养，积极主动地率先用习近平新时代中国特色社会主义思想武装自己，然后再去教育别人。但是，有的同志一辈子就讲一堂课，备一次课讲十年，老生常谈、毫无新意，不会做也不愿意做“新衣服”，顶多是把“新名词”当成“补丁”，打在“旧衣服”上，局部修修补补，这样肯定讲不好课。

党校教师还要善于研究。2019 年 3 月 18 日，我到省委党校去作了一次讲座，讲的主题是以组织力提升推动乡村振兴。刚才提到的《大国新路》的作者江宇，对这个课题很感兴趣。前期沟通的时候，他表示已经有其他安排，不能去济南听这堂课了，有些遗憾。但就在我与省委党校教师热烈交流的过程中，发现他还是去了，悄悄地坐在一个角落里听。事后我才了解到，他临时调整了自己的行程安排。这真是“路漫漫其修远兮，吾将上下而求索”的精神啊！他为什么要这么大费周折地去听我的这堂课？是因为他到烟台看过之后，认为我们探索了一条可推广的乡村振兴路径，所以他就很愿意持续地追踪研究这个课题。我看他辗转赶过来听我讲课，很感动，但感动之余，更多的是在反思。反思我们的教师有没有这种敏锐性？我们的教师有没有这种求知若渴的精神？我们的教师有没有这种不讲物质利益、不讲报酬，不辞车马劳顿搞研究的境界？大家是否都应该见贤思齐、反躬自问？

三要推进改革创新。要抓好资源整合，积极推进党校工作与市委、市政府的中心工作，与市委理论中心组学习、胶东（烟台）党性教育基地建设紧密结合。要善于学习借鉴外地先进经验，深化互动式、研讨式、体验式等教学模式，探索运用访谈教学、论坛教学、翻转课堂等具有特色的教学方法。要注重加强案例教学，省委党校 2018 年编写了包括上海经济合作组织青岛峰会、威海客车重大伤亡案件、于欢案在内的案例教材，大家一定要用对用好，真正让教学案例成为教育学员的助推器，切实提高教育培训的实效。

尤其需要强调的是，山东省委党校对我们“推行党支部领办合作社，以组织力提升推动乡村振兴”的做法很有兴趣，提出要到烟台来总结一批案例，并共建乡村振兴学院。这是烟台市委党校发展的难得机遇。在我们身边出现的这种重大创新，我们有没有足够的敏锐性去跟踪、提炼、总结、阐释？在山东省委党校如此积极跟进的时候，我们应该配合做些什么？我们怎么利用这个契机提升自己的教学科研水平？我们可以开发什么案例推动教学？怎么建乡村振兴学院？这些都是需要抓紧考虑和谋划的。目前，乡村振兴学院正在建设校舍，但是校舍不是重要的。哪怕没有校舍，这个事也可以抓紧时间干起来。就像清华大学老校长梅贻琦说的，“所谓大学者，非谓有大楼之谓也，有大师之谓也”，意思就是大学不能光有大楼，还得有大师。什么叫大师呢？就是能把乡村振兴这个课讲起来，让全国各地的人听了之后，感到确实是启发了思路、不虚此行才行。这是比建校舍更难的问题。对这个问题，从现在开始就要好好谋划。

三、要毫不动摇地提升自身素质

党校要发展，关键在教师。有人把教师比喻成蜡烛，燃烧自己照亮别人，但我认为，教师不仅是蜡烛，更应该是“点灯的人”，用自己心里的火，点燃别人心里的灯，一传十、十传百，最后让新思想星火燎原。党校教师尤其如此，因为大家面对的是各级干部，如果党校教师的思想之火能够点燃各级干部心里的灯，通过各级干部就可以造福千千万万的群众。所以，党校教师心里这团火，必须烧得正、烧得旺、烧得好，决不能是虚火邪火。

第一，要坚定信仰。一件连自己都不信的事，是不能用来说服别人的。党校教师走上讲台，面对的是党员领导干部，目的是培养锻造有铁一般信仰、铁一般信念、铁一般纪律、铁一般担当的干部队伍。如果教师自己没有做到比铁更硬、比钢更强，又怎么可能让学员们听你、信你、服你、学你？如果教师自己都不信马列信鬼神，又怎么可能帮着学员学好马列？如果自己都觉得共产主义虚无缥缈、不可能实现，又怎么可能帮着学员信仰共产主义？如果连教师自己都觉得市场经济就得讲利益、没有钱一切免谈，又怎么可能帮着学员提高觉悟？如果连教师自己都没有“四个自信”，又怎么可能讲出自信？如果人在讲台上讲党性修养、牺牲奉献，心里想的却是自己的职务、职称、待遇，甚至计算着今天的讲课费是 1000 元还是 500 元，又怎么可能打动、影响学员？

2019 年 3 月 1 日，习近平总书记在中共中央党校（国家行政学院）中青年干部培训班开班式上的讲话中强调：“一名干部有了坚定的理想信念，站位就高了，心胸就开阔了，就能坚持正确政治方向，做到‘风雨不动安如山’。信仰认定了就要信一辈子，否则就会出大问题。”这对党校的教职员工而言同样适用。我们在党校工作，端的是党的饭碗，干的是党的事业，没有党就没有我们安身立命的讲台，所以我们应该有比其他人更高的觉悟、更深的情怀，爱党忧党、为党护党。而且，党校教师作为搞理论的人，应该比其他人更能准确地把握时代发展规律，因而要牢固树立“四个意识”、坚定“四个自信”、做到“两个维护”。如果做不到这一点，就不是合格的党校教师。2019 年 3 月 18 日，习近平总书记在高校思想政治理论课教师座谈会上讲道，“要让有信仰的人讲信仰”，这对党校教师而言也同样适用。自己没有信仰还讲信仰，同样不合格。下一步，党校要加强对教职员工的教育，通过自我教育、自我提升，用自己的信仰之火，点燃学员的信仰之灯。

第二，要心系人民。习近平总书记多次强调党性与人民性的问题，指出人民性是马克思主义最鲜明的品格。党校教师做到心中有人民、坚持人民性，重点要做好两个方面：一方面，是要站在人民的立场上分析问题、看待问题、研究问题，提出能够为人民谋幸福的理论。当前，个别学者受到利益关系的影响，为权势集团、利益集团代言。党校在这个问题上不仅不能走偏，而且必须纠偏。人民的学者要替人民说话，为人民发声。北京大学李玲教授曾给中央政治局讲过课，花费20年时间推动全民医保，唤醒了越来越多的人，让群众基本实现了病有所医。她为民请命，坚定执着，让人很容易想起一句诗“子规夜半犹啼血，不信东风唤不回”。这就是真正为人民服务的学者，让人敬重。党校是党和政府的重要智库，应该提出更多更有价值的资政报告，重要的是要站在人民的立场上提建议，为人民谋福祉。另一方面，是我们研究、宣讲的理论要让普通人看得懂、能接受，而不能从概念到概念，甚至把一些简单的事情用复杂的、佶屈聱牙的理论去解读。如果理论让人看都看不懂，就更不用说让人去学、去信了。前面我提到的《大道之行》《天下为公》《大国新路》三本书，可以说是人民学术的典型代表，是我们呼唤的文风。其中，为《大道之行》作序的学者名叫潘维，他最近出了一本书叫《士者弘毅》，里面有一篇回忆他的博士生导师陈翰笙的文章。其中写道，陈翰笙曾跟潘维讲，社会科学作品与自然科学不同，是要给大众读的。大众读得懂的文章，才是好文章。大众读着明白顺畅的文章，是最好的文章。陈翰笙说：“博士论文，应当让你没念过政治学的老妈也能流利地阅读。”后来潘维教授完全接受了陈翰笙的文风，他的文笔极其简洁明快，学术文章读起来也是酣畅痛快。党校的领导和教师都很有学问，我跟大家分享这两位学者的故事，也希望同志们能多为人民做学问搞研究，多做人民看得懂的学问和研究。

第三，要投身实践。习近平总书记强调，“要把论文写在祖国的大地上”[①]。意思是说要把我们的学术研究与中国的实际相结合。这不仅是对理工科学的要求，更是对社会科学的要求。2019 年全国“两会”期间，习近平总书记在看望文艺界社科界委员时指出：“一切有价值、有意义的文艺创作和学术研究，都应该反映现实、观照现实，都应该有利于解决现实问题、回答现实课题。”党校教育培训的对象不是一般的学生，我们一些教师在阅历、经历方面不如学员，这是客观事实，就像习近平总书记曾经指出的那样：有人说，没当过领导的在给领导干部讲领导艺术，没出过国的在给经常出国的讲国外经验，没经历复杂环境考验的在帮助每天同各类矛盾打交道的人出主意解难题。如果我们再不正视这些问题，再不下大决心到基层去、到实践中去，还满足于空对空地讲理论，而且讲理论还讲得不透彻，那么，我们凭什么赢得大家的认可？实践中出现了那么多的新事物，而我们却视而不见，那么，我们讲出的理论就是干瘪的、枯燥的，就没有生命力。反过来，实践迫切需要理论的指导。实践越深入，越需要理论指引，以避免出现方向性偏差。实践呼唤理论，理论需要实践。烟台市委党校要采取有力措施，让每名教师都到火热的实践当中丰富理论、验证理论，然后再用理论开展教学、指导实践、起草资政报告。只有这样的理论和教学才有意义，只有这样的资政报告才有价值。

［本文是作者 2019 年 3 月 29 日在烟台市委党校（烟台行政学院）工作座谈会上的讲话］

---

① 习近平：《为建设世界科技强国而努力奋斗——在全国科技创新大会、两院院士大会、中国科协第九次全国代表大会上的讲话》，《人民日报》2016 年 6 月 1 日。

·第二章·

组织党员是基础，组织群众是关键

以经济建设为中心，为什么还要抓党建

一、为什么要抓党建

第一，抓党建就是抓政权。苏共一夜之间丧失政权，大批苏共的机关干部失业，整个苏共的办公用房只剩下两间，所有财产、资金都被冻结，党员干部的工资都成了问题。苏联解体的教训告诉我们：党建不抓不行，抓不好就要亡党亡国。

当年，中国共产党靠着铁一般的自身建设，教育、发动、团结、凝聚群众，用了短短 28 年时间，从最初只有 50 多名党员到取得全国政权，组织群众是我们党的最大优势。但如果放弃党建，党员就会对党组织失望，群众就会对党不满、冷漠、对立。最终的结果，我们党就会像苏共一样，变成一盘散沙，最终走向灭亡。

有的同志可能会觉得抓发展、抓业务，也是在为党工作。当然，那肯定是的，因为在现在这个历史时期，发展是硬道理。如果没有高速发展，就不能有相对公平的分配。但是我们也要搞清楚一个问题，发展的目的是什么？习近平总书记讲过："如果我们党弱了、散了、垮了，其他政绩又有什么意义呢？"[①] 苏共倒台后，苏联几十年的发展成果毁于一旦，这个教训何其深刻！所以说，发展的政绩并不必然会转化为政治认同，而且这样的发展不可能是习近平总书记所要求的协调发展、共享发

① 习近平：《在党的群众路线教育实践活动总结大会上的讲话》，人民出版社 2014 年版，第 16 页。

展。如果经济发展了，但腐败问题更严重了，群众的幸福感、获得感会降低；如果技术进步了，但党员干部与群众的关系疏远了，只会削弱我们党长期执政的群众基础。所以，习近平总书记要求我们必须树立正确的政绩观，要从巩固党的执政基础的大局来看问题，把抓好党建作为最大的政绩。

有的同志可能会认为，“执政地位”“党的建设”这些命题非常宏大，应该是中央考虑的问题，和自己没多大关系。事实上，雪崩发生的时候，每一片轻飘飘的雪花都有责任。因此，我们必须经常审视一下自己：工作要朝着什么方向努力？所作所为是让党组织更加坚强有力了，还是更加松松垮垮了？我们在乡镇（街道）党委书记的岗位上干了几年之后，留下的会是什么样的摊子？软弱涣散的村、社区班子，是多了还是少了？有多少班子转化成了坚强有力的班子？即使不是领导干部，作为一名共产党员，也要想一想，我为党建做了什么？不管是各级党组织还是党组织负责人，抑或是党员，都负有抓党建的责任。

第二，抓党建就是抓队伍。我这几年到基层调研，经常听到这样的反映：中央八项规定出台以后，调动干部积极性的手段少了，队伍不好带了。我认为，所谓的“手段少了”，无非是过去靠奖金、靠福利这些物质激励手段不能用了；同时受到清理超职数配备等因素影响，干部提拔的数量也相对少了。票子、位子都不管用了，有的同志就觉得队伍不好带了。

但是大家想一想，在革命年代，我们党的很多领导干部都是出身于大户人家，不参加革命也可以衣食无忧，而参加革命就意味着随时牺牲一切；在社会主义建设时期，物质条件非常匮乏，但党员都是带头吃苦、带头奉献。为什么今天我们的物质生活比那时候丰富了，反而干部队伍不好带了呢？一个根本的原因，是对党员缺乏有效的教育引导，党的基层组织作用和党的思想政治工作被忽视和弱化，党员的理想信念动摇了。

现在，遇到急难险重的工作要求加班，有的干部甚至说这违反《中华人民共和国劳动法》；有的干部大毛病不犯、小毛病不断，你想管一管，他就跟你拍桌子、撂挑子，以为组织上拿他没有办法。这种干部的负能量肆无忌惮，正能量反而躲躲闪闪。

党建工作说到底是做人的工作。面对“队伍难带、人心难聚、积极性难调动”的问题，怎么办？根本办法就是抓党建。一方面，要用铁的纪律来抓队伍。有的部门班子不团结，党组织书记作为“一把手”不能任由班子乱下去，要学会通过严肃的党内政治生活解决问题，比如，召开组织生活会，开展批评和自我批评，把问题摆在桌面上旗帜鲜明地解决，班子就能管起来，队伍就能带起来。党内生活不健全、不正常，歪风邪气就难以控制；另一方面，要用柔的方法抓思想教育，多做谈心谈话工作。思想政治工作是我们党的传家宝，现在很多同志不会做、不敢做了。为什么不会做、不敢做了？是因为自己做的跟说的不一致，说出来的话连自己都不信。如果你言行一致，那么你不用说太多的话，自己的行动就是榜样和标杆，别人都会照着你学、跟着你做，你做思想政治工作就有说服力。

第三，抓党建就是抓发展。党建和发展是什么关系？我认为，发展就像一个人的身体，而党建就是这个人的灵魂。没有灵魂，身体再强壮也是行尸走肉。一个好的可持续的发展，一定是以党建作为引领的发展。否则，即使发展速度快了，也会出现方向性的偏差。

过去抓发展，是为了解决“穷”的问题，现在发展水平相比过去有了大幅度提升，群众生活水平也有了大幅度提升，但是，有些群众的怨气却不见减少，其原因就在于目前社会的主要矛盾已经是人民群众日益增长的美好生活需要和不平衡不充分的发展之间的矛盾，矛盾的性质正在逐步由“患寡”开始转向“患不均”。要解决“患不均”的问题，不抓发展不行，但单纯抓发展也不行，必须坚持发展和党建两手抓，两者缺一不可。发展经济，是要通过经济增长来增加群众收入、提高综合国力，但落脚点还是要算“政治账”，就是要让群众拥护我们，只有群众满意的发展才有意义。

同时，党建本身也是生产力。泰山钢材大市场成立市场党委后，组织党员商户开展“亮身份”活动，带头公开承诺“遵纪守法、货真价实、诚信经营、买卖公平”，并将“共产党员经营户”牌匾挂在商户门口。仅用了一年时间，党员商户的销售额就比其他商户高 30% 以上。可见，抓党建是有效益的。

红豆集团是中国第一个在柬埔寨设立党支部的民营企业，它的党建工作做得非常好，因此从一个民营小作坊发展成为年销售收入超过 500 亿元的大型跨国企业。事实充分证明，党建的政治优势可以转化为发展优势。一些人曾有这样一个疑问：上海市、江浙地区这些经济发达的地方，尤其是民营经济发达的地方，党的领导会不会被虚化弱化？实际上，恰恰相反，江苏、浙江、上海这些发达地区对党建重要性的认识程度、抓党建的力度恰恰是最强的。正因为它们经济发展得快，才更早地认识到党建的重要性，也在抓党建的过程中，找到了经济发展的新动能。所以说，抓党建和抓发展是相辅相成的，绝不能割裂开来。

第四，抓党建就是抓稳定。大家作为乡镇（街道）党（工）委书记，可能感觉现在牵扯精力最多的事，一是防火，二是维稳。不同群体有不同的诉求，气都不顺。我这里有个数据：农村因民事纠纷、社区以公共服务缺失为主的治理型信访，占信访总数的 60% 以上，政府侵害个人利益这种维权信访下降 5%。同时，要求国家照顾的谋利型信访迅速上升，占信访总数的 30%。这些谋利型诉求超出了合理的范畴。但总有一些人尝到了甜头，觉得小闹小得利，大闹大得利，不闹不得利。其他一些群众看着少数人因闹受益，就会想是不是也要跟着一块闹，这导致信访此起彼伏。

革命战争时期，我们靠组织群众、发动群众，给群众解决生活问题，让群众自己解放自己，最终靠扎实工作感动了群众。就像愚公移山一样，和群众一起把帝国主义、封建主义、官僚资本主义三座大山推翻。现在政府有钱了，如果靠花钱买“平安”，这不是共产党应该做的事。党的核心任务就是组织群众，执政能力就是组织群众的能力。

新中国成立初期，台湾当局派特务来大陆搞破坏，但是他们来一个，我们就抓一个，特务们根本没有容身之地。因为，广大群众都被我们组织起来了。那时候，群众是我们的情报员，是我们的民兵，是维护社会稳定的铜墙铁壁。现在呢？如果邪教组织在社区、农村搞非法活动，甚至有恐怖分子躲在我们社区里面，我们能不能知道？有的同志跟我说，我们的干部在组织救火时，防护林群众帮你救，因为救火和他们是有利益关系的；而山上的火，群众却不帮你救，因为山上没有他们的资产。前几年，南方抗洪救灾时，也出现过类似情况，干部在水里救群众，群众在岸上看热闹；干部干得不好，群众还给你拍个照片发到网络。如果不能把群众团结起来、组织起来、发动起来，只靠干部自己唱“独角戏”，即使累死也干不好。

济南市历下区有个闻名全国的社区书记叫陈叶翠。她跟我说过：“在有的社区，有事都是干部自己干，没有群众参与。但在我们这个社区，我只要招呼一声，群众都会跟着我一块干。”只要通过党建工作，把群众组织到一起，就能发挥这种铜墙铁壁的作用。她还说过：“社区书记的工作做得好不好，看群众的脸就知道了。我在社区里面走，群众都会跟我打招呼，会跟我说最近是不是瘦了，有什么事需要我们帮你一块干呀？”我听了很有感触。我也去过一些农村，问群众“你们村的村党支部书记是谁”“干得怎么样”这类问题，如果群众一脸冷漠，对村里的党员干部不屑一顾，就说明这个村的党建工作肯定有问题。

《学习乐东经验，践行“三严三实”》一书，讲了海南省乐东县由乱到治的经验，建议大家读一读。过去，这个地方经常发生群体性事件，甚至局面一度失控。比如，当地政府想建一个发电项目，群众就闹。当时干群关系势同水火，干部责怪群众，说群众觉悟低；群众怨恨干部，见干部就骂。后来，乐东县委抓党建，提出了“重大项目，党建先行”。2013 年村“两委”换届，乐东县委提前 9 个月派人进村摸情况、做工作，顺利实现村级组织“大换血”，三分之一的村支部书记、二分之一的村主任、五分之一的村“两委”干部换了新人。乐东通过抓党建，动员党员干部靠上去做群众工作。工作队的工作人员走访了 95% 的农户，有的干部走访同一农户的次数达上百次，用他们的话说就是把“仇人”走成了“亲戚”。最后，发电厂提前 9 个月完工，建设期间没有丢过一颗螺丝、一根钢筋。从那以后，这个县再没有发生一起群体性事件。

党建工作做好了，群众心里就没有了怨气，就会从心里认同党，体会到党是为群众好的。一旦出现对党不利的情况，他们就会自觉和党站在一起。所以说，党建是“治未病”的工作，而维稳是“治已病”的工作。到需要维稳的时候，就说明出问题了，就像一个人得病了，要靠大量投入来治病，成本很高。但是党建就像中医养生，在平时把小毛病化解了，就不会出现大问题。哪个成本更低、效果更好，一目了然。

由此可以看出，抓党建是战略性问题。希望大家从思想上充分认识党建的重要性，用心用力抓党建。现在有很多乡镇（街道）党（工）委书记把工作重心放在维稳上，实际上我们要转变观念和方式，通过抓党建来抓维稳，在维稳的过程中把党建抓上去，这样就能“老病治着，新病不发”，这才是从根上抓好维稳工作。

同时，有的乡镇（街道）党（工）委书记还肩负着招商引资的任务。必须说清楚，这绝对不是乡镇（街道）党（工）委书记的主责。而且，随着开放型经济的发展，招商引资更应该走专业招商的路子。乡镇（街道）党（工）委的主要职责就是抓好党建工作，为经济社会发展提供良好的公共环境，提供公共服务、公共管理和公共安全。对此，《中共中央 国务院关于加强和完善城乡社区治理的意见》《中共中央关于加强乡镇政府服务能力建设的意见》都有明确规定。我们必须转变这个观念。

二、怎么抓党建

抓党建就是要把党员组织起来，把群众组织起来。把党员组织起来是基础，把群众组织起来是关键。把党员组织起来，就是要抓好“三个一”。

第一，抓好“一个人”，就是村（社区）党支部书记。前一段时间，和大家交流《塘约道路》一书，很多同志说：塘约村就是靠一个左文学，我们这边没有左文学，所以出不来塘约村。我不赞同这个观点，因为左文学不是从天上掉下来的。有本书叫《创业史》，书里记载，有位村党支部书记叫郭振山，虽然他是村里第一个“在党”的人，但他一开始对互助组和合作社是不上心的，惦记的还是自己家的“小算盘”。后来，经过上级党组织的教育引导，他的内心发生了变化，转而投身到合作社队伍当中，组织群众发展。那是新中国成立之初，第一批农村党支部书记成长的过程。而左文学也同样经历了一个刚开始忙活自己发家致富，后来为全村服务，给他工资都不要的过程，他的思想前后也发生了很大变化。

在这个变化当中，有两个细节：第一个细节是在塘约村修路的时候，乐平镇的党委书记马松一直与塘约村的老百姓并肩战斗，每天和老百姓一起加班到深夜；第二个细节是王宏甲采访马松的时候，他对塘约的情况非常了解，对塘约道路也有很深入的思考。从这两个细节可以看出，一个乡镇（街道）党（工）委书记对一个村的影响，对造就左文学所提供的帮助和支持，是非常重要的。任何人的成长都有一个过程，没有下过教育培养的功夫，就幻想从天上掉下一个“左文学”来，那是不可能的。我们只要加强教育培养，加强引导扶持，就一定能培养出一大批“左文学”。

现在，马上要进行村“两委”换届。大家不要把换届选举当成一件不得不干的麻烦事，而要把换届选举当成提升村支部书记队伍整体素质的良机，要把换届选举的过程当成整顿软弱班子的过程、当成选优配强干部的过程、当成检验党建工作成效的过程。在换届选举工作启动前的这段时间，大家要下大力气做好情况摸排工作，要一个村一个村地分析，村党支部书记现在是什么工作状态，他对自己参选有什么想法，其他党员是什么看法，该调整的要在换届选举之前调整到位。对有些需要调整的村，谁来干，搭配一个什么样的班子，从现在开始要心中有数，有的放矢地做工作。我们强调主责主业，这就是我们最重要的主责主业。这是对各位的一个考验。换届选举工作结束后，我们会做一个整体评估，包括换届后党支部书记的质量，将之作为下一步评价大家工作成果的重要标准。

第二，抓好“一班人”，就是抓支部班子、建设过硬支部。烟台市出台了《烟台市基层党建工作基本标准》《建设过硬支部的指导意见》等文件。这些文件既是抓好支部建设的重要指标，也是要求支部贯彻落实的“硬杠杠”，必须雷打不动、严格执行。需要强调的是，过去我们抓制度建设效果不好，其主要原因是思想上不重视。有了制度，不去抓落实，肯定不会有好的结果。

有的农村党员干部甚至是乡镇干部，认为处在最基层、干在庄稼地，农活都忙活不过来，哪有时间和精力开会、学习？这种思想是错误的。比如，主题党日、学习党章、重大会议前重温入党誓词等，这些不是形式而是仪式，能够增强党员的仪式感、神圣感和归属感。塘约村每次集体学习都必学党章，学了 100 遍还在学，就是要让党员知道“我是党员，我和别人不一样”。这就像我们的部队，被子都要叠成豆腐块，牙刷都要排成一条线。事实上，这是在加强部队的纪律性，在强调步调一致，这些细节累积起来就是战斗力。

党支部建设的各项制度规定，就如同军队中的军令，必须遵守和执行，不能因为我们在基层就打折扣，甚至不执行。当然，在具体执行的过程中，要实事求是，农忙的时候可以晚上补课，可以调课，但是不组织活动是不行的。除了学习之外，在农村和社区，“三会一课”、主题党日要和日常事务的决策管理结合起来，大事必须走程序。我们现在经常讲要加强党的领导，在村里加强党的领导，绝不能只树立党支部书记一个人的权威，而应该树立党支部的权威。如果没有民主集中制，那么，这个人很容易变成一个村霸。村委会班子要实行民主集中制，这是一件非常重要的事情。

第三，抓好“一群人”，就是要把党员组织起来，抓好党员队伍建设。这里面有四点要注意：

一是党员一定要联系群众。现在全国每 10 多个人里面就有 1 名党员，如果每名党员都能发挥作用，紧密地和群众联系在一起，那么，党组织的战斗力就会非常强。我们推行党员“双联双促”活动很有意义，让干部联村、党员联户，如果切实抓起来，党组织就能竖起一面旗，服务群众就能结成一张网，每个党员就能变成一团火，就能把群众的热情点燃。

二是要抓好对党员的严格管理。塘约村每年给党员打分，对超过 80 分的党员给予一定奖励，低于 60 分的党员就不合格，如果连续三次不合格，就会对其作出组织处理，这个方法非常好。烟台市正在研究党员管理的办法，大家可以先行先试。

三是党员必须带头。很多乡镇（街道）党（工）委书记都面临棚户区拆迁改造的问题。2017 年莱山区滨海街道的棚户区拆迁工作做得很好。他们在组建拆迁指挥部的时候，首先组建征迁工作临时党支部，拆迁工作启动就从这些涉及拆迁村居的党员开始，先开党员大会，让党员重温入党誓词，现场签订《支持征迁改造工作承诺书》，同时在街道成立特殊党支部，对思想上有抵触情绪的党员进行教育管理。在拆迁过程中，先从党员户开始签订拆迁协议，然后让党员来协助做群众的工作。采用这个方法不仅完成了工作，也锻炼了干部，锻炼了党员。

四是要加强对党员的关爱。党员病了，生活有困难了，党组织一定要给予其帮助，让党员感受到党组织的温暖。

党员组织起来只是一个基础，而把群众组织起来才是关键。只有把群众组织起来，才能称为人民；只有把人民组织起来，才能产生巨大的能量。怎么样把群众组织起来？除了加强党的领导之外，以下三点非常关键：

第一，要走集体化的道路。集体化的道路，是中国农村发展的方向和未来。为什么这么说？一是从实践角度考虑，只要能接触到农村的人，都会发现农村目前存在的问题。家庭联产承包责任制解决了中国人吃饭的问题，取得了巨大的成绩，但随着时间的推移又出现了新的问题。改革的问题要用改革的方法去解决，家庭联产承包责任制是改革，现在要走的集体化道路是深化改革。现在确实到了一个靠深化改革解决农村问题的时期。二是从理论层面考虑，合作化是中国农村发展的方向。邓小平同志有“两个飞跃”的思想，他说，联产承包责任制是农村的第一次飞跃，发展适度规模经营，发展集体经济是农村的第二次飞跃。邓小平同志在推行联产承包责任制的同时就已经意识到，中国的未来一定还是要走集体化道路的，只是中间会有一个过程。所以从理论上讲，集体化是能讲得通的。三是今天我们要走的新型集体化道路，跟过去“一大二公”的集体化道路是有区别的。很多人可能会质疑，现在学习塘约村，重归集体化道路是不是走回头路？这个问题我在推荐大家读《塘约道路》

的时候，就做了深刻的思考，我觉得没有问题。因为新型集体化道路和当初“一大二公”的道路即人民公社，是两个完全不同的概念。一个最根本的不同是，现在的集体化是建立在“确权”基础上的，对农村产权的界定是清晰的，而人民公社是直接把农民手里的田地集中起来。它的目的很大程度上是为了让农业支持工业发展，最后形成了巨大的剪刀差；而新型集体化道路，是为了消灭贫困，实现共同富裕。习近平总书记提出了新发展理念，其中包括要实现共享发展，让广大群众共享发展成果。共享发展是目标，集体化道路是路径，如何做好农村共享发展这篇大文章，是当前和今后一个时期农村面临的现实问题。因此，新型集体化相对于人民公社的集体化，是一种螺旋式上升，是符合中央要求、符合社会主义本质要求的，是中国农村发展的方向。

之所以现在有些地方的群众一盘散沙，就是因为缺乏一个组织，不能有效地把群众组织起来。为什么有些地方的群众一呼百应，像济南历下区的陈叶翠说的那样“招呼一声，群众都会跟着我一块干”，就是因为有一个坚强的组织，能够有效地把群众组织起来。地都分给各家各户了，没有了协作，各打各的算盘，很多人就只会考虑个人的利益，不会考虑大局。于是“私”的意识得到强化，而“公”的意识逐渐淡漠，群众只会越来越涣散。只有集体化才能消除小农意识，才能让个体的人产生集体意识，才能形成集体主义精神，才能把一个个零散的零件，组合成一个大的机器。所以集体化是我们的方向，也是把群众组织起来的有效途径。

第二，集体化的载体一定是“村社一体”的合作社。社会主义的本质要求是共同富裕，少数人先富起来，是为了带动更多的人富起来，而不能产生两极分化。实现共同富裕，这是我们的发展方向，是社会主义的本质要求。现在有很多的专业合作社是由一些能人、大户来组织的，是一种强强联合；还有一种是靠外来的资本，是在资本主导下的土地整合。那么，这中间有什么问题呢？应当承认，很多企业家也有社会责任感，会向社会作贡献。但资本的本质是逐利的，是要有利润的，所以靠资本把土地整合起来，来实现共同富裕，这基本上是不可能的。

在发展的过程中，我们应该如何对待资本？一定要让资本为我所用，绝不能被资本所驾驭。就像城市拆迁，我们不能把土地低价卖给开发商，然后再帮他们征地，帮他们整治环境，增值的钱都让开发商赚了，而开发商不履行合约，和回迁户产生了矛盾，还得由政府解决。正确的方法是，先把地收到政府手里，修路、打造空间，等土地升值了再卖给开发商。这样，升值的部分就装到了政府的口袋里，政府再用这个钱为群众解决民生问题，这才是正确途径。资本一定要为我所用，而不是我们被资本所绑架，尤其是不能和资本站在一个战壕里与民争利。在农村也是这样，可以利用外面的资本帮助农村发展，但政府要驾驭它。塘约村想发展乡村旅游，但自身没有这个能力，就成立一个旅游合作社，村集体为大股东，外来的资本为小股东，资本可以参与经营，但其经营活动要在村集体监控之下，利益要让村民共享。这才是走集体化道路的方式。当然，大家可以因地制宜进行探索，但是方向必须明确。

现在，烟台市有很多专业合作社，这是一个很好的基础。因为一个村如果要建“村社一体”的合作社，得有一个切入点，就是得由村里的能人先建一个合作社，然后把其他的人、贫困的人都吸纳进来，实现共同富裕。目前已有的专业合作社是基础，要想办法把困难的家庭吸收进来，让贫困的人看到希望，这才是我们工作的目的，也才是组织群众最大的号召力。共产党绝对不能嫌贫爱富，绝对不能只跟富人交朋友，一定得站在最广大人民的立场上。

第三，要让群众参与。群众最关心的可能不是谁当省委书记、市委书记、县委书记，而是涉及切身利益的事。我们搞基层民主选举，这是民主的组成部分，或者说很小的一部分。仅把民主探索停留在这个方面，是远远不够的。真正的民主是让群众参与监督和抉择，这才是民主，也是群众主人翁地位的具体体现。村党支部书记要有自己的思路，要公开承诺，告诉群众今后几年想怎么干，承诺了之后要有严格的考核，这一年下来看看干没干、干得怎么样。村和村之间要共享，让群众看一看这个村干了什么事，再看一看别的村干了多少事。只靠上级监督管理不够，还必须发动群众，让群众参与监督管理，这样我们的工作力量就一下子变大了，群众也会渐渐地被这些事团结在一起。

考核的时候，要让群众发表意见，考核得好，村干部可以领工资甚至是奖金；考核得不好，村干部就干不下去。“三会一课”除了组织学习，还要把村里的重要工作包括账目向群众算一算、说一说、议一议，让党员和群众一起参与村级事务管理和合作社管理，一起参与决策，共同承担风险。

在城市社区让群众参与同样重要。现在很多群众因为小区的一些事情解决不好，火气很大。比如，有的群众觉得物业公司不行，整天和物业公司吵闹。如果让居民自己组织业主委员会，但居民一盘散沙组织不起来，这时候党组织就要帮助他们组织业主委员会。在高档小区里面，物业公司是强势的，收比较高的物业费，服务难以让人满意；在老旧小区，可能居民是强势的，有些物业公司经营不下去，收不到物业费。党组织是干什么的呢？我们是永远站在弱势群体那一边，调和两方面的关系的服务者，由党组织出面，帮居民把业主委员会建起来，将业主委员会的小区网格和综合治理网格、党建网格结合起来。这样，党建就有了载体，群众就有了组织，党组织也有了发挥作用的地方。党组织在基层，就要做这些群众关心的小事，通过一件件小事把群众凝聚起来，让群众感受到：党组织就在我身边。

［本文是作者 2017 年 7 月 13 日在烟台市乡镇（街道）党（工）委书记培训班上的党课报告］

党建与业务工作如何融合

抓好基层党建，是一篇既大又实的文章，我想从四对关系入手，谈谈自己的感想。

一、理论和实践的关系

很多同志尤其是基层的同志，容易觉得理论是空的，觉得实践经验比理论更有用，我对此不敢苟同。

党的十八大以来，习近平总书记提出了很多新理念新思想新战略，认真学习他的讲话，几乎每一篇、每句话都可以作出一篇深化改革的大文章。你想让自己的工作有前瞻性、有创新性，而不是亦步亦趋地跟在别人后面跑吗？你想在全省、全国走在前列，当开路先锋吗？你想保证自己的创新符合习近平总书记的要求不跑偏吗？那就必须好好学习习近平总书记的讲话，必须有正确的理论作支撑，而不能凭经验、靠惯性、走老路。这绝不是唱高调。

举一个例子，2016 年 3 月，习近平总书记说："发挥党建高端智库作用。"烟台市马上意识到智库的重要性，在全国地级市中第一个建立了高端党建智库，聚集了一批全国一流的专家学者和实践经验丰富的基层党组织带头人，为烟台党建工作提供决策咨询，超前落实了中组部印发的《关于进一步发挥全国党建研究会党建高端智库作用的意见》。至今，论坛已经举办了两届，效果非常好。智库顾问简单几句话，经常就像一根火柴一样，一下点燃了我们脑子里的思路，极大提高了工作水平。

我们搞的党支部领办合作社，一开始几乎无人喝彩，但是我们从习近平总书记《摆脱贫困》那本书，以及他的系列讲话中找到了自信，认为这不是走回头路，而是巩固执政基础、改善乡村治理、发展现代农业、实现共同富裕的必由之路，所以我们选择了坚定探索。

为什么很多从基层成长起来的干部最初对此并不认同呢？原因就在于路径依赖。他们靠惯性往前走，这样就肯定与习近平新时代中国特色社会主义思想不相吻合。如果这样，他们之前的经历和经验就不是优势，反倒成了桎梏和包袱。所以，加强学习，用习近平新时代中国特色社会主义思想指导实践，非常重要。而且，领导干部的职务越高，对理论素养的要求就越高。

反过来说，坐而论道、纸上谈兵也不行，深入基层摸实情同样重要。习近平总书记要求，县委书记一定要跑遍所有的村。作为县（市、区）组织部长，更要有这个自觉，不能坐在家里拍脑门作决策，不能自以为在基层干过就走马观花、浅尝辄止。

我当过两个地级市的组织部长，周末经常自己开着车，一个村一个村地转，看到老百姓家里开着门，就进去坐坐聊聊，目前大约走过接近400个村，掌握了大量第一手资料，这就是开展工作的底气。就像做干部工作，不能只看花名册、看简历，而是要实地接触和考察干部，只有这样，才能真正从细微处了解干部，基层党建更需要往下沉。

把理论和实践相结合，你就有了一对坚实的翅膀，就可以一飞冲天。

二、党建和党务的关系

党建的核心任务，是做人的工作，是抓班子带队伍、抓基础建机制、抓思想聚人心、抓作风提精神，侧重宏观层面。党务是党建的基础性工作，是具体的党内管理活动，侧重微观层面。现在很多地方党建抓不好，就是因为混淆了二者的关系，把党务当成了党建，把着眼点局限于对“三会一课”的检查上，出现党建与经济社会发展“两张皮”的问题，造成党建的地位和作用不能充分体现出来，具体抓党建的同志也感觉很累，没有成就感，看不到成效。

怎样才能做好党建？最重要的是要跟着中心走、贴着中心做，把党建与经济发展、社会事业紧紧融合在一起。这样，党建才会更具生命力，才能创造更多价值，“党建是最大政绩”的要求才能落地。发展是身体，党建是灵魂，只有二者合二为一才能实现可持续发展。

以推行党支部领办合作社为例。党建与农村农业工作结合，与乡村振兴结合，就有了抓手和载体，就把农村的班子建设、党员管理、后备力量培养、产业发展、群众致富一并抓了起来，农村党建自然而然就抓实了。乡村振兴本来是由农业牵头的工作，组织振兴是保障。但是，我们提出乡村振兴靠组织振兴来引领，这真正实现了破题，战略思路发生了突飞猛进的变化。而且，在这个过程中，每名组工干部都不再仅仅是党务干部、党建专家，还成了农村农业专家。

烟台提出了一个理念，现在已经深入人心，就是“党建要统领一切、覆盖一切、凝聚一切”。意思是说，让党建像空气一样，遍布每个领域、每个角落，融入方方面面、点点滴滴。从这个角度讲，党建工作可以融入一切工作。反过来说，任何一个部门，包括政府部门，也是在党的领导下开展工作，也有党建职责。现在烟台很多部门都用党建统领业务工作，上下拧成一股绳来推动。党支部建在工地上、项目上，靠党员带动群众，靠党建推动发展。

我们还提出一个理念，就是“把党员组织起来只是基础，把群众组织起来才是关键”。意思是说，党建要抓住“人”这个关键要素，一方面，通过党内生活、党务工作，把党员组织起来；另一方面，靠这群先进分子，把群众吸引过来、凝聚起来。群众组织起来才能称为“人民”，把人民组织起来才能产生巨大的能量。

分散的群众是沙石，而党员是水泥，只要二者组织到一起，就是坚不可摧的堡垒。

三、有形和无形的关系

现在，各级部门对党建工作越来越重视，投入越来越大，很多党群服务中心建得气派，但是没有温度、没有人气，一看就是给领导看的，不是给群众用的。这样不但起不到服务群众、凝聚群众的效果，反而会适得其反，引起群众反感，沦为“形象工程”。

党群服务中心有没有用，不能看装潢、看展板，得看党员群众的脸色，看他们的幸福感、获得感。这几年，烟台市在这方面下了不少功夫，坚持有人的地方就有党建服务，党建统筹各部门资源，把老年人日间照料中心、标准化卫生服务中心、群众健身活动设施，都落到党群服务中心，都统一标志，打上党的印记，让群众知道“惠从何来”。还整合部门力量，在城管执法岗亭、旅游景区、口袋公园等人口流动较多的地方，建设“党群服务驿站”，为群众提供服务，让群众随时感受到党就在身边。

我们的目标是，让基层党建润物无声、春风化雨，让党的影响力走进千家万户，让党的初心、党的主张、党的恩情走进群众的心田脑海，进而转化为群众对党的高度认同，自觉听党话、感党恩、跟党走。

四、显绩和潜绩的关系

组织部的工作大致分为干部、人才、党建三大块。领导和机关干部比较关注干部工作、人才工作，引了多少人才、提了多少干部，都是一目了然的，容易量化，算是显绩。党建工作量大面广，做了多少工作，取得了多少成绩，特别是发挥了多少作用，是不容易衡量的，算是潜绩。

但是，党建工作直接作用于千百万基层党员群众。如果党建工作做好了，受益面更广，群众感受更直接，对巩固党的执政基础更有意义，这也是我特别热爱党建工作的原因。

抓党建，是一个组织部长的良心。没有对党的事业的忠诚和担当，没有对群众的情怀和责任，没有“功成不必在我”的境界，是不可能干好的。既然党信任我们，让我们来干组织部长，从事党建工作，我们就要肝脑涂地，在自己的区域内，把党的执政基础巩固住，为党分忧，为民造福。

（本文是作者 2019 年 5 月 23 日在中组部组织干部学院培训班讲课时的答问）

从人心入手提升组织力

党的十九大作出“提升组织力”的重大部署，为新时代各级党组织和广大党员干部如何组织群众、凝聚群众、服务群众，提出了重大课题。力量之源，发端于心。只有不忘初心、一心为民，带领群众坚定信心、一心向党，努力实现党群连心、万众一心，我们党才能不断从人心入手，提升组织力。

一、坚持“心为民”，在造福人民上提升组织力

我们党是一个为人民而生的政党，“一心为民”的信念早已融入我们党的基因和血液。毛泽东同志在《中国革命战争的战略问题》中曾写道：“中国共产党是英勇坚决地领导了中国的革命战争，在十五年的长岁月中，在全国人民面前，表示了自己是人民的朋友，每一天都是为了保护人民的利益，为了人民的自由解放，站在革命战争的最前线。”① 作为胶东（烟台）党性教育基地重要地标，1945 年 8 月建成的烟台抗日民族英雄纪念碑上，铭刻着这样的文字：“你们来自人民，属于人民，为了人民，人民永远不会忘记你们！”这充分体现了胶东党组织革命为人民的坚定信念。

“以人民为中心”是坚持和发展中国特色社会主义基本方略，也是习近平新时代中国特色社会主义思想的组成部分。党的十九大报告强调：“中国共产党人的初心和使命，就是为中国人民谋幸福，为中华民族谋复兴。”习近平主席在 2018 年新年贺词中强调：“各级党委、政府和干部要把老百姓的安危冷暖时刻放在心上，以造福人民为最大政绩。”习近平总书记以“把情义看得像山一样重”的人民情怀，为全党作出了表率。对曾经度过 7 年知青岁月的梁家河，习近平总书记说：“当年，我人走了，但我把心留在了这里。”② 如今，离开梁家河 40 多年了，他依然能一见面就叫出乡亲们的小名。习近平总书记心里不仅装着梁家河的父老乡亲，也始终惦念着 960 多万平方公里广袤大地上的人民群众。向习近平总书记看齐，每一名党员干部都应该有自己的“梁家河”，都应该有一心为民的情怀。

---

①《毛泽东选集》第 1 卷，人民出版社 1991 年版，第 184 页。
②《习近平讲故事》，人民出版社 2017 年版，第 324 页。

烟台市福山区大学生村官张广秀身患重病不忘本职、全身心为村民服务，赢得了广大干部群众的普遍认可，习近平总书记专门对张广秀朴实感人的先进事迹作出重要批示。张广秀的日记里几乎每天都有“为群众跑断腿”的记录，她在日记中曾这样记载：只要能为村民谋一丝利益，无论经历多少艰难困苦也心甘。住院前一天，张广秀还在村里加班到晚上 9 点；在与病魔作斗争期间，张广秀念念不忘的还是村里的父老乡亲，心里想的都是村里的路该修修了，老乡们的文化生活要丰富丰富了。张广秀的一生虽然短暂，但她一心为民的精神却深深烙印在烟台市广大党员干部的心间。各级基层党组织都应该时刻把心放在群众的所思所盼上，放在解决群众的利益诉求上，放在人民对美好生活的向往上，更加妥善地解决好群众的操心事、烦心事，做到从“心为民”到“行为民”，让群众看到实实在在的变化，享受到实实在在的服务，拥有实实在在的获得感，展现出真正的组织力。

二、着眼“心向党”，在凝聚引领群众上提升组织力

提升组织力，把党员组织起来是基础，把群众组织起来是关键。党的十九大报告指出：“一个政党，一个政权，其前途命运取决于人心向背。”只有群众坚定不移跟党走，才能汇聚起无往而不胜的磅礴力量。从基层实践看，凝聚引领群众，一靠党的组织，二靠党员干部。

党组织要发挥带领作用。党的十九大报告强调，要把基层党组织建设成为“宣传党的主张、贯彻党的决定、领导基层治理、团结动员群众、推动改革发展的坚强战斗堡垒”。胶东的党组织有组织群众、动员群众的丰富经验、光辉历史。1949—1953 年，胶东地区连年受灾，1949 年夏，台风两次席卷胶东半岛大部分地区，即使在受灾的情况下，胶东地区依然如期完成小麦夏征任务，并与渤海区并列山东省第一；与此同时，党

组织还动员群众积极捐款捐物抗美援朝，其中烟台市的超额捐赠率超过57%。在那样艰苦的条件下，群众宁可勒紧裤腰带，也要义无反顾支援国家，充分体现了党组织的组织力。如今，群众的物质生活极大改善了，但一些邪教组织在社区、农村搞非法活动，与我们党争夺群众，各级党组织更要坚决站出来，旗帜鲜明、深入细致地做好群众工作，把群众聚集到党的旗帜下。

近年来，烟台市组织机关事业单位在职党员到社区等基层单位报到登记，将社区自管党员和报到登记党员合理搭配、优势互补，编组分布到各个社区网格党支部和楼栋党小组中，把党的工作触角延伸到每家每户，进一步充实"社区党组织—网格党支部—楼栋党小组"三级工作力量。截至2018年，烟台市共组织5.1万名党员到社区报到登记、开展活动，平均每个社区增加党员162名，在组织和发动群众方面发挥了重要作用。当前，烟台市正在探索实施街道社区党组织政治功能和服务功能"双提升"工程，从根本上破解社区力量配备不足、经费保障不力、阵地场所不够等瓶颈，协调推动社区党建网格与综合治理、卫生健康等部门单位设立的网格"多网融合""一网多用"，年内重点抓好156个社区拓展提升，实现315个社区全面提档升级。

党员干部要发挥带动作用。邓小平同志曾经说："打仗的时候我们总是说，一个连队有百分之三十的党员，这个连队一定好，战斗力强。为什么？就是党员打仗冲锋在前、退却在后，生活上吃苦在先、享受在后。"[①] 在革命战争年代是如此，在建设、改革时期也是如此。招远市东良村1943年成立党组织至今，只有两任党组织书记。第一任书记是刘丕舵，1943年到1973年担任书记，任职30年；第二任书记是刘世武，自1974年担任书记至今，已任职44年。两任支部书记靠着74年初心不变、一

①《邓小平文选》第2卷，人民出版社1994年版，第268页。

心为民的执着坚守，把一个落后村变成远近闻名的先进村，全村经济总收入4亿多元，村集体年收入400多万元，村民人均纯收入2万多元。

围绕选好农村干事创业带头人，烟台市精心组织开展村“两委”换届选举工作，从2017年11月30日启动到2018年2月13日，仅用75天就全部完成6443个村的换届选举任务，比山东省规定的时间提前两个半月，首次实现100%的村党组织、100%的村委会换届以及100%的村配备党支部书记“三个百分百”的历史突破。事实证明，一名党员是一面旗，一名党员是一团火，党员干部的带动作用是无穷的。现在全国每10多个人里面就有1名党员，如果每名党员干部都能充分发挥自己的带动力，基层党组织就一定会有组织力、战斗力。

三、致力“心连心”，在融入群众上提升组织力

习近平总书记指出：“能否保持党同人民群众的血肉联系，决定着党的事业的成败。”[①] 密切联系群众，我们党就“如鱼得水”，就能把握群众脉搏，想群众之所想、急群众之所急、办群众之所需，党的组织力就有土壤、有价值；一旦脱离群众，我们党就“如树断根”，党的组织力也就无从谈起。

在战火纷飞的年代，党始终与人民群众同呼吸、共命运、心连心，靠强大的组织力将人民群众组织起来、武装起来，最终夺取了革命伟大胜利。在胶东这方红色热土上，党与人民群众心心相连、休戚与共，既有马石山十勇士心系被敌围困群众安危、舍生为民的感人壮举，也有胶东百姓踊跃参军，“参军模范村”“参军状元村”“一门三英雄”层出不穷的动人事迹；既有党创建胶东革命根据地，发展生产、减租减息的惠

① 中共中央文献研究室编:《十八大以来重要文献选编》上，中央文献出版社2014年版，第309页。

民利民之策，也有胶东人民省吃俭用支援人民子弟兵、支援抗战前线的爱党拥军之情；既涵养了胶东子弟兵“庭院不扫不走，缸内水不满不走，借东西不还不走，损坏东西不赔不走”的优良作风，也创造了西海地下医院救治近千名重伤员的战地医疗奇迹。党群一心，其利断金，这样的优良传统在代代相传。烟台市芝罘区大海阳社区党支部书记冷晓燕始终以亲人般的真心真情对待社区群众，被群众视为“亲闺女”，但凡社区有活动，只要她招呼一声，群众都会主动参加；冷晓燕生病住院，社区居民自发排班到医院陪护，一时被传为佳话。

我们党来自人民，也要走向人民，植根人民。各级党员干部只有进一步转变工作作风，主动走进群众、融入群众，与群众同坐一条凳，遇事拧成一股绳，把人民群众组织起来一起干，才能在“润物无声”中积淀号召力；只有让人民群众感受到党员干部是怎么生活、怎么工作的，真切听到党的声音、了解党的主张，关键时刻才能“一呼百应”，形成强大的群众组织力。

（本文原载于《红旗文稿》2018年第12期）

用党建破解城市治理难题

记者：烟台市正深化“全国城市基层党建示范市”建设，加强城市基层党建、引领城市基层治理上升到市委抓基层党建“一号工程”的高度。在您看来，城市基层党建涵盖哪些内容？

于涛：传统意义上讲，城市基层党建一般是指街道和社区党建。但是随着经济社会发展，人民群众对美好生活的向往日益强烈，我们在这个基础上还要引入机关党建、企业党建、行业党建、社会组织党建，甚至一些新兴的互联网党建等。党建资源要下沉到街道和社区，把群众的需求和这些行业的资源整合在一起，为群众服务。这是目前城市党建大致涵盖的内容。

记者：如您所说，城市基层党建与我们的生活息息相关，在提升群众幸福感和满意度上，组织部门应当扮演怎样的角色？

于涛：2019 年 4 月，中共中央办公厅印发的《关于加强和改进城市基层党的建设工作的意见》明确提出，要健全党委统一领导、党委组织部门牵头负责、有关部门和行业系统齐抓共管的领导体制和责任机制。从这个角度上讲，组织部门发挥的是牵头抓总的作用。我们重点做了三方面的工作：

一是配好一班人。指的就是街道社区一线的工作者，给社区工作者搭建起职业发展体系，加强能力培训等。

二是办好关键事。群众身边的芝麻小事就是党委和政府天大的事，比如，加强物业管理、解决社区老人日间照料问题、文明养狗问题等。

三是点燃一群人。基层的治理，单靠党委政府肯定是不行的，大家的事儿大家办，集体的事儿集体议，这样才能发挥群众的主体作用。一个好的城市管理，一定是群众集体参与的管理。我们创新了很多做法，比如，芝罘区推广了“阳光 17 议”民情议事制度。每月的 17 日定期组织社区党员、群众代表、“两代表一委员”等，召开民情议事会，共商民事，共解民难。通过这项制度，把替民当家，变成让民作主；把大包大揽，变成共同参与，改变了过去“干部干、群众看”，甚至干部出了很多的力，群众还不叫好的情况。

记者：为推动资源力量下沉社区一线，烟台市专门出台了《关于深入推进“双报到”工作提升服务社区、服务群众质量的实施意见》，很多在职党员到社区报到工作，直接联系服务群众，回应百姓诉求。这项工作具体是如何开展的？有哪些激励措施？

于涛：如果党员脱离群众，机关党员脱离基层的群众，其实是一件非常可怕的事情。所以，机关的党员、机关企事业单位，很有必要下基层，走进群众当中去做群众工作。同时，这些部门和单位又掌握着很多资源，而基层缺资源，应该有一个机制来打通机关企事业单位、机关党员跟社区、群众之间的联系。所以，我们设计了“双报到、双服务”的机制。

其中，很重要的一点是设置了“三张清单”：一是资源清单，就是机关企事业单位和机关党员能干什么；二是需求清单，就是社区和社区群众需要什么；三是项目清单，就是报到单位一年要给社区群众做什么事。为督促清单落实，我们建立了“三诺一考”制度。“三诺”是指公开亮诺、调度践诺、集中评诺。公开亮诺，就是要把项目清单事项全部公开；调度践诺，就是每半年对项目进展情况进行调度；集中评诺，就是年底前报到单位将承诺事项进行 PPT 汇报展示等。“一考”是指考绩定档，就是把服务群众的情况，列入年底考核评比，作为评先树优甚至干部提拔的重要依据，以此来推动各个方面的力量下沉基层，共同为群众服务。年底时，会有“三个一百”的评选，评选出年度共驻共建“百佳服务团队”“百佳服务项目”“百佳服务先锋”，最终让干得好的有掌声、有面子、得实惠。

记者：现在全国都在讲“放权”与“减负”，在推动街道体制机制改革、加强城市基层党建的工作中，如何解决“掣肘”问题，实现减负增效？烟台市开展了哪些工作？

于涛：近年来，我们突出街道抓党建、抓治理、抓服务主责，重点抓好“扩、赋、收、放、调”5 个方面：“扩”，就是扩权提能。加大街道的话语权，建立“1+N”共同治理体系，街道党（工）委牵头整合辖区综合执法、医疗卫生等单位组成若干专委会，共同解决城市治理难点问题，提高街道领导共治能力。比如，芝罘区只楚街道组成医疗健康、行政执法、骨干企业、物业等9个专委会，打造了“1+9”共同治理体系，让街道延长工作手臂，提升统筹协调功能；“赋”，就是赋职明责。确定了街道7项职责，明确了街道的主责主业就是抓党建、抓治理、抓服务。2019年，我们出台了相关文件，取消了中心城区街道的协税护税和招商引资的任务，让街道集中精力去抓治理党建和服务；“收”，就是收拢整合。把应该由街道承担的任务、统筹的资源收上来，不得将行政执法、社会管理等任务推给社区。目前，已经指导各县（市、区）全部拿出“上收清单”，从根本上给街道减负；“放”，就是放权强基。我们进行了社区党群服务中心的标准化建设，把一些行政审批权下放到社区这个层面，让群众在家门口就能实现“一次办好”，感受到生活的便利，感受到党群服务就在身边；“调”，就是调优机构。结合机构改革，进一步整合审批、服务、执法等方面的力量和职能，形成“三办两中心+X”设置，特别是做实做优街道党建办、综合行政执法办、党群服务中心等内设机构和窗口单位，使街道管理实现“如身使臂、如臂使指”的效果。

记者：在以党建破解城市基层治理难题方面，烟台市下一步还有哪些新举措？

于涛：中央组织部对烟台城市基层党建的定位是“走在山东最前面成为标杆”。我们将深化“全国城市基层党建示范市”建设，持续抓重点攻难点、抓基层打基础、抓品牌强示范，努力探索让党建根植城市、引领发展的“烟台路径”。

对标一流谋划实施“四力工程”。建强治理核心，提升“政治引领力”，统筹治理力量，提升“资源聚合力”，拓展治理半径，提升“组织辐射力”，做实治理平台，提升“服务凝聚力”。重点是健全完善市、县、街道、社区四级联动体系，深化街道管理体制改革，推进社区工作者职业体系建设，实施社区党组织书记队伍“全面成长计划”，进一步抓实党组织领导下的网格精治、居民自治、物业和治、群团联治、社会共治、法德善治“六治一体”机制，做优线上“智慧治理数据平台”和线下“党群服务实体平台”，以高质量党建推动提升治理水平。

聚焦突出问题集中攻坚提升。开展任何工作，都是以解决问题为目的的。虽然我们的城市基层党建工作取得了一些成绩，但是对表上级要求、对标先进地区、对照群众期盼，我们还有不少薄弱环节和短板，需要重点突破攻坚。下一步，我们将拉出“问题清单”，逐一对照制订解决措施。

同时，在深入推进党委书记抓基层党建突破项目的基础上，开展“一县一点”工程，对照中组部 13 个具体项目，围绕街道管理体制改革、新兴领域党建等方面，确定若干重点项目，重点加以突破。在全市筛选确定 20 个街道和 30 个社区，进行整体提升示范行动，发挥示范引领作用，带动面上工作提升。

压实党建责任，强化督导落实。一方面，要压实党委书记的责任、压实组织部门的责任、压实城市基层党建联席会议成员单位的责任、压实行业系统主管单位的责任，有责任就有履职尽责的“清单”，有责任就有常态长效的“调度”，把这个发条上紧、螺丝扭紧；另一方面，健全督导考核机制，采取“四不两直”的方式，多到现场看、多见具体事、多听群众说，听真话、摸实情，作出真实评价，以此作为各级党组织书记抓党建的参考和依据。只要一层一层地抓下去，一个点一个点地突破，相信烟台城市基层党建一定会有新的更大的成效。

基层党建就是一个组织部长的良心。虽然这项工作是个潜绩，可能不是那么容易出亮点，但是我们必须扎扎实实地把它抓好，为基层群众做更多的好事、实事，让更多的群众受益。

（本文是作者 2019 年 11 月 21 日在接受大众日报客户端《会客厅》栏目专访时的访谈录）

《社区书记》为什么令人感动

2020 年 1 月 3 日晚，我在烟台大剧院观看了市吕剧院以芝罘区大海阳社区书记冷晓燕等优秀社区书记为原型创作的现代吕剧《社区书记》。说真的，因为个人喜好不同，我一贯喜欢电影，不喜欢戏剧，但这部剧既让我喜欢，也让我感动，是近年来我看过的最好的戏剧之一。

毛泽东同志的《在延安文艺座谈会上的讲话》中讲到了对文艺作品的评判标准，那就是“政治和艺术的统一，内容和形式的统一，革命的政治内容和尽可能完美的艺术形式的统一”[①]。一部好的作品，一定是政治性和艺术性相统一的，《社区书记》就符合这个标准。

从艺术性的角度看，无论是布景、灯光、唱词，还是演员的表现力、节奏的张弛度，都是高质量的。布景简洁漂亮，表意丰富；唱词优美，炼字讲究；演员与人物形象契合度高，举手投足比较传神（尤其是派出所指导员的形象）；开场 5 分钟就开始了矛盾、冲突、对抗，不拖沓，吸引人，环环相扣，张弛有度；等等。

更重要的是政治性、思想性，这是这部剧的鲜明特点。《社区书记》是“不忘初心、牢记使命”的生动教材，也可以说是一部做好社区书记

① 《毛泽东选集》第 3 卷，人民出版社 1991 年版，第 869—870 页。

的教科书。从剧中，我们可以清晰地看出来：

做好社区工作的初心是什么？答案是：为了群众过上幸福生活。

如何才能做好社区工作？答案是：依靠群众。不能把群众发动起来的社区一定不是一个好社区，好的社区一定是群众共同参与治理的。

如何才能有效组织群众呢？答案是：民有所呼，我有所应，从群众最急最盼的事入手，带着感情和温度做群众工作，只有这样群众才会信服你，才能聚民心；只有党组织带党员，党员带群众，群众带群众，层层示范带动，才能聚民力；众人的事众人议，民事民提，民事民定，民情民治，民效民评，民福民享，只有这样才能聚民智。

社区工作的目标是什么？答案是：构建人人有责、人人尽责、人人享有的社区治理共同体。

这些问题和答案，在剧中都表现得清晰而准确。因为剧中人物有原型，所以，我对其中的每个故事都熟悉，也知道原型身上更多的故事。这部剧在众多的故事中选取了这几个点，经过了艺术处理，能够更充分地体现政治性，这是难能可贵的。

之所以有这样高质量的艺术创作，一个根本原因是创作者深入实际，深入基层，体现了“人民性”。听说主创们走访了大海阳社区几百户居民，这一点就足以支撑这部戏剧的真实感人。正像习近平总书记2014年在文艺工作座谈会上的讲话中讲的：“关在象牙塔里不会有持久的文艺灵感和创作激情。有一位苏联诗人形容作家坐在屋里挖空心思写不出东西的窘态是‘把手指甲都绞出了水来’。我们要走进生活深处，在人民中体悟生活本质、吃透生活底蕴。只有把生活咀嚼透了，完全消化了，才能变成深刻的情节和动人的形象，创作出来的作品才能激荡人心。”①文艺创作方法有一百条、一千条，但最根本、最关键、最牢靠的办法是

① 习近平：《在文艺工作座谈会上的讲话》，人民出版社2015年版，第19页。

扎根人民、扎根生活。这是颠扑不破的真理。

当然，艺术作品是对生活的再加工，而生活远比艺术更丰富多彩。现实生活中，那些社区书记们有太多感人的故事，在戏剧中无法完全表现；他们遇到的很多困难甚至委屈，在戏剧中也无法完全表达。同时，为了剧情需要，为了增强冲击力，也添加了很多生活中没有的情节。剧中人物只是剧中人物，有原型人物的影子，但绝不能说，这就是现实中的某某人。因为剧中人物可敬可爱，而我认识的现实原型人物比剧中人物更可敬更可爱。

观看戏剧时，有一个细节让我感动。在剧场落座后，一个社区的大姐在后排拿着个靠垫风风火火地跑过来说："部长，你的腰不好，垫个垫子舒服些。"我还没看清大姐的样子，也没来得及推辞，大姐已经扭头走了。我瞬间湿了眼眶。这就是我们的群众！群众是最有眼光的，我们做的事，不管是好事还是坏事，他们都能看在眼里，最后就汇聚成了口碑；群众也是最慷慨的，我们只是做了些职责范围内该做的事、正常的事，群众就会念念不忘，就会始终把你放在心里。开场前的这种感动，也贯穿了观剧的全过程，因为这部戏剧本身也自始至终在说明这个道理：只要你拿群众当亲人，群众就会拿你当亲人；只要你把群众放在心里，群众就会把你举过头顶。

我想，我此生都会与这些可爱的基层党员群众站在一起，同歌同哭、同乐同愁。这是这位社区大姐给我的感动和激励，也是《社区书记》给我的感动和激励。

（本文发表于2020年1月4日微信公众号"春在千门万户中"）

工会要走到人民群众中做工作

我分管烟台市总工会的工作之后，一直在学习习近平总书记关于群团工作和工会工作的重要讲话，借这个机会，与大家交流一下学习心得体会，主要是谈谈工会系统如何加强自身建设。之所以要从“自身建设”这个角度讲，是因为根据马克思主义的观点，人是一切生产力中最活跃最基本的因素。只要“道”这个层面的问题解决了，那么“术”这个层面的问题就会迎刃而解。

一、要勤学多思，做职工思想的引领者

习近平总书记强调:“引导职工群众听党话、跟党走，巩固党执政的阶级基础和群众基础，是工会组织的政治责任。”① 习近平总书记还进一步指出，对群团组织来说，谁能把自己联系的群众最广泛最紧密地团结在党的周围，谁的工作就是做得好，反之就是做得不好。习近平总书记的这些重要讲话启示我们，能不能团结工人、引领思想，是评价工会工作的第一标准。履行好这一政治责任，要求我们必须用习近平新时代中国特色社会主义思想武装头脑、指导实践。

第一，要真学真信。不论从事什么工作、处于什么岗位，只要是一名共产党员，就一定要把学习习近平新时代中国特色社会主义思想作

①《团结动员亿万职工积极建功新时代　开创我国工运事业和工会工作新局面》，《人民日报》2018 年 10 月 30 日。

为基本任务，增强“四个意识”、坚定“四个自信”、做到“两个维护”，就一定要把《习近平谈治国理政》《习近平新时代中国特色社会主义思想学习纲要》作为案头书，每天学、认真学，掌握精神实质、把握精髓要义。

我认为，做好工作第一条就是处理好理论和实践的关系。党的十八大以来，习近平总书记提出了一系列新理念、新思想、新战略，要认真学习贯彻。在组织工作中，凡是在全国有创新性、有影响力的工作，无一不是得益于习近平总书记重要讲话的指引。所以，我在各个场合都会鼓励大家加强学习，尤其是要学好习近平总书记的重要讲话。

第二，要深思笃行。谋划工作、推进落实，要善于从习近平总书记的重要指示批示中找方向、找方法、找答案。对工会干部来说，尤其要学习习近平总书记关于群团和工会工作的重要讲话精神，深入思考今天的工会工作与党的十八大之前的工会工作有什么区别？和新中国成立前的工会工作有什么区别？进入新时代，工会的功能定位是什么？工作逻辑是什么？只有在理论上想清楚了，行动上才不会出偏差。否则，只顾低头拉车，不抬头看路，很可能会南辕北辙，干得越多，用力越大，反而离正确的目标越远。

习近平总书记对群团组织提出了强“三性”、去“四化”的明确要求。工会系统怎么抓好贯彻落实？用什么抓手或者载体把这些要求贯彻到位？用什么办法能把职工组织起来，改变一盘散沙的局面？用什么办法能把他们凝聚在党的周围，实现思想引领？这些都需要我们深入研究、落到实处。市总工会要结合“不忘初心、牢记使命”主题教育，集中梳理习近平总书记关于工运事业、工会工作的重要讲话，组织全市工会系统一条一条对着学、对着查，真正想明白为什么干工会工作、怎么才能干好工会工作。通过学习，形成清晰的改革思路和工作举措，让每一项工作都基于习近平总书记的重要论述开展。

在这里要强调一点，各级各部门、各产业系统的工会主席要在其位、谋其政，亲力亲为参与工作、研究工作。既然干了工会主席，就要履职尽责，不能当甩手掌柜，只挂个名不干实事，这是不允许的。之前有不少这种情况，从今天开始，工会主席必须履行好职责。

第三，要融会贯通。要完成好团结职工、引领思想的政治任务，每一名工会干部都要走到工人中去、当好宣讲员。这就要求我们自己首先要把党的路线方针政策融会贯通。只有自己想清楚了，能说服自己，才能跟工人讲清楚。做群众工作是共产党人的看家本领，但这些年我们的这项本领退化了，有的同志工作上、生活上脱离群众，甚至都不会用工人能理解、能接受的语言跟群众去交流，现在需要补补课了。南京航空航天大学的思政课教师徐川，是党的十九大代表。他之所以受欢迎，就是因为他了解学生的所思所想，能结合实际把党的理论用通俗易懂的语言、生动鲜活的故事讲出来，针对性强，同时又春风化雨、润物无声。要达到这样一个境界，前提是要学懂弄通、融会贯通。做学生工作是如此，做工会工作同样是如此。尤其在当前，在各种利益关系调整加剧的情况下，要做好思想政治工作，迫切需要大家加强理论修养、掌握正确方法，不断增强做好职工群众思想政治工作的能力水平。

二、要忠于人民，做职工利益的维护者

习近平总书记一再强调："工会要坚持以职工为中心的工作导向，抓住职工群众最关心最直接最现实的利益问题，认真履行维护职工合法权益、竭诚服务职工群众的基本职责，把群众观念牢牢根植于心中，哪里的职工合法权益受到侵害，哪里的工会就要站出来说话。"[①] 通过习近平

①《团结动员亿万职工积极建功新时代　开创我国工运事业和工会工作新局面》，《人民日报》2018年10月30日。

总书记的讲话，我们可以很清晰地看到，维护职工权益是工会的基本职责。各级工会组织、工会干部，要努力把这份基本职责履行好，要做职工权益的维护者，做广大职工的“娘家人”和“铁靠山”。

第一，从工运事业发展的历程看。工人群体最早出现于资本主义社会，最初的工人就像电影《摩登时代》里展现的那样，就是个“机器”。用马克思主义的观点来看，如果把人当成机器，既不可能实现人的全面发展，也不可能实现社会的全面进步。因为工人要争取权益，所以才有了工人运动，有了工运事业。我国工运事业是在党的领导下发展起来的。我们党自成立之日起，就始终把工人阶级作为自己的阶级基础和依靠力量，始终同工人阶级血肉相连、休戚与共，创造了彪炳史册的辉煌业绩。近百年来，工人阶级能够听党话、跟党走，工会承担了艰巨的任务，发挥了巨大的作用。如果不能全心全意依靠工人阶级的力量，不能全心全意维护工人阶级的权益，工会就失去了本源，失去了存在的意义。

第二，从巩固执政基础的角度看。习近平总书记强调，群团组织要“高举旗帜，巩固阵地，争取人心，而不能让那些别有用心的组织和人与我们争夺群众”①。当前，一些敌对势力，打着社会组织、职工维权的幌子与我们党争夺群众的现象并不少见，形势非常复杂。广大职工这个群体，我们不去团结，就会被别人团结；职工的思想阵地，我们不去占领，就会被别人占领。近些年发生的一些职工群体性事件，不少是因为工会组织没有及时帮助职工争取和维护权益，没有及时做好职工的思想政治工作，没有当好职工的“娘家人”，甚至高高在上做老爷，站在了职工的对立面，让敌对势力钻了空子。民心是最大的政治。习近平总书记在“不忘初心、牢记使命”主题教育工作会议上强调，要“筑牢党长

①《切实保持和增强政治性先进性群众性　开创新形势下党的群团工作新局面》，《人民日报》2015年7月8日。

期执政最可靠的阶级基础和群众根基”①，工会作为党联系群众的桥梁和纽带，在这方面使命艰巨、责无旁贷。

第三，从共产党人的初心看。我们党是以工人阶级为基础的政党，我们党的初心和使命是为人民谋幸福、为民族谋复兴。维护职工的合法权益就是为人民谋幸福，这就是我们党最本质的要求。作为工会的干部，大家要经常想一想，工人需要什么，你能为他们改善什么？如果不能维护职工的权益，就不可能把工人们团结起来，就是失职。2018年，市委号召全市向芝罘区大海阳社区党委书记冷晓燕学习。冷晓燕之所以能受到社区群众的衷心拥护，一个重要的原因就是她始终生活在群众之中，始终践行“群众的芝麻小事就是党委政府的大事”的理念。相反，现在有些工会干部，要么天天待在机关，要么即使下基层，也是到企业老板那里去、到企业工会主席那里去，而没有真正到工人群众中去。大家作为具体从事工会工作的同志，可以扪心自问：自己到底是不是普通工人的朋友？

既然组织把我们安排到这个岗位上，赋予我们这份职责，我们就要把自己融入职工中，想他们之所想、急他们之所急。我们自己住进了高楼大厦，冬暖夏凉，得多想想那些住着窝棚，在烈日和暴雨下谋生的群众。

现在有一种不好的倾向，有的同志觉得反正有《中华人民共和国劳动法》，职工和企业之间有什么纠纷，只要推给人力资源和社会保障局就行。我认为，能够有机会为职工群众办好事，这是人生的幸运。只要有这样的机会，我们就应该当仁不让、抢着去干。我在组织部机关经常说，不要分你的我的，只要是对群众有利的事，只要是对党的事业有利的事，就要充分用好手中的权力，为党分忧，为民解难，让更多老百姓

① 习近平：《在“不忘初心、牢记使命”主题教育工作会议上的讲话》，人民出版社2019年版，第4页。

受益。没有干事的平台就独善其身，有了干事的平台就要兼济天下，这才是我们作为共产党人、作为工会干部应有的情怀和担当。

第四，从企业和职工的关系看。长期以来，一些从事工会工作的同志，在思想上存在着模糊认识，觉得自己的位置很尴尬，主要是因为在民营企业开展工会工作需要企业家的支持，否则就无从下手。这时为职工维护权益似乎是与虎谋皮，不好把握定位，一些同志心里存在畏难情绪。其实，这个问题用马克思主义的对立统一观点一看，也就迎刃而解了。民营企业与职工就像一枚硬币的两面，是一对矛盾，但也正因为是矛盾的两面，所以又形成了共生关系。对企业来讲，职工的工作条件好了、主人翁意识强了，就能迸发出更大的积极性创造性，有利于企业更好发展；对职工来讲，企业发展好了，成了“百年老店”，职工的工作就会更稳定，收益也会提高。所以，建立和谐的劳资关系对职工有好处，对企业也有好处，这是件成人达己的好事。从这个角度想通了，也就不存在为职工维权时不好处理与企业家之间关系的尴尬问题了。

一开始，我们在民营企业搞党建时，也面临同样的问题。但是把这个问题想清楚、说清楚了，让企业看到了加强党建带来的成效，慢慢地它就能接受和支持了。工会在企业“一肩担两头”，一头是企业，一头是职工。服务企业不是单纯地授予企业家劳模称号，换取支持就完了；服务职工也不是单纯地维权，而是要抓好深层次、全方位的服务，最终推动形成和谐的劳资关系。

三、要融入大局，做高质量发展的推动者

习近平总书记指出：“群团组织做服务工作具有两重性，既要服务党和国家工作大局，也要服务群众，不能把两者割裂开来，也不能畸轻畸重……群团组织既要围绕党和国家工作大局搞好‘公转’，又要聚焦服

务群众搞好‘自转’。”① 习近平总书记的这个要求非常清晰明确，又非常生动形象。

第一，要聚焦党建抓工会工作。做实“党建引领、党工共建”，深入推进基层工会组织和阵地建设。最近大家观摩的这批工会阵地，多数都是我很熟悉的，因为是“党建带工建”的产物。党建和工建应该也必须拧成一股绳，形成合力，实现“党工共建”。但我期待更多的阵地和典型是工会自己挖掘打造的，在“党建带工建”的同时，更好地发挥“工建促党建”的作用。

第二，要聚焦发展抓工会工作。围绕“三重”工作、经略海洋、助力乡村振兴等重点工作，广泛发动、精心设计，搭建好“当好主力军、聚力新动能、建功新时代”劳动竞赛平台，掀起建功高质量发展劳动热潮。要着力围绕八大主导产业、新旧动能转换重大工程，摆好“百万职工大练兵、十万精英大比武”等擂台，凝聚广大职工助力发展的智慧和力量。

第三，要聚焦职工成才成长抓工会工作。人是一切生产力中最活跃最基础的因素。只有让每个人的能力、特长、潜力、创造力都迸发出来，生产力才能得到高度的发展，人才能得到全面的发展。所以，从工会的角度讲，要大力弘扬劳模精神、劳动精神、工匠精神，以“工匠建设工程”为抓手，通过创建劳模（工匠）创新工作室、创新成果展和事迹巡回宣讲等形式，充分发挥劳模工匠在精神传承、技术创新、科研攻关等方面的示范引领作用，引导广大职工争当“工人发明家”“技术能手”“烟台工匠”，为烟台高质量发展提供人才和智力支撑。

尤其需要提醒注意的是，习近平总书记强调：“要防止出现活动一个接一个，表面上热热闹闹，实际上同党和国家工作大局、服务群众不沾

---

① 中共中央文献研究室编：《习近平关于社会主义政治建设论述摘编》，中央文献出版社 2017 年版，第 203 页。

边、不搭界的现象。”[①]开展工会活动，要坚持在效果上下功夫，坚决杜绝一切形式主义。对于阵地建设还需要强调几点：一是要明确我们的阵地是给广大工人用的，不是给领导看的，更不是少数人的“俱乐部”；二是要把阵地建设成有灵魂、有温度的阵地，它既是一个活动的场所，又是一个宣传的阵地、工作的阵地，要真正让工人想用、爱用，切忌只是工会组织自弹自唱、自娱自乐；三是不能仅仅满足于打造一些盆景，要把着力点放在那些职工随时能用的身边阵地的建设上，真正地把工人凝聚起来。

四、要争先创优，做转变作风的示范者

激情是事业发展的发动机，作风是事业进步的生命线。广大工会干部要把改进作风作为一项长期任务，牢牢抓在手上。具体来说，要努力塑造主动担当、勇争一流、团结协作、遵规守纪四种作风。

第一，要抓落实、敢作为，塑造主动担当的作风。要在严抓落实上体现担当。毛泽东同志在《党委会的工作方法》里讲道：“什么东西只有抓得很紧，毫不放松，才能抓住。抓而不紧，等于不抓。伸着巴掌，当然什么也抓不住。就是把手握起来，但是不握紧，样子像抓，还是抓不住东西。”[②]今后，凡是布置的工作、提出的要求，必须做到条条有回音、件件有着落、样样都落实。对全年的工作任务，要分解、落实到具体人头上，做到一月一调度、一季一通报、年底有奖惩，推动各项工作向实处用力、在实处见效。

---

① 中共中央文献研究室编:《习近平关于社会主义政治建设论述摘编》，中央文献出版社 2017 年版，第 203—204 页。

②《毛泽东选集》第 4 卷，人民出版社 1991 年版，第 1442 页。

要在攻坚克难上体现担当。遇到艰巨任务时挺身而出、迎难而上，不推诿扯皮、不敷衍塞责，想方设法处理好、解决好；出了问题敢于领责、主动担责，不回避矛盾、不上推下卸，该扛的就扛起来。在主责主业方面要有突破、有创造，集中解决一批职工盼望的事、矛盾突出的事，实现各项工作全面过硬而不只是单项工作过硬，市、县两级全面进步而不只是市一级进步。

要在创新创造中体现担当。把改革创新的理念贯穿工会工作的各个方面、各个环节，做到谋划工作有新思路、解决问题有新办法、推进落实有新举措；要紧紧抓住工会工作的重点、难点、薄弱点，在普惠职工服务、强化工会阵地建设、激发基层工会活力等方面，加大探索创新步伐，尽快拿出有效措施，努力开创特色纷呈、亮点频现的工作局面，提升全市工会工作整体水平。

要在直面问题中体现担当。古人说："君子之过也，如日月之食焉。过也，人皆见之；更也，人皆仰之。"就是说，一个人有缺点、有错误，就像日食一样，你说与不说，大家都看得见，改了之后大家都更加地敬仰他。所以，我们在工作中别怕发现问题、别怕别人指出问题。问题就是最好的"任务书"，只有跟着问题去开展工作，才能有的放矢、切中要害。比如，我们推行党支部领办合作社已经在全国产生了影响、形成了经验，但是我要求去调研的同志回来之后，不要说好在哪里，好的地方大家都知道，但一定要说哪个地方有问题，这才是对我们开展工作最有力的帮助。成绩不讲跑不了，问题不讲不得了，如果只是盯着自己的长处洋洋自得，是不可能进步的。我们要直面问题，既要自己主动发现，也要依靠广大群众帮我们发现，只有广泛深入地接触群众，听取大家的意见，站在他们的立场上来审视我们的工作，我们的工作才能做到群众的心坎上。

第二，要争先进、当标杆，塑造勇争一流的作风。习近平总书记强调："群团机关不能成为安排养老的场所，不能成为养尊处优、混天度日的地方，更不能成为投机取巧、升官晋爵的跳板。”[①] 对比习近平总书记的重要讲话，我们还有很大的差距。有的同志到工会工作，认为自己是去“安度晚年”的，小成则满、小进即安；有的同志认为工会无职无权，是“配角”，不自觉地就放松了要求、降低了追求，工作只求过得去，不求过得硬。这些心态和做法与新时代的要求格格不入。

做好工会工作，亟须干事创业的魄力和走在前列的勇气，亟须每个人都奋勇争先、追求极致，亟须事事都走在前列、永远争第一。长期从事文字工作的同志，可能会有一个体会，给领导写材料的文字秘书，大体可以分三类：第一种是任务型秘书，以完成任务为目的。稿子写好后感觉越早脱手越好，稿子给领导就算完成任务，从此不闻不问，领导如果不找他，他一定不会主动问领导。第二种是职业型秘书，把工作当成职业。稿子交给领导以后，心里还忐忑不安，感觉稿子是不是还有哪些地方可以再提升、再完善，发现有需要改的地方，再形成一稿交给领导，只要领导还没用，他就不断修改。相对来说，这样的职业秘书已经不错了。第三种是事业型秘书，把工作当成事业。稿子给了领导，领导对稿子进行了充分肯定，会后好评如潮。但面对掌声和赞扬声，这种秘书心里还是不满足，没有马放南山，而是把稿子拿出来反复地推敲。自己不放过自己，在成功当中找差距，在满意当中找不满意，这就是事业型的干部！也只有事业型的干部，才能快速提高个人才能，快速成长进步。

希望工会干部都能做事业型干部，在寻标对标中，向着最先进的学习、朝着最领先的追赶，只有这样才能时时当先进、事事争一流。

第三，要重团结、会共事，塑造团结协作的作风。习近平总书记指出：“力量不在胳膊上，而在团结上。”[②] 工会工作要有大发展，必须在团

---

① 中共中央文献研究室编：《习近平关于社会主义政治建设论述摘编》，中央文献出版社 2017 年版，第 206 页。

②《习近平谈治国理政》第 1 卷，外文出版社 2018 年版，第 355 页。

结上有大提升。要提倡树正气，对一个团队来说，领导者的风格非常重要，一个团队的领导是什么样子，他的灵魂就能深深地印在这个团队身上，这个团队就是什么样子。

作为主要领导，必须一身正气，必须在单位树立正确的导向。你支持什么、反对什么、树立什么导向要旗帜鲜明，让大家一目了然。同时，还要身体力行，率先垂范。做领导的只有有身先士卒的勇气、向我看齐的底气，才能有以上率下的正气，才能用“背影”带队伍、用正气干工作，才能带出好作风、干出好成绩。要襟怀坦白，表里如一，不搞当面一套背后一套，对上一套对下一套；要五湖四海，不搞亲亲疏疏、团团伙伙；要心胸宽广，大事讲原则，小事不计较，对因为误会产生的矛盾，要把问题摆在桌面上，通过沟通来化解隔阂。对严重的问题，要学会用党内政治生活的武器来处理，通过组织生活会、通过批评和自我批评，用民主的方法、靠集体的力量来解决。要相互补位，你落下我捡起、你忘记我帮你提醒，而不是各弹各的调，只有这样才能唱好工会的大戏。我从事组织工作这么多年，有一个很深的体会，就是一个单位如果相互团结，就会出人不出事；如果相互内耗，就会出事不出人，最终结果是谁都不落好。

第四，要明底线、知敬畏，塑造遵规守纪的作风。在廉洁问题上，只有 100 分和 0 分两个档次，不存在任何少拿一点、少吃一点的余地，大家要时刻有“白袍点墨”的危机意识、“聚光灯下”的自省意识，时时严于律己、事事清正廉洁。市纪委制作的警示片大家都要看一看，看看曾经的同事落马之后的痛心疾首，看看自己酿的苦酒最终总要自己喝下去，哪怕退休了也一样跑不了。

由于工作性质，工会每年经手的资金比较多，有的地方甚至有“第二财政”之说，这些资金必须来自职工、用于职工。特别是阵地建设、困难职工帮扶等，资金量都比较大，风险隐患比较多。全市工会系统每个单位都要各自梳理廉政风险点和作风风险点，通过梳理风险点进行自我教育，逐一制定风险防范措施，确保工会干部明底线、知敬畏，不越“红线”、不出问题，这是对大家最大的关心和爱护。

市委让我分管工会工作，我一定会亲力亲为、尽职尽责，跟大家一起谋划工作、推动工作，不懈怠、不推诿，这一点请大家监督。但是如果大家因为组织部长分管这项工作，就盼着“近水楼台先得月”，那我恐怕会让你失望了。请大家记住，有作为才能有地位；只有自己干得精彩，工作才会出彩，组织才会为你喝彩。

（本文是作者 2019 年 7 月 5 日在烟台市工会阵地建设观摩暨半年工作总结会议上的讲话）

统战工作就是政治工作

一、对统战工作重要性的认识

毛泽东同志说过，什么是政治，政治就是把朋友搞得多多的，把敌人搞得少少的。统战工作就是讲政治的工作，要把我们的朋友搞得多多的，把我们的敌人搞得少少的。我们党之所以从一个 50 多人的小党，经过 28 年的奋斗，成为夺取全国胜利、取得执政地位的大党，很重要的一条就是我们党重视统战工作。党的历史充分证明：什么时候我们党重视统战工作，发挥统一战线的法宝作用，什么时候就会发展壮大；什么时候我们党忽略统战工作，革命、建设和改革事业就会遭受挫折。

当前，我们党的执政形势发生了很大变化，正在统筹推进“五位一体”总体布局，协调推进“四个全面”战略布局，努力实现中华民族伟大复兴的中国梦，这是一场具有许多新的历史特点的伟大斗争。面对宏伟的事业、艰巨的任务，单靠我们党“千里走单骑”是不行的，必须把统一战线这个重要法宝掌握好、运用好，最广泛地团结各方面力量，最充分地凝聚共识、凝聚人心、凝聚智慧、凝聚力量，引导广大统战成员与我们党齐心协力、同心同德，为党和国家事业提供强大持久广泛的力量支持。

二、对统战工作基本原则的认识

干好统战工作，最重要的原则就是处理好一致性与多样性的关系，要增强一致性，引导多样性。不管是干民族工作、宗教工作，还是干党外知识分子工作，都需要处理好二者的关系。

一致性是指在思想上，坚持马克思列宁主义、毛泽东思想、邓小平理论、“三个代表”重要思想、科学发展观、习近平新时代中国特色社会主义思想的指导；在政治上，拥护社会主义制度；在制度上，拥护中国共产党领导的多党合作和政治协商制度；在道路上，走中国特色社会主义道路；在根本利益上，维护中华民族的共同利益；在理想信念上，建设社会主义现代化国家；在历史使命上，实现中华民族伟大复兴的中国梦。

多样性是指在共同的利益之外，不同的群体有自己的差异，包括有不同价值取向，有不同的行为方式。对这些差异，要予以辩证分析。有些差异，无碍大局、无关宏旨，对这些差异，可以存而不论；有些差异，需要经过长期过程、反复比较、实践检验，才能得出正确的结论，对这些差异，需要仔细研判；有些差异，有助于推动工作，要鼓励支持；有些差异，涉及大是大非、原则性问题，必须旗帜鲜明地加以反对。

总的来说，一致性和多样性共同存在并相互作用，是自然法则，也是社会规律，要求大一统，清一色，是不现实的；放弃一致性，过多强调多样性，则必然会导致分裂。实践证明，在充分尊重多样性的基础上，一致性程度越高，统一战线团结的基础越牢；在不断巩固一致性的基础上，多样性范围越宽，统一战线团结的力量越多，就能够更好地激发社会的活力，形成致力于共同事业的合力。

三、对做好统战工作的认识

第一，要坚定信念。统战工作要同各种各样的人打交道，没有坚强的党性、坚定的立场是不能胜任的。越是做党外人士的工作，越要心中有党。要大力维护党的形象，积极宣传党的政策，忠于党的事业，严格遵守党的政治纪律和政治规矩，不能一味地为了统战和团结，而丧失原则和底线。这种无原则的“统战”，不是真正的统战工作。

第二，要多交朋友。做组织部长要淡化朋友圈、净化社交圈，当统战部长正好与之相反，要与党外人士加强联谊、多交朋友，在交往中了解情况、把握动态、做好工作。在交往中要与他们平等相待、真诚交心，成为他们推心置腹的朋友，为开展统战工作打下良好基础。

第三，要服务大局。围绕中心、服务大局，既是统战工作的工作主线，也是统一战线优势所在。我认为，当前统战工作要服务以下三个方面的大局：

一是要服务和谐稳定的大局。发挥统一战线联系面广、代表性强的优势，多做协调关系、化解矛盾的工作，及时发现和处置容易引发不稳定的苗头隐患，为改革发展减少阻力，增加助力，形成合力。比如，莱芜市现在正在开展巩固国家卫生城市的活动，有些工作涉及少数民族群众随意摆摊、乱搭乱建等。在这种情况下，如果处理不好，就有可能引发敏感事件。我们就是充分依靠少数民族群众代表，通过他们去做少数民族群众的工作，顺利完成了违章建筑的拆迁任务，有力支持了工作的开展。又如，在做宗教界统战工作时，在防止国外宗教势力渗透的基础上，充分利用宗教教义中爱国、向善等积极内容，引导宗教界代表人士大力弘扬护国利民的思想、引人向善的哲理、和谐社会的理想，教育信教群众爱国爱教、遵纪守法，自觉维护社会的和谐稳定。同时，认真落实习近平总书记在中央统战工作会议上提出的要做好新媒体从业人员统战工作的要求，对其中的代表人士保持经常性联系、加强沟通协调、强化教育引导，推动他们成为社会正能量的传播者。在这次巩固国家卫生城市工作中，莱芜在线、莱芜都市网等的大量新媒体人士，积极发帖宣传巩固国家卫生城市的意义、工作亮点，与网络负能量进行勇敢斗争，使群众了解了真相，明白了事理，调动了全社会参与巩固国家卫生城市的积极性。

二是要服务经济社会发展的大局。“春江水暖鸭先知”，非公经济人士对经济发展的变化最有发言权，通过与他们联谊交友、座谈交流，把他们对经济发展的意见建议向市委、市政府反映，为市委、市政府制定经济发展政策提供科学依据。非公经济人士是开展招商引资的重要力量，通过他们，与有意向的企业取得联系，邀请企业到莱芜参观考察、投资兴业，引来了很多大项目、好项目。非公经济人士是参与公益事业的重要力量，通过抓好非公企业党建，加强思想政治工作，教育引导非公有制经济人士致富思源、回报社会，积极参加社会公益活动。非公有制经济人士是推动经济发展的重要力量，在引导非公人士为经济社会发展大局服务的同时，也积极为非公有经济组织解决生产经营中的问题和困难，针对非公企业特别是小微企业贷款难的问题，协助工商联会员企业成立了担保公司，为小微企业争取贷款，解决了企业融资难的问题。

三是要服务民主政治建设的大局。支持民主党派、无党派人士充分发挥自身的优势，围绕全市经济社会发展中的重大问题开展调查研究、积极建言献策，他们提出的很多意见建议被市委、市政府采纳；支持他们开展支教、送医药下乡、科技助农等活动，服务民生改善和社会和谐；大力加强党外代表人士队伍建设，严把入口关，采取考试等形式，提升党派成员的质量，优化党派成员的结构，强化党派成员的教育培训，民主党派成员中很多都是教师，只有加强对他们的教育引导，使他们爱党、爱国，才能把学生培养成为社会主义事业合格的接班人，所以，我们加大了对他们的教育培训力度，不断提高其综合素质；认真落实把一部分优秀人才留在党外的政策，对表现出色、有发展潜力的人才，加强教育培训和实践锻炼，促进健康成长，为多党合作储备了优秀人才；大力加强民主党派、无党派人士的自身建设，完善民主党派综合评价、述职述廉等制度，不断提高党派成员政治把握能力、参政议政能力、组织协调能力、合作共事能力。

（本文是作者 2015 年参加山东省委统战部座谈会时的发言）

· 第三章 ·

组织工作引领
乡村振兴

做好农村工作要以党建为引领

我到烟台工作以后，痴迷于3件事：一是逢人必谈抓党建，二是痴迷于党性教育基地建设，三是痴迷于发展新型农村集体经济。烟台是全国比较早推介“塘约经验”、发展新型农村集体经济的市，这是今后农村发展的正确方向。

一、做好农村工作，要以党建为引领

党是一切事业的领导核心。具体到一个村，党支部就是这个村一切事业的领导核心。塘约道路的形成过程非常艰难，但成效非常明显，根本原因就在于塘约村党的领导非常坚强、党建工作非常过硬，能够充分地、有效地组织发动党员和群众。不管是在洪水面前还是在家园重建面前，不管是在合作社前期组建过程中还是在后期运营发展过程中，塘约村的党组织和党员都发挥了主心骨作用。可以说，没有党的领导就没有塘约道路。塘约村穷的时候，有党组织在，塘约村才没有乱；塘约村发展的时候，有党组织在，塘约村才有了今天。因此，加强党的领导，加强农村基层党建工作非常必要。

第一，要加强农村党组织建设。我们在实践中发现，凡是搞得好的村，共同特点就是经常开会，或者学习上级要求，或者研究村级事务。比如，塘约村执行“三会一课”制度雷打不动，每个周一开例会，有时一周两次；每半个月至少开一次党小组会，推动各项工作落实；每个月至少开一次党员大会，学习习近平总书记系列讲话，学习党中央和上级党委的决策部署，通报本月的工作推进情况，安排下个月的工作；使党课融入其中，已经成为经常性工作。可以说，塘约村每次开会都既抓学习又抓工作，既保证了严肃性又体现了实效性，避免了形式主义和“两张皮”的问题，这非常值得我们学习。

目前，很多农村党组织自我降格、自甘落后，认为处在最基层、干的是庄稼活，农活都忙活不过来，哪有时间和精力开会，甚至觉得搞这些是形式主义。实际上，过主题党日、重温入党誓词等，这些不是形式而是仪式，坚持执行，能够持续增强党员的仪式感、神圣感和归属感。

前一段时间，出台了《烟台市基层党建工作基本标准》《建设过硬支部的指导意见》等文件，对农村党支部明确了领导班子过硬、党内生活过硬等“五个过硬”的创建目标，对农村党组织设置标准、工作运行标准等 5 个方面作出了详细规定。这些文件既是抓好支部建设的“规划图”，也是要求党支部贯彻落实的“硬杠杠”，必须雷打不动、严格执行。当然，在具体执行落实上，大家要注意实事求是、灵活机动，不要犯了教条主义的错误。农忙不是借口，但农忙的时候确实应该考虑农村党员的实际，或者“调课”，或者“补课”，确保不丢不洒。

第二，要加强农村党员队伍建设。对农村党员，主要是抓好组织、教育、管理和关爱，目的是发挥好党员“一面旗”的作用。

加强农村支部建设的过程，本身就是加强对农村党员组织、教育、管理的过程。塘约村在农村党员管理上实行“村民管党员”，这是一个很大的创举。党组织合格不合格、党员合格不合格，最终还是由群众说了算。在塘约村，党总支对党员实行计分管理，将党员的日常表现细化为组织生活、履行职责、遵纪守法等 5 类 40 多项内容，只要违反就扣分。然后，在每个村民小组设立了党小组，从每 15 户村民中选出一名代表，和村民小组组长组成组委会，共同负责对本组党员的打分评议，每名党员都有一本党员积分册，每本 12 份，每月一份。每月由村民根据党员表现打分，年底汇总核算。年底总分超过 80 分的，给予一定奖励；低于 60 分的，视为不合格；如果连续三次不合格，就会视情况作出组织处理。这个办法很有杀伤力，也很有生命力，因为它把党员的管理和群众的监督挂上了钩。

在严格管理的同时，也要注重关心关爱党员。党员有困难，党组织一定要伸出援助之手，一定要对其展现关爱之情，不能不管不问，不能只严管不厚爱。比如，在党员干部中推行“家访”制度，也是很好的做法。要力所能及地为基层党员干部解难题、办实事，让党员对党组织更有认同感、依附感，从而更加坚定地听党话、跟党走。

强调党建引领，还要注意一级抓一级、一级带一级。塘约村的成功既是村党组织自身努力的结果，也是各级党委领导和支持的结果。塘约村所在的乐平镇党委、平坝区委、安顺市委，每一级党委都发挥了领导作用，都对该村给予了大力支持。其中，时任安顺市委书记周建琨先后 11 次到塘约村走访调研，每一次都给塘约村、左文学带来了新思路，是塘约道路的关键指路人。所以，各级党委也要充分发挥领导和支持作用，既要从严抓好基层党组织建设，也要千方百计、力所能及地支持基层工作、扶持基层发展。

二、做好农村工作，要以改革为动力

塘约村在两年半的时间内，完成了从一贫如洗到一枝独秀的蜕变，其中一个根本原因就是它抓住了农村改革这个“牛鼻子”，激活了农村资源要素，释放了改革红利。大家身处农村基层，对当前农村的问题都有切身感受。随着时间的推移，分田单干所带来的问题逐步显现：大型机械用不上，生产效率低下，一家一户应对市场风险的能力比较弱，进而造成农村集体经济的空壳化，大型农业基础设施年久失修，农村群众人心涣散、一盘散沙，等等。改革的问题还要靠改革的办法去解决。就像左文学说的："家庭联产承包责任制是改革，我们现在要走的集体化道路是深化改革。"塘约村率先推行农村产权制度改革，针对原来集体、个人资源资产归属不清、权属不明、违规占用严重等问题，组织全村群众进行全面摸排测量，明确了土地承包经营、山林、集体土地、集体建设用地、房屋、小型水利工程和集体财产 7 类资源的权属，在此基础上，建立资源流转中心、成立合作社，实现了全村资金统一管理、资源统一规划、产业统一发展、产品统一销售、改革红利统一分享。

从中可以看出，塘约村推行的这种改革，跟过去"一大二公"的集体化道路是有区别的。很多年龄大的同志可能经历过那个时代，"一大二公"的集体化，是在新中国成立初期的特定历史条件下，为支持发展工业而采取的措施，客观上确实让农村农民作出了牺牲；现在我们实行集体化，根本目的是实现共同富裕，消灭工农的剪刀差，让农业、农村和农民都好起来。所以跟当时的集体化相比，这是一种螺旋式上升，而不是简单的回归。除了塘约村，还有陕西省榆林市的赵家峁村，它曾经是一个村庄"空心"、集体"空壳"、民居"空巢"的落后山村，全村仅仅有 1/4 的人口留守，大部分人都外出打工，他们从 2013 年开始进行农村集体产权制度改革，用了不到 4 年的时间，就实现了贫困人口从 81.7% 下降到 2.4%，村集体从负债 2 万元到固定资产逾千万元。这些事例都值得我们学习。塘约道路代表了中国农村集体经济发展的方向，就像社会主义、共产主义一样，虽然路程漫长，但是方向一定是正确的。如果我们认识到这一点，就应该大胆改革，抓住《烟台市农村集体产权制度改革市级试点方案》出台等契机，积极借鉴塘约道路等先进经验，不断探索我国农村发展之路。

三、做好农村工作，要以共富为目标

我们党执政的根本目标是实现共同富裕。《塘约道路》一书的导言中指出：一个好社会，不是有多少富豪，而是没有穷人。这就是共产党人应该始终坚持的价值观。在塘约村，“村社一体”的合作社很好地体现了这一点。塘约村在建立合作社之初，不仅让20多户地少的贫困户优先入社，每户还直接拨付15股的股份，保障他们脱贫。塘约村的合作社做到了强弱联合、弱弱联合，不丢下一个穷人。

要围绕实现共同富裕的目标，千方百计建设好、发展好合作社。对一般性的专业合作社，要分类施策、区别对待。其中，对农村党组织参与度比较高、已形成一定规模、产生一定效益的合作社，要进行扶持巩固，首先确保所有贫困户全部入社，并注重总结其可复制可推广的经验，示范带动其他合作社发展。对那些专业性较强、入社门槛较高的合作社，要进行改造提升，引导他们先富带后富、先进带后进，进一步优化发展策略、降低入社门槛，最大限度吸引困难农民入社或依托其专业优势对困难农户进行帮扶。对有发展需要、有发展意愿、有基础条件但尚未建立合作社的农村，要鼓励它们在党组织的带领下大胆探索实践。不论采取哪种方式发展合作社，关键是要让贫困户优先入社。

塘约村有一个叫王学英的村民，是4个孩子的妈妈，丈夫早亡，家境贫寒，她第一个报名参加了合作社，现在住上了村集体为她建造的楼房，过上了好日子。她说：“最担心的就是合作社解散了。”既然我们党的根本宗旨是全心全意为人民服务，就不能任由困难群众自生自灭。在任何情况下，共产党都要代表最广大人民根本利益。

要实现共同富裕，必须正视资本的问题。现在有些地方靠引进公司、企业到村发展产业，或通过政府征地，或由公司企业流转土地，甚至有的私下交易土地，表面看是把土地集中起来了，却让农民失去了赖以生存的土地资源，成为引发社会矛盾的主要原因。而且，这种做法看似产业发展起来了，但产业仅仅是老板个人的产业，赚钱的也仅仅是少数人，村集体和群众并未得到多少实惠，结果富了个人，损了集体，伤了群众。我们引进一个项目、搞一个工程，出发点到底是要老百姓富裕、生态环境优美，还是单纯要一个 GDP？这一点必须要搞清楚，不能急功近利，搞一些“政绩工程”“形象工程”“面子工程”，我们要的是发展质量效益高、生态环境优、人民群众富、社会文明和谐。

不能否认，现在很多企业家有很强的社会责任感，致富不忘乡亲、不忘回报社会，但更不能否认的是，资本的本质一定是逐利的。马克思在《资本论》中曾经引用了这样一段话：“一旦有适当的利润，资本就胆大起来。如果有 10% 的利润，它就保证到处被使用；有 20% 的利润，它就活跃起来；有 50% 的利润，它就铤而走险；为了 100% 的利润，它就敢践踏一切人间法律；有 300% 的利润，它就敢犯任何罪行，甚至冒绞首的危险。”① 因此，我们推动农村改革发展，可以借助资本的力量，但坚决不能被资本所控制。

塘约村在发展旅游没有人才、缺少经验时，也拿出 35% 的股份请专业公司来运营，前提是村集体能控股，资本能为我所用。烟台市招远市金岭镇大户陈家村在这方面做得更加彻底，2015 年，村集体企业改制时，为了保证集体财富始终由村民共享，他们不是将集体企业改为私人企业，而是将集体控股改为村民持股，持股村民选举董事会，董事会选举董事长，实现了企业经营与村“两委”班子制度上的剥离，企业利润按规定缴纳集体资产使用费用、给持股村民分红，真正将村民变成了股东，让全体村民普遍享有集体资产收益。

①《马克思恩格斯选集》第 2 卷，人民出版社 1995 年版，第 266 页。

四、做好农村工作，要以自治为手段

农村的事情归根结底还是要靠农民。学习塘约道路很重要的一点，就是要强化村民自治，充分听取村民意见、调动村民积极性、争取村民的支持。

要让群众参与。塘约村的成功经验之一就是群众工作做得深入而彻底。党总支书记左文学在村“两委”探讨成立合作社时，强调“这件大事还是要村民来定”，并最终由86名村民代表投票公决，然后挨家挨户征求意见。其他的各项工作，无论是“七权同确”，还是发展新型农村集体经济；无论是实施村庄建设规划，还是推进农村社会治理，大事小情都注意把群众资源调动起来、组织起来，充分听取村民意见、争取村民支持，保证了全村重要工作的顺利开展。

一些先进典型无一例外都注重组织发动群众。比如，济南市历下区甸柳新村街道第一社区党委书记、居委会主任陈叶翠，2016年她被中组部授予“全国优秀党务工作者”称号。她探索出了“四议三评两公开”自治工作法，凡是社区重大事情，都要经过社区党委会提议、社区党员议事会商议、社区居民议事会建议、社区居民代表会议或居民代表大会决议四道程序，评议结果向党员和群众公开，形成社区社务大家议、大家定、大家评的民主氛围。她所在的社区成为很多外国专家学者观摩学习的“中国基层民主制度”典型。济南市章丘区三涧溪村党总支书记高淑贞，在村里施行“五步议事法”，重大事项严格按照“党员群众建议—支部提议—‘两委’商议—上级党委政府审议—村民（代表）会议决议”5个步骤来决策，村里的大小工程一律公开招投标。尽管村里每年的工程量都很大，但群众对她都很服气。这些做法的共同特点，就是让群众全程参与、全面参与议事决策，尊重群众愿望，集中群众智慧，用群众思维考虑问题，用群众观点看待问题，用群众方法解决问题，这样一来很多工作就很好开展了。我们替群众决策，不如让群众决策。

要让群众管理。2015 年之前，塘约村“舌尖上的浪费”现象非常严重，村里群众办的周岁酒、升学酒等酒席五花八门，仅滥办酒席一项，全村一年就吃掉将近 3000 万元。为了刹歪风、正村风，塘约村“两委”制定了不乱办酒席等“红九条”，农户只要违反任何一条规定都将被列入“黑名单”，一旦列入“黑名单”，就不再享受国家任何优惠政策，村“两委”不为该户办理任何手续。“红九条”和“黑名单”都经村民代表大会讨论，86 名村民代表全票通过，每家每户都签订了承诺书。贵州省委组织部到塘约村调研的时候，村民对“红九条”的满意度高达 100%。塘约村用“红九条”和“黑名单”，彻底扭转了村里的风气。寿光市有个东斟灌村，该村在村级事务管理工作中创造出了“自主议事、自治管理、自我服务”的“三自”村级治理模式，坚持群众的事让群众说了算，群众的事让群众自己管，实现了连续 17 年无信访上访事件、无刑事案件。该村在成立土地股份合作社之初，先后召开 14 次党员和村民代表会议、4 次全体村民会议，经过了长达 7 个月的讨论，最终全体村民举手同意成立了东斟灌村土地股份合作社。太多的例子都反复证明，群众自我管理的方式是最好的方式，关键是要信任群众，让群众参与。

要让群众监督。发展合作社，不少人心中产生了一些疑问：村集体成立合作社，把群众都拉到这艘大船上来了。群众上了大船，比过去更稳当了，抗风浪的能力强了，但如果这艘大船本身出了问题怎么办？风险岂不是更大了？这个问题，毛泽东同志早在 1945 年和民主人士黄炎培的“窑洞对”中就回答了：只有让人民来监督政府，政府才不敢松懈。只有人人起来负责，才不会人亡政息。毛泽东同志是对整个党、整个国家提的要求，具体到每个村来说，同样有着指导意义。就塘约村来说，为更好地保障群众的知情权、监督权，村里由村民选举产生监督委员会，对村集体“三资”管理、基础设施建设、公益事业建设进行实时监督，并将村务公开栏建在村委办公楼外，接受大家监督。我来烟台后看过不少村，有的村将公开栏建在村委会大院里面，平时锁着门，领导来了才能看见，老百姓根本看不见，只是走个形式；有的村公开制度坚持得很好，大事小情都向群众公开，群众满意度比较高。有些村甚至买个本子花了几块钱，连发票都公开，这就真正能让群众发挥监督作用，保证村“两委”规范行使权力。

村“两委”换届，一定要把群众认可、能够带领群众共同致富的优秀人才选出来，更通过这种方式，让群众积极参与到村级事务中来。对于各级党组织来说，要把换届当成加强村级组织建设的机遇，把换届的过程当成“调强配齐”村班子的过程。对于农村干部特别是农村党支部书记来说，要把换届当成检阅自身工作、检验群众口碑的机会，不能把它当作上台捞钱的机会。自 2016 年以来，我们在全市开展了村级审计督查，目前已经完成了 3700 多个村的审计和 3900 多个村的党务村务工作督查，从中发现了 3500 多个问题，正在边审计边整改。今后，村级审计督查将实现常态化制度化。村“两委”成员在参与选举之初要有这个意识：村“两委”的位置是为大家服务的岗位，不要想着借这个机会捞点什么好处。以后，纪律会越来越严格，只要有捞好处的想法，就一定会遭到惩罚。对此，大家一定要保持头脑清醒、手脚干净。

（本文是作者 2017 年 7 月 21 日在莱阳市的党课报告，略有删节）

理直气壮地抓新型农村集体经济

一、提高政治站位，切实增强抓党建促乡村振兴的政治自觉和使命担当

党的十九大作出了实施乡村振兴战略的重大部署，并将其写入党章，在我国“三农”发展进程中具有划时代的里程碑意义。要深入学习贯彻习近平新时代中国特色社会主义思想和党的十九大精神，担当起历史责任，以更坚定的决心、更明确的目标、更务实的举措，把抓党建促乡村振兴的政治任务落实到位，为打造乡村振兴齐鲁样板贡献烟台力量。

第一，抓党建促乡村振兴是践行党的宗旨、凝聚民心的重大举措。“三农”问题是关系国计民生的根本问题。实施乡村振兴战略，是以习近平同志为核心的党中央深刻把握党情国情乡情农情，着眼于实现第二个百年奋斗目标和中华民族伟大复兴中国梦，对“三农”工作作出的重大战略部署。推进乡村振兴在基层落地是践行党的宗旨、凝聚民心的生动实践和具体体现。对于全市组织工作特别是基层党建来讲，要把抓党建促乡村振兴作为组织群众、发动群众、凝聚群众、造福群众的难得机遇，切实抓好以党组织为核心的村级组织建设，着力发挥农村党组织的战斗堡垒作用，着力发挥农村党员的先锋模范作用，组织动员广大农民群众共同参与，汇聚起推动乡村振兴的强大合力。

第二，抓党建促乡村振兴是组织工作围绕中心、服务大局的重要载体。乡村振兴是国家大战略。习近平总书记多次强调，要把服务大局作

为推动党建工作的强引擎，把服务大局作为党建工作的生命线。2018年3月，习近平总书记在全国“两会”上参加山东代表团审议时，作出了“五个振兴”的重要指示，对山东提出了“打造乡村振兴齐鲁样板”的殷切希望。烟台作为经济总量居全省第二位的全国首批沿海开放城市，必须坚持高标准定位、高起点谋划、高质量推进、高层次发展，确保在打造乡村振兴齐鲁样板中干在实处、走在前列。以党建引领乡村振兴，是组织部门职责所在、责任所系，是组织工作在全面推进乡村振兴中应有的担当和作为。要通过选干部配班子、抓基层打基础、建队伍聚人才，为打造乡村振兴齐鲁样板提供坚强组织保证。

第三，抓党建促乡村振兴是落实全面从严治党要求、建强农村基层党组织的生动实践。实施乡村振兴战略的主阵地在农村，农村基层党组织软弱涣散，乡村振兴就步履维艰；农村基层党组织坚强有力，乡村振兴就会蹄疾步稳。近年来，烟台市农村基层组织建设稳步提升，但也要清醒地看到，面对新时代农村工作的任务和要求，还存在一些不容忽视的问题：

一是部分村党组织领导能力弱化。经过这次换届，村党组织班子的年龄、文化结构比以往有了很大改善，但是年龄偏大、素质偏弱、班子后继乏人的问题仍然比较突出。从年龄结构上看，全市35岁以下的村党组织成员，仅占村党组织成员总数的8.2%，60岁以上的村党组织成员占12.7%。其中，在村党支部书记中，35岁以下的仅占4%、60岁以上的占12.6%；从文化程度上看，村党组织成员中，初中及以下学历的占31.4%，大学以上仅占4.3%。同时，还存在部分村党组织软弱涣散的问题，不能实施对村委会以及各类经济组织、社会组织的有效领导，村党组织的作用被弱化、虚化甚至边缘化。

二是部分村党组织发展新型村级集体经济能力不足。目前，烟台市还有约12%的村集体经济收入在3万元以下，其中有106个集体经济

“空壳村”，相当一部分村党组织“等、靠、要”思想严重，发展新型集体经济的意识不强，甚至不想、不会、不敢发展新型集体经济。

三是部分村党组织组织力不强。有的村级管理制度落实不严格，有的村干部用权行为不规范，个别村党组织成员甚至涉黑涉恶；一些村党组织不会做群众工作，往往用简单地给钱给物代替思想政治工作，结果导致说话没人听、办事没人跟，党群干群关系越来越疏远，甚至出现了对立。对这些问题，大家要引起高度重视，坚持以提升组织力为重点，抓住带头人队伍建设这个关键，补齐工作短板，努力把每个农村基层党组织都打造成坚强的战斗堡垒。

二、充分发挥党的政治优势、组织优势，着力推动乡村组织振兴

办好农村的事情，实现乡村振兴，关键在党。要充分发挥党建引领作用，健全以党组织为核心的乡村组织体系，健全和创新党组织领导的乡村治理体系，以乡村组织振兴推动产业振兴、人才振兴、文化振兴和生态振兴各项任务落实，保障乡村振兴健康有序进行。

第一，坚持以提升组织力为重点，不断提高农村基层党组织建设质量。农村基层党组织是农村各个组织和各项工作的领导核心，是乡村振兴的直接组织者、实施者、推动者，要下大气力把农村基层党组织建设成为推动乡村振兴的坚强战斗堡垒。

一要抓实农村党建示范区建设，构建开放融合的党建新格局。随着农村改革发展不断深入，农村组织结构深刻变化，对农村党组织的政治引领功能、工作活动方式、资源整合能力提出了新要求。为此，烟台市从 2017 年开始，探索建设农村党建示范区，跳出就村抓村、就党建抓党建的框架，以更加开阔的视野谋划党的基层组织建设，加强统筹协调、整合组织资源，通过组织体系的调整优化，构建开放融合的党建工

作格局。各县（市、区）要主动顺应新时代农村经济社会发展新趋势，以村党支部合建共建为切入点，加强农村党建示范区建设，年内每个县（市、区）至少打造 2—3 个示范区，2019 年全市建成 150 个左右示范区，2022 年建成 300 个左右示范区。

要坚持科学规划。突出区域化统筹，按照“地域相邻、产业相近、治理相融、人缘相亲”原则，按照辐射 2—3 公里半径区域创建农村党建示范区，通过设立示范区党总支（党委），统筹整合区域内资源，有效对接农村集体产权制度改革、乡村连片治理、扶持村级集体经济发展试点、创建全域旅游示范区、扶贫开发、美丽乡村标准化建设等政策，采取富带穷、强带弱、大带小以及产业联建、中心村辐射、连片开发、村企联合等不同创建模式，推动区域内村庄抱团发展、一体提升，形成连片发展、连片过硬的大党建工作格局。烟台市福山区门楼镇斗余党建示范区从组织设置入手，把周边 8 个村聚合在一起，通过统一建设商铺、安装光伏发电设备等，让 8 个村都有了稳定的集体收入，效果很好。

要坚持务求实效。建设党建示范区，不是造盆景，更不是把周边几个村简单放在一起，成立个党总支就是示范区了，关键是要以组织整合带动各类要素优化配置，拓展党的执政资源和服务手段，综合同一区域内村级班子、党员队伍、产业结构等特点，发挥集群、叠加和联动效应，推动基层党组织局部优化向整体优化转变。在阵地建设上，按照最低每千人 200 平方米的标准建设示范区党群服务中心，推行“一站式受理、一条龙服务”，有效整合区域内办公场所、便民设施等资源，实现相互开放、互为所用。在党员管理上，按照“双重管理、双向服务、联抓联管”思路，示范区党员既接受组织关系所在党支部直接管理，也要接受示范区党总支（党委）统一管理；既在本村发挥作用，也要积极参加示范区党总支（党委）组织的集体活动，逐步形成“关系在本村、活动在区域、展现作为双岗位”的党员教育管理方式，实现从封闭式向区域开放、从静态向动态、从一方管理向多方共管的转变。在产业发展上，按照“党总支（党委）带支部、支部建合作社、合作社促产业、产业联农户”的办法，以组织优化带动政策、人才、土地、资本、项目等要素融合，鼓励区域内组建经济联合体，推动产业发展提档升级，引领群众致富、集体增收。在村级治理上，解决地域分割带来的利益分化问题，区域联动开展村级事务管理，有事共商、有事共担，以党建引领示范区社会治理。在公共服务上，推动乡镇街道服务体系、服务资源下沉，引导各方面人力、物力、财力向示范区倾斜，实行“网格化管理、组团式服务”，实现公共服务资源利用效益最大化。

二要实施“头雁领航”工程，推进村党组织带头人队伍整体优化提升。头雁强，群雁就能“春风一夜到衡阳”；“头雁”弱，就会“万里寒云雁阵迟”。各级党组织要把打造过硬党支部书记队伍，作为提升村党组织组织力的重中之重。要从严从优选拔。积极拓宽选人用人渠道，广泛物色、用心挑选，努力把各方面的优秀人才引进来、用起来。建立动态调整机制，健全完善村党支部书记绩效考核评价、履职情况定期评估、党员群众评议等制度，实行村党支部书记县级组织部门备案管理，对不胜任、不合格、不尽职的村党支部书记及时认定、坚决调整。对工作基础薄弱的村，根据基层实际和工作需要，可以从党政机关、企事业单位选派优秀党员干部到村担任书记，确保党支部书记个个过硬、发挥“领头雁”作用。要注重教育培养。一名优秀的党支部书记，不仅要靠自身努力，而且要靠组织培养。各县（市、区）要把村党支部书记培训纳入干部培训规划，聚焦乡村振兴，分级分批组织村党支部书记培训，村党支部书记每年至少参加一次县级及以上组织的集中培训，确保市、县两级每年对村党支部书记集中轮训一遍。要强化正向激励。实践证明，选好一个人，就能让一个落后村发生天翻地覆的变化，选错一个人，即使一个先进村也会从此一蹶不振，甚至成为落后村。对待农村党支部书记，要高看一眼、厚爱一层。对年轻优秀的，打通晋升通道，县（市、区）补充乡镇机关公务员、事业单位人员时，一般拿出不少于20%的名额，从优秀村党支部书记中招录或招聘；对优秀的老支书，注重关心关爱，市里专门设立老支书贡献奖，对任职满30年、组织审核通过的老支书，每年给予一定贡献奖励，既畅通年轻书记的晋升渠道，又让老支部书记有奔头、有劲头。

三要注重梯次培养，壮大乡村振兴的骨干力量。乡村振兴关键在人，核心是人才。要善于发现人才。坚持"下深水"摸排，把各方面的优秀人才纳入视野，既要从现有的各类组织负责人、专业大户、农村实用人才、青年农民、村医村教中发现人才，又要打好"乡情牌""乡愁牌"，掌握一批外出务工经商人员、返乡创业人员、高校毕业生、退役军人、退休干部等方面人才，鼓励他们回乡工作、贡献力量。要善于培养人才。胶东地区在抗日战争期间就建立了冬学制度，对胶东地区培养优秀人才、选派大批干部南下北上发挥了重要作用。各县（市、区）要重视对各类人才的教育培训，制定五年轮训规划和年度培训计划，发挥党校的主阵地作用，全面推行农村党员干部进党校、县级以上党校送学下乡村制度，确保5年内农村党员干部全部参加一次县级以上党校组织的集中培训。同时，要依托本地先进村（居）打造一定数量的乡村振兴培训基地，开办"庄户学院"，培育一批乡村组织振兴的"土专家""田秀才"，在田间地头说农家话、讲乡村事、传致富经。

第二，坚持以党组织建设为统领，引导和推动乡村各类组织健康发展。乡村组织振兴，不仅要打造坚强的农村党组织，还要促进各类组织发展壮大，确保乡村社会充满活力、安定有序。

一要健全完善乡村组织体系。要加强村民自治组织建设，以县（市、区）为单位，完成村民自治章程、村规民约的统一修订和完善，制定好村民委员会及其下属委员会、村民小组组长、村民代表、村务监督委员会职责清单。要结合农村集体产权制度改革，同步建立新型农村集体经济组织，健全完善村党组织领导的村民委员会和集体经济组织运行机制。要坚持党建带群建、党建带社建，深化群团组织改革，织密织牢基层群团组织网络，不断发展壮大基层群团组织阵地。要加强农村合作经济组织和社会组织建设，鼓励引导这些组织以市场化、社会化等手段参与村级事务、开展为民服务。

二要引导各类组织充分发挥作用。农村党组织要领导各类组织，各司其职、各负其责，共同唱好乡村振兴大合唱。要发挥村级自治组织在组织群众自我管理、自我教育、自我服务、自我监督中的作用，引导广大农民群众转变观念、凝聚共识、激发活力、主动作为。要围绕“让集体资产保值增值、让农民增加财产性收入”两个基本方向，深入推进农村集体产权制度改革，使村级集体经济组织在党组织领导下依法代表成员行使集体资产所有权。要发挥农村合作经济组织在农业产前产后服务、引导农民进入市场中的桥梁作用，激活农村各类生产要素潜力，在产业发展中增加农民收入。要强化农村社会服务组织在提供生产技术、信息、服务等方面功能，健全服务体系，提高服务水平。要领导推动群团组织立足职责，协助做好化解矛盾纠纷、救助困难群众、开展群众活动等工作。团市委正在会同有关部门组织实施“村村都有好青年”选培计划，各县（市、区）要落实好。

第三，坚持自治、德治、法治相结合，健全完善党组织领导下的乡村治理体系。乡村振兴，治理有效是基础。党章明确了基层党组织领导基层社会治理的重要职责。要充分发挥农村基层党组织的领导核心作用，着力健全自治、德治、法治相结合的乡村治理体系。

一要加强党组织对农村各类组织的领导。党政军民学，东西南北中，党是领导一切的。要把党组织对各类组织的领导制度化规范化，把加强党的领导有关要求写入村民自治组织、农村集体经济组织等相关组织章程，旗帜鲜明地强化党组织的领导，积极推动村党组织班子成员、党员担任村务监督委员会、集体经济组织负责人，提高村委会成员、村民代表中党员的比例。对不服从党组织的领导、违反法律法规、履职不到位、群众反映强烈的村民自治组织和新型农村集体经济组织负责人，探索建立退出机制。要强化党组织对各类资源的统筹，农村的所有工作都要贯彻党的宗旨，体现党的意志和要求，发挥党组织的作用，让群众时时感受到党组织就在身边。对投入到村的各类政策资源，要以村党组织为渠道承接，由村党组织牵头落实，让群众明白惠从何来，知党恩、跟党走。

二要规范村级工作运行机制。制度建设带有根本性、长期性、稳定性。目前，村级制度建设和落实上还存在不少突出问题，暴露出村级制度特别是“三资”监管未能有效落实的问题。对这些问题，各级党组织一定要高度警醒，总结经验教训，采取有效措施加以整改。2018 年，烟台市提出要加强“一清单六规范”标准化体系建设，积极创建治理有效村庄，并纳入农村党建“三创两提升”工程。“一清单”就是村干部小微权力清单，县（市、区）要进一步厘清村干部的职责权限，对每项权力都要设计流程图，让村干部行使权力有程序、有规范、有约束，切实提高村干部的法纪意识、规矩意识。“六规范”就是村级事务决策、“三资”管理、发展党员、党的组织生活、村规民约、党务村务财务公开“六个规范化”建设。关于“六个规范化”建设，县（市、区）基本都有现成的制度，但普遍存在制度不完善、监管有漏洞、执行不到位的问题。在规范村级事务决策上，要坚持民事民议、民事民办、民事民管，严格落实“四议两公开”等民主决策制度，发挥好村务监督委员会的监督作用，形成权责明晰、操作规范、监督有力的村级事务运行机制。在规范“三资”监管上，农业部门要切实负起责任，按照烟台市监察委员会监察建议书的要求，严格“三资”监管，从源头上防范和减少农村“三资”领域违规违纪问题发生。在规范发展党员上，要在严格标准、规范程序的基础上，进一步细化发展党员全程纪实有关要求，确保发展党员工作责任可追溯、可倒查，亮明底线和红线。在规范党的组织生活上，要以主题党日为抓手，推动“三会一课”、组织生活会、民主评议党员等制度严格落实，并在创新活动方式、增强吸引力上下功夫。在规范村规民约上，山东省政府已明确要求，要以县（市、区）为单位统一修订村规民约，村规民约要简明可操作，切实成为村民自我管理、自我约束的“小宪法”。各县（市、区）要协调民政部门认真抓好落实。在规范党务村务财务公开上，不能“犹抱琵琶半遮面”，能公开的要全部公开，公开的内容要让群众看得懂。要借鉴学习外地经验，公开财务明细，逐笔事项公开，买什么、花了多少钱，要让群众明明白白，也还干部一个清白。制度一经制定，就要严格落实，要加大对党务村务财务督查力度，强化日常监管，县、乡每半年要将所辖村督查一遍，逐村列出问题清单，限期整改落实，并跟踪验收整改情况，将问题解决在平时。

三要提高乡村治理法治化水平。坚持依法建制、以制治村、民主管理，将乡村治理纳入法治化轨道。要积极开展法治宣传教育和“法律进农村”活动，用好村级法律顾问，引导党员干部群众用法治思维规范行为。要深入开展“扫黑除恶”专项斗争，依法严厉打击黑恶霸痞等违法犯罪，充分发挥基层党组织政治功能，引导党员面对黑恶势力敢于发声亮剑，组织发动群众坚决同一切不良风气和违法犯罪作斗争，坚决防止黑恶势力侵蚀扰乱乡村组织。要推动社会治安防控力量下沉，统筹各类组织和党员队伍、网格管理队伍、志愿者团队等力量，构建“多网融合、一网统筹”的网格化服务管理体系。

四要大力推进乡风文明。习近平总书记强调，乡村振兴，既要塑形，也要铸魂。要教育引导村级党组织把农村道德建设抓在手上，大力弘扬社会主义核心价值观，深入实施“四德工程”“寻找最美家庭”等活动，积极开展文明家庭、“五好家庭”创建，组织好各类群众性文化活动。

要扎实推进移风易俗行动，旗帜鲜明地把反对铺张浪费、反对婚丧大操大办、抵制封建迷信作为农村精神文明建设的重要内容，发挥红白理事会、村规民约的积极作用，引导群众自觉崇德向善，自觉抵制各种陈规陋习，形成文明乡风、良好家风、淳朴民风。要扎实实施农村人居环境整治三年行动计划，推进农村厕所革命和治理生活垃圾、生活污水等工作，改善村容村貌和农民生活条件，共同打造农民安居乐业的美丽家园。

三、精准用力抓党建促新型农村集体经济发展，为乡村振兴提供坚实的物质基础

习近平总书记强调，要把发展壮大新型农村集体经济作为基层党组织的一项重要而紧迫的任务来抓。习近平总书记 1990 年在福建工作时，曾写过《扶贫要注意增强乡村两级集体经济实力》一文，深刻指出“有的同志说，只要农民脱贫了，集体穷一些没有关系。我们说，不对！不是没有关系，而是关系重大”[①]。这一重要论断，深刻揭示了发展村级集体经济对农民致富奔小康的重大意义。村不强则民不富，只有发展壮大新型农村集体经济，才能为乡村振兴提供有力支撑，为全面建设社会主义现代化国家打牢基础。

第一，要站在政治和全局的高度，理直气壮地抓新型村级集体经济。通过推广塘约道路、编发发展新型村级集体经济案例等措施，引导各县（市、区）千方百计地发展壮大村级集体经济。有的县（市、区）高度重视、迅速行动，采取了一些务实管用的措施，取得了明显进展。但也要看到，有的县（市、区）还仅仅停留在一般性号召上，有些同志对发展新型村级集体经济的思想认识仍存有偏差。有的同志认为，村级集体

① 习近平:《摆脱贫困》，福建人民出版社 1992 年版，第 142 页。

经济是计划经济时代的产物，当前再提发展新型集体经济是走回头路，不合时宜；有的同志认为，只要农民富裕了，有无集体经济无关紧要；有的同志认为，现在许多村集体的土地、山林等已全部承包到户，没有预留资源和空间，发展新型集体经济是“山穷水尽”、无能为力；有的同志认为，前些年发展集体经济“办工厂、上项目、找贷款”，结果不少村办企业都办得不好，村集体背上了沉重的债务，现在再搞会重蹈覆辙；等等。对这些问题，大家一定要提高政治站位，从政治和全局的高度来看待。发展壮大新型村级集体经济，历来都不是单纯的经济问题，而是引领群众实现共同富裕的治本之策，更是事关党在农村执政地位的重大政治问题。如果村级集体经济“空壳”、服务空白，政治也会“空壳”，党在农村的执政就会“空壳化”。发展壮大新型村级集体经济，已经到了非抓不可、非抓好不可的地步！作为组织部门，对发展新型集体经济决不能放之任之、消极等待，要把抓党建促村级集体经济作为夯实党在农村的执政根基、推进农村改革发展、推动农业供给侧结构性改革、实施乡村振兴战略的重要举措，要主动担当，拿出实招，牢牢把这项工作抓在手上。

第二，要抓好党支部领办合作社“百村示范”行动，引领带动全市新型村级集体经济提升水平。近期，中共烟台市委常委会研究决定，在全市筛选确定 100 个村，探索推行党支部领办合作社发展新型村级集体经济模式。发展新型集体经济的渠道、模式有很多，为什么市委要研究确定党支部领办合作社这种路子呢？主要有这几个方面的考虑：一是要建立党支部与群众的经济联结纽带。家庭联产承包责任制在促进农村经济发展的同时，也降低了农民的组织化程度，强化了一家一户的个体思想，弱化了义务观念和集体意识，农村基层组织与分散的家庭之间的经济链条断裂、经济关系淡化，群众的集体意识越来越淡薄。走党支部领办合作社的发展路子，就是要通过党支部在发展新型集体经济中的引领作用，让群众参与进来、把群众组织起来，建立集体与群众的经济利益共同体。二是要把党支部工作融入经济发展的具体实践。党建引领新型集体经济是具体的而不是抽象的，不是挂在口头上，而是落实到行动中。走党支部领办合作社的发展路子，旨在打破以往村集体将资源、资产简单租赁的集体增收模式，让党支部带着群众一起干、一起闯，把党支部工作全面融入产业发展、促进农民和集体增收之中，让党支部像吸铁石一样将群众紧紧凝聚在一起。我们这次观摩的这些村，村党支部书记虽然干得很辛苦，但个个精神饱满、斗志昂扬，在带领群众发展新型集体经济、实现共同致富中，找到了自信、找到了价值、找到了党组织的威信所在！烟台市栖霞市亭口镇衣家村自然条件恶劣，可以说没有发展新型集体经济的条件，但是在党支部书记衣元良的带领下，全村男女老少齐上阵，开山辟路、战天斗地，不仅找到了新型集体经济的发展路子，而且在干事创业中把党员群众紧紧凝聚起来。这个村的成功实践很有说服力，值得大家好好学习思考。三是要让农民群众成为最大受益者。走党支部领办合作社的发展路子，能够把分红主动权牢牢抓在党支部手中，让农民群众成为最大受益者。从党支部领办创办土地股份合作社情况看，群众可以获得土地流转保底收入、合作社分红收入、在合作社务工收入三方面收入，能够大幅度提高群众的获得感和幸福感。实践证明，村党支部领办创办合作社是立足生产方式转变而主动进行的生产关系变革，顺应了农业集约化发展的大趋势，不仅巩固了农村土地所有制，加强了党的领导，而且走出了一条集体增收、农民致富的双赢之路，有助于乡村振兴战略的实施。各县（市、区）要认真学习栖霞市、福山区党支部领办创办合作社的先进经验，做好宣传发动、观摩学习、示范引领等工作，对市里确定的100个示范村，组织部长、分管副县（市、区）长要带头联系，组织、农业等相关部门要帮扶，实现对所有示范村联系服务全覆盖，确保把示范村打造成全市新型集体经济发展的样板田、示范田，不仅可看可学，而且可复制可推广，示范引领全市新型村级集体经济高质量发展。同时，要坚持多元化发展、多条腿走路，积极探索推行其他行之有效的发展路径。山东省委、省政府对发展新型农村集体经济提出了明确的目标，也确定了 2022 年集体收入力争全部达到 5 万元以上，其中 50% 以上的村超过 10 万元的工作目标。要完成既定目标，各县（市、区）必须积极行动起来，县、乡、村一起谋划研究，认真制定新型村级集体经济发展三年行动计划，宜农则农、宜工则工、宜商则商、宜游则游，结合村庄实际，逐村制定新型村级集体经济发展目标、路径、措施，实行挂图作战、精准管理，以新理念推动新型村集体经济转型发展、提档升级。需要强调的是，不管走哪条路，都要注意因地制宜，立足村里的基础和条件，科学慎重决策，既尽力而为，又量力而行，不贪大求快，不做表面文章，更不能搞劳民伤财的“形象工程”。

第三，要加强政策资金支持，创造新型集体经济发展的良好环境。发展新型村级集体经济仅靠村级自身的资源力量远远不够，更需要各级党委政府上下联动、形成合力。要加大资金支持。大部分农村发展新型集体经济遇到的最大障碍是没有好项目，缺乏资金支持。从 2018 年起，市里设立新型村级集体经济发展专项资金。各县（市、区）都要拿出真金白银，加大资金投入，发挥好财政资金的杠杆作用，撬动更多资金向农村倾斜、向集体经济薄弱村集聚。要加大政策扶持。好的扶持政策是新型村级集体经济发展的重要推动力。烟台市委在制定党支部领办合作社发展新型集体经济百村示范行动实施方案时，整合了财政、农业、国土、供销、金融等多个部门的政策。各县（市、区）要加大沟通协调力度，确保政策落地。从山东全省情况来看，县（市、区）出台政策的自主性和主导权还是比较大的，更容易整合各部门力量、统筹各类资金。比如，潍坊市寿光市财政列支 1000 万元设立村集体经济发展基金，对村集体经济发展项目可提供最高 50 万元、使用周期最长 2 年的无息贷款，每年列支680万元，对集体经济收入不到5万元的村实行“兜底”补助；泰安市肥城市每年列支1000万元专项资金，扶持经济薄弱村发展；等等。各县（市、区）要主动作为、不等不靠，积极整合国土、税务、金融、工商、农业、供销等部门政策，研究制定针对性强、操作性强的扶持措施，为新型集体经济发展创造良好的政策环境。栖霞市联合15个部门，制定印发了党支部领办合作社政策汇编及操作指南，还制作了办理流程图，做什么、怎么做，清晰明了，很实用。要突出扶持重点。有了政策、有了资金，更要注重引导、管好用好，放大政策效应。要在政策允许的范围内，引导各类扶持政策、资金等重点向集体经济“空壳村”和3万元以下的村倾斜，发挥政策的最大效益，避免“撒芝麻盐”。

四、加强组织领导，凝聚抓党建促乡村振兴的强大合力

习近平总书记指出，乡村振兴是一盘大棋。要把这盘大棋下好下活，需要上上下下、方方面面都高度重视起来，积极行动起来，齐心协力、齐抓共管，同向发力、协同推进。

第一，要强化责任落实。推进乡村振兴，村是基础，乡是关键，县是主体。各级党委、政府要把抓党建促乡村振兴纳入全局工作和党的建设总体规划，摆上重要议事日程，切实抓紧抓实抓出成效。县（市、区）委是“一线指挥部”，要加强研究谋划和组织协调，细化推进措施，整合各类要素，推动资源下沉，强化对抓党建促乡村振兴的支持指导。乡镇党委是前沿阵地，要强化直接责任，牢固树立岗位在村、阵地在村的意识，统筹安排使用好上级投入村级的各项政策、资金、项目，激发各类组织参与乡村振兴的活力，不折不扣地贯彻落实好上级各项决策部署。要建立县、乡、村抓党建促乡村振兴责任清单，明确各级“干什么”“谁来干”“什么时候干成”“达到什么效果”，切实防止上推下卸、责任

悬空。

第二，要强化基础保障。实施抓党建促乡村振兴，必须有实实在在的保障。要严格落实村级组织运转经费和村干部报酬待遇等政策。在这个问题上，各县（市、区）一定要算大账、算政治账，把钱花在巩固党的执政基础上，投入基层的钱再多也不多，这个钱是用得其所，每年至少要按照财政增长幅度来提高经费投入，确保党建与经济发展相得益彰。各县（市、区）必须向党委主要领导汇报好、与财政部门沟通好，确保村级运转经费正常增长、及时落实到位，并严格用于村级运转保障，决不能截留挪用。要高度重视解决离职村干部补贴，各级关于农村离职干部的待遇政策已有明确规定，对连续任职 6 年、累计满 9 年的正常离任村党支部书记和村委会主任，要给予相应生活补贴。这个问题早晚都要解决，早解决则主动，晚解决则被动。所以，大家不能回避这个问题，要勇于正视问题、事不避难。早想办法，同时还要注意方式方法。要彻底解决农村离职干部问题，最好的办法是为在职干部办理养老保险，采取财政补贴、个人缴费相结合的办法，通过社会养老保险制度逐步解决村干部离任后的生活补贴问题。上级对在职干部养老保险确定了平均每人不低于 2800 元的数额要求，要严格予以落实。目前，福山、牟平、莱阳、莱州已经探索推行了，其他县（市、区）也要抓紧跟进。

第三，要强化督导考核。要把抓党建促乡村振兴工作情况纳入县、乡党委书记抓基层党建述职评议考核。年底述职时，要把这些工作任务的推进落实情况亮一亮、评一评，充分调动他们抓党建促乡村振兴的积极性和主动性。要进一步完善考核指标体系，改进考核方式，在乡村振兴一线培养锻炼、考察识别、选拔任用干部。要充分发挥市、县巡察作用，及时发现影响和制约乡村振兴的突出问题，督促抓好问题整改。对因落实责任不力、长期打不开局面，导致乡村组织振兴工作滞后的，要严肃追责问责。

第四，要强化激励关爱。村干部处于干事创业的最前沿，任务重、压力大、付出多，工作辛苦、条件艰苦，要加大对他们的关心关爱力度，充分激发他们的干事创业热情。要强化正向激励，烟台市正在研究制定关心关爱基层干部的有关意见，各县（市、区）也要结合实际，拿出具体措施办法，确保基层减负、待遇福利、关爱帮扶、选拔使用、力量配备等各项政策措施落实落地。要树立干事导向，对在实施乡村振兴战略中表现优秀、实绩突出的基层干部，加大表彰力度、优先提拔重用。市每两年、县每年选树一批“乡村振兴好支书”。

第五，要强化舆论引导。要结合开展“大学习、大调研、大改进”，围绕抓党建促乡村振兴开展专题研讨，让党员群众参与进来、融入进来，激发他们参与乡村建设的热情和激情。各县（市、区）从现在开始就要行动起来，着力培育和打造一批叫得响、立得住、群众公认的先进典型，力争有更多的县（市、区）、乡镇、街道成为全省样板，发挥典型示范带动效应。要大张旗鼓地宣传，充分利用电视、报纸、网络等各类宣传媒介，大力宣传推动乡村组织振兴工作实践中涌现出的先进集体和优秀个人，营造推动乡村组织振兴的浓厚氛围。

（本文是作者 2018 年 7 月 8 日在烟台市抓党建促乡村振兴工作会议上的讲话）

乡镇党委书记如何抓新型农村集体经济

烟台市从 2017 年初开始推行党支部领办合作社。从最初的几乎没有人认可、赞同，到现在形成共识，农村的改变也是巨大的。对此，我一则以喜，一则以忧。喜的是，我们的经验得到大家的认可，可以造福更多的群众；忧的是，这项工作在烟台还明显存在进展不均衡的问题。有的地方搞得风生水起、高歌猛进；有的则无动于衷、波澜不惊。追兵渐近，如果我们再不加把劲，很有可能被其他地方后来居上、取而代之。

衣家村是个只有 57 户村民的省级贫困村，2017 年以前其集体经济收入为零。就是这样一个一无区位优势、二无自然资源、三无年轻劳动力、四无外来帮助的小山村，短短一年半时间，发生了天翻地覆的变化，修了路、通了水，搞起了特色养殖，实现了集体增收、群众致富。更重要的是，提升了党组织的组织力，改变了干部群众的精神面貌，全面振兴指日可待。很多到过衣家村的同志都说，衣家村的精神就是新时代的愚公移山精神、红旗渠精神。我去过这个村很多次，每次去，看到那里 80 多岁的老人还在山上热火朝天地出工，生命不息，奋斗不止，都感动得流泪。

一个典型的穷村，为什么在不到两年时间内发生了这么大的变化？其转折点就在于 2017 年村党支部领办了合作社，把散了的群众再次组织起来，使其迸发出洪荒伟力，走出了抱团发展、共同致富的新路子。目前全市推行党支部领办合作社的村已经达到 800 多个，占全市行政村总数的 1/8。很多村像衣家村一样，在短时间内发生了翻天覆地、脱胎换骨的变化。来烟台调研的专家、学者、领导一致认为，我们探索了一条可复制可推广的乡村振兴路径。

那么在座的各位党委书记可以扪心自问：在这 800 多个村里，你们任职的乡镇占了几个村？能把群众组织起来，振臂一呼就跟党支部走的村有几个？你在这项工作中是主动作为还是消极应付？你是走在了前列还是落在了后面？

在这项工作中，很多同志思想上还有些疙瘩没解开。今天我围绕党支部领办合作社，以及党支部领办一切经济共同体，针对大家在思想上或实践中可能遇到的问题做一次交流。

一、怎么干——重点解决方法路径问题

我准备从思想发动、操作实施、组织保障三个方面分析。

第一，思想发动怎么干？

思想上不“破冰”，行动上就不能“突围”。统一思想就像蒸馒头需要发酵一样，这是一个必经的过程。发酵不充分，面发不好，就会蒸成一锅“死面馒头”。所以不能急于求成，要稳扎稳打。但是，反过来说，对上级的部署要求置若罔闻，你说你的，我干我的，无动于衷，无所作为，更是不允许的。

有些地方推进效果不佳，问其原因，答曰：“群众积极性不高。”这真是一个“完美的借口”。我就问，先别说群众积极性不高，你自己积极性高不高？你的认识到不到位？你在宣传发动群众方面都做了哪些具体工作？全区性的会议开没开？培训研讨做没做？外出学习搞没搞？扶持政策出台没出台？这些工作都没做，连乡镇的同志、村党支部书记都不知道，老百姓怎么能知道？干部不深入群众做深入细致的思想工作，老百姓怎么能知道合作社的好处？作为组织者自己都不积极，不去做宣传群众、教育群众、引导群众的工作，群众怎么可能一上来就有那么高的认识水平？单纯依赖乡村的自我觉醒、自我发展，你不主动作为，听之任之，有也可无也可，怎么可能推得动？继续靠惯性往前走，乡村能实现振兴吗？作为农民的孩子，作为一级书记，看着农村的现状，你能坐得住、无动于衷吗？

统一思想的第一个层面，就是在座各位乡镇党委书记。从目前看，有的乡镇党委书记因为认识水平、重视程度、推进措施等方面有欠缺，基本处于进展不大的阶段，而有的乡镇党委书记则是亲自上阵、系统谋

划，在一线发现问题、解决问题、推动工作。比如，栖霞市苏家店镇建立“外出考察—确定方案—党委审核—订正完善—推进实施”工作机制，确保建立一个、成功一个，累计外出考察54次，镇党委5次召开会议集中研讨。栖霞市官道镇投资300多万元，高标准建设村级党组织领办合作社服务基地，打造“一站式”服务模式，为村级党组织领办合作社提供社员培训、技术指导、人才建设、规范管理等全方位服务。龙口市东莱街道把该项工作列为“一号工程”，党政班子成员“一对一”挂靠重点意向村。莱阳市龙旺庄街道设置专项奖补资金，建立每月会议调度一次、每月实地督导一次、每月集中研判一次的“三个一”工作机制。这些做法都很好，我们要认真借鉴学习。大家不要把党支部领办合作社工作当成一项孤立的单项工作，它是一项系统工程，涵盖了支部建设、党员管理、组织发动群众、产业发展、农民增收等方方面面，是抓好农村党建的“牛鼻子”。

乡镇党委书记作为推行党支部领办合作社的“施工队长”，一定要思想认识到位、统筹谋划到位、推进措施到位、责任落实到位，将党支部领办合作社纳入镇域经济发展规划，与镇域经济发展结合起来、与本镇特色产业发展结合起来，靠镇域经济带动村党支部领办合作社一体发展。可以说，这项工作推进成效如何，对每一位党委书记来讲都是一个认识水平和工作能力的现实检验。之前进展有快有慢，暂且不论，通过今天的部署，希望大家现在都能有一种跃跃欲试、坐不住的状态。

统一思想的第二个层面，就是村党支部书记。党支部书记是带头人，角色非常关键。特别是当前合作社的发展对村党支部书记的思想观念、知识结构、经营理念、创新能力提出了更高要求。统一村党支部书记的思想，首要的就是把政策讲清、把道理讲明、把利弊讲透，把党支部领办合作社对提高党支部威信、提升村干部形象这个作用讲好，把既强村又富民的好处讲好。要注重在提高党支部书记素质上下功夫，加快培养一批具有互联网思维、善于经营管理、掌握先进技术的党支部书记，帮助他们转变观念，拓宽思路，提高他们在新形势下领办合作社、管理合作社、振兴合作社的能力。我们要筛选部分村干部到100个示范村跟班学习，把合作社运营的每个环节都弄清楚、学明白，带出一批懂政策、善经营、会管理的农村干部。大家作为乡镇党委书记，也要通过组织观摩学习、集中培训、座谈研讨等方式，让村党支部书记动起来，借鉴经验、比学赶超。

统一思想的第三个层面，就是广大农民群众。农民是党支部领办合作社的主体，推进党支部领办合作社必须调动农民的积极性。栖霞市东院头村是全市第一个党支部领办合作社的村，开始党支部书记林贤提出这个想法后，群众都认为这是在走“大锅饭”的老路，谁也不愿意拿出钱、拿出地入股合作社。村党支部1个月召开了12次会议，给群众讲发展思路，还邀请了搞合作社研究的教授，到村里面对面给村民讲什么是合作社，办合作社的好处是什么，怎么建合作社。在冬天，教授讲了3个多小时，没有一个人离开，群众听得很认真、很用心。当天晚上，村党支部挨家挨户发放调查问卷，最终同意率达到了75%。这说明群众不是没兴趣，更不是听不进去，他们是最讲实惠的，只要耐心细致帮他们算清账，给他们看得见的利益，就完全能吸引村民加入合作社。

那么，要帮他们算清什么账呢？

首先是经济账。地还是那些地，怎么到了集体手里就能比自家种收益更高呢？我们可以算算6笔账：一是土地流转增加收入。目前农村空心化现象较为普遍，年轻人大都外出务工，留在家里的老人无力种地，大量土地撂荒闲置，或者象征性地以每亩50—100元不等的价格，甚至白给亲戚邻里耕种，按每户5亩地计算，每年收益仅有几百元。进入合作社后，大量撂荒闲置土地被盘活利用，农民每年可获得一定土地流转费，多则2000元/亩，少则500元/亩。二是支出减少相应收益增加。

合作社具有规模效应，社员可按批发价格采购化肥、农具、反光膜、苹果套袋等农资，比一家一户采购便宜得多，支出减少，收益相应增加。三是抱团取暖增加收入。一家一户卖苹果，农户没有定价权，相比收购方处于明显弱势，甚至有的农户之间竞相压价，最终导致农户自身利益受损、收购方获利。而入社后，合作社统一负责销路，统一谈判价格，还可以形成自己的品牌，提高附加值，一般苹果价格每斤都能增加 1 至 2 元，经过精心包装后卖到大超市，价格甚至能翻好几番。这是一家一户很难做到的。其他作物也一样。比如，莱州市田家村，2018 年 6 月党支部才开始领办合作社，之前家家户户种小米，每斤只能卖 7 块钱左右，销路还不好，成立合作社以后，通过注册品牌、综合开发，小米的销售价格提高到 12—14 元 / 斤，几乎翻了一番；半年时间，合作社创收 3 万元，帮助村民增收 40 余万元。四是转型升级增加收入。成立合作社可以有计划地逐年更新品种，更新品种后可以价格翻番。就像苹果，采用新品种新技术以后其价格翻番，每亩能增收万元以上。五是分红增加收入。六是就地打工增加收入。

其次是民生账。群众最讲实惠，两个村比较，就看村党支部帮群众干了哪些事情，比如，村里有没有路灯、道路是不是硬化了、有没有活动健身场所、过年过节有没有福利，这些都是事关群众获得感、满意度的大事。党支部领办合作社，集体有了钱，就有了为群众办事的资本。要带群众到党支部领办合作社做得好的村看一看，看村容村貌、群众的精神状态和福利待遇，让他们直接感受到领办合作社所带来的好处。

最后是长远账。农民养老是最大的社会问题。有了合作社，群众可以把地流转给合作社，既省心又省力，还有保障，以“土地养老”，就解决了后顾之忧。这些账要跟群众算清楚。

第二，操作实施怎么干？

一是如何依法注册？受法律制约，目前村党支部不能直接成为农民专业合作社成员，那么，如何领办农民专业合作社？就是由党支部成员代表村集体，以个人的名义联合5个人以上，注册成立有法人资格的农民专业合作社。然后，村集体以土地、资金或其他固定资产入股，群众以土地、资金、劳动力等入股。

这里要强调两点：第一点是要和党支部成员约法三章。乡镇党委要指导领办合作社的村在合作社章程中明确规定："村党支部领办的合作社，理事长应由村党支部成员担任。支部职务终止，理事长职务自动终止，应召开成员（代表）大会进行改选。"入社担任理事长职务的村干部，要提前约定声明：如果换届落选或职务终止，将主动辞去理事长职务。这一点一定要把握好。第二点是要和入社群众约法三章。虽然"入社自愿、退社自由"是加入合作社的原则，但自由不是随心所欲，而是不以损害集体和其他社员的利益为前提条件的。比如，对没有进行土地流转的服务型合作社，社员可以随时退社，但对于那些已经流转了土地，村党支部进行了连片整治、改良了土壤、更新了品种、新上了水肥一体化等设施，就等着见效益了，这时候就不能自由退社了。这一点也要提前和村里、和群众约定清楚，签订协议。

二是没有启动资金怎么办？经常有同志说，自己建不起合作社是因为村里没有钱，没有启动资金。这是一个伪命题。抓这项工作，就是要发挥党支部的引领作用，把群众组织起来去创造财富，解决没有钱的问题，你反而拿没有启动资金当挡箭牌，这只能说明你还没有理解党支部领办合作社的主旨和精神。

例如，烟台市还有比栖霞市衣家村更穷的村吗？衣家村集体没有一分钱，上级没有投一分钱，而是创造性发明了工票制度，通过把群众组织起来自力更生、战天斗地，凝聚了强大力量。看看衣家村，还好意思拿没有启动资金做借口吗？工票制度是个解决启动资金的好办法。

又如，栖霞市北洛汤村与企业共建苹果示范园，这是党支部 + 合作

社 + 企业的模式，其前提是党支部要主导，集体要占股，否则就成了资本领办合作社。

再如，牟平区玉林店镇设立发展集体经济专项资金池，村集体从资金池中申请扶持资金，作为集体资金入股合作社，镇党委与村集体签订协议，要求村集体每年在合作社分红后，拿出村集体分红资金的 20% 作为反哺资金，重新注入乡镇资金池，维持了资金池的良性循环、持续运转。栖霞市对投入到村的财政资金，要求从收益中拿出 30% 投入到所在镇的资金池，扶持其他村的发展。

各县（市、区）可以统筹利用好切块到县的乡村振兴资金池，集中资金办大事。烟台市最近也正在考虑，探索在合作社以内置金融的方式组建资金互助社，开展内部信用合作，为村民发展生产、村庄建设注入资金血脉，让农民的闲钱活起来，让有融资需求的村民能贷到款发展产业。同时，我们也在和财政、农业部门商讨设立资金池这个事情。

三是如何经营管理？目前，各县（市、区）在经营管理上主要探索出了三种模式：

第一种模式是村集体独立经营。村党支部成员带头在合作社负责作物的日常种植管理、经营销售、财务管理等工作。比如，海阳市留格庄村党支部领办合作社，作物的日常种植管理、经营销售，以及合作社的财务管理全部由村党支部成员负责。

第二种模式是村企联营。借助企业的经济优势、技术优势、市场优势，企业以资金入股合作社，解决村党支部领办合作社前期资金不足的问题，企业对合作社提供技术指导或者统一标准管理，解决村党支部对合作社不善管理的问题，企业对合作社产品统一收购，解决合作社产品销售难的问题。比如，刚才提到的栖霞市北洛汤村，前期投资由企业负责，前 4 年按每亩 1000 元标准向群众发放保底收入，第 5 年苹果获得收益后，除去必要开支，村集体每年收取合作社收益的 5% 作为管理经费，剩余95%按照4∶3∶3的比例分别给投资企业、第三方管理企业和入社群众分红。待企业收回投资成本后，再适当降低企业比例、提高农户及村集体比例。进入丰产期后，每亩地年纯收入在1万元以上，村集体每年可以收入近10万元，年增加群众收入60万元以上。

又如，招远市蚕庄镇西沟村通过“确权确股不确地”的方式，实现全村土地全部流转，组建农业开发有限公司，聘请专业人员负责经营管理，然后村集体、全体村民和农业开发公司三方组建合作社，村集体和村民占股51%，公司占股49%，土地效益从每亩300元提高到2000元，部分高效农业达到1万元。

第三种模式是对外承包经营。合作社先统一流转土地形成规模，配套基础设施、新上项目后，再分块、分片分包给群众，解决村集体管理不过来的问题。莱阳市南薛格庄村党支部成立服务型合作社，把撂荒的山耩薄地流转到合作社，合作社争取资金，进行道路、水肥一体化改造，土地升值了，再成规模地以几倍的价格转租给种田能手，集体每年可增加服务收入8万元，群众每亩地可取得收入1万元。招远市大户陈家村党委流转本村及周边村土地近万亩，在完成水肥一体化等基础设施建设后，将其划成20—90亩不等的片区，以每亩1500—2000元的价格承包给农场主，成片发展优质葡萄、苹果、猕猴桃等林果种植，每亩地增收2万元。

这些做法都是在实践中探索出来的。随着合作社的发展壮大，一定会涌现出多样化的管理模式，但无论是哪一种，乡镇党委都要把好关，要本着一个原则，那就是说一千道一万，保障村集体和群众利益是关键。

四是如何提升效益？过去粮食长期短缺，搞农业主要是盯产量。现在情况变了，一些大宗农产品总量过剩，价格下行，必须尽快实现由总量扩张到质量提升的转变，走质量兴农之路。比如，发展订单农业，牟平区西莒格庄村与粮油公司、入社群众签订种植与收购合同，村民按照公司的订单种植高油酸花生，合作社以高于市场2元的价格进行收购。又如，借助电商平台，栖霞市前罗坡村和邮政局建立合作关系，2018年网上销售10万斤樱桃，每斤的价格高于市场价1元以上。再如，对产品深加工，蓬莱市槐树庄村党支部与威海的公司合作，开发出芥末花生、海苔花生、紫薯花生等多种产品，与深加工之前相比，利润提高了5倍。还有，与商场超市建立合作关系，蓬莱市南山北头村注册了“黄水河鸭蛋”品牌，与超市结对子，每斤售价达18元。这些成功的案例告诉我们，酒香也怕巷子深，要学会给合作社的产品“梳妆打扮”和营销宣传，加强合作社产品分级、包装、仓储、物流、营销，推进合作社产品流通现代化，提升综合效益。

五是未来如何发展？从长远来看，合作社的未来发展可以采取三种模式。

第一种模式是建立联合社。走向联合是农民专业合作社的必然趋势，2017年修订的《中华人民共和国农民专业合作社法》，专门新增加了联合社一章。要提倡鼓励合作社以产品和产业为纽带，开展合作与联合，组建区域性、行业性联合社，增强合作社在市场中的知名度、影响力和竞争力。比如，宕昌县是甘肃省最贫困的县之一，2018年该县组建了由合作社联合控股的农业发展股份有限公司，闯出了宕昌模式。什么是宕昌模式？就是先由各个乡镇党委、政府牵头，将各自乡镇的337个村办合作社组织起来，每个乡镇组建一个乡镇联合社，共成立了25个乡镇联合社。这些乡镇联合社又成立县联合社，然后改制了县上原国有农发公司、引进战略合作伙伴，成立了“富民公司”，建成了“以富民公司为龙头，以乡镇联合社为纽带，以村办合作社为单元，以贫困户为主体、战略合作伙伴对接市场、电子商务助推销售”的产业发展体系，把企业、合作社和贫困户联合起来，实现了抱团发展。

甘肃省的这个联合社的发展规模是很大的，我们目前还没有走到那个程度，但也有一些合作社在乡镇的指导下成立了联合社，比如，莱阳市高格庄镇成立乡村振兴农民专业合作社联合社，涵盖了村党支部领办的 31 个合作社，联合社帮助下属的合作社对接电商平台进行网上销售，其下属的龙山萝卜种植专业合作社将萝卜从每斤不到 1 元卖到了每斤 4 元，合作社的农户每亩地纯收入由原先的 1000 多元增长到现在的 7000 元。

第二种模式是发展综合体。发展集生态农业、创意农业、农事体验、休闲旅游、民俗文化等于一体的旅游综合体、田园综合体，实现第一、二、三产业融合发展。这一点，我们要积极学习浙江经验。浙江省作为“绿水青山就是金山银山”思想的发源地，很多地方在推进全域景区化发展。2018 年，我们组织 100 名党支部书记到浙江大学培训，观摩了杭州的不少村，他们最大的亮点就是发展乡村旅游，城里人一到周末都跑到农村去了，真正形成了以城带乡、城乡融合发展的新格局。浙江模式就是我们努力的方向，要推进村庄整体建设，通过党支部领办合作社，打造富有特色的创意农业、观光农业、特色民宿等农业旅游新模式。

第三种模式是用好闲置宅基地。村党支部统一将闲置的宅基地和无人居住的空屋，流转到村集体，发展乡村民宿、健康养老、民俗展览、创意办公等产业融合发展项目，提升综合效益。再举个浙江省的例子，浙江省湖州市德清县莫干山镇是中国民宿的发源地，经过十多年的发展，莫干山脚下聚集起了 550 多家民宿，很多外国友人都慕名而来。2017 年，德清县以民宿经济为龙头的乡村旅游直接营业收入达 22.7 亿元。

山东省也有类似的例子，临沂市沂南县朱家林村，原来是个典型的“空心村”，很多房屋被闲置、废弃，但村落的原始风土人情、原生态的自然环境保护得比较好，后来在政府引导、企业投资的基础上发展精品民宿，成为山东第一个国家级田园综合体建设的试点。烟台市也有一些村庄开始了对民宿旅游方面的探索，比如，莱州市小草沟村的“大队客栈”，是由小草沟村老大队仓库改造而成的，共有 12 个房间，生意非常红火，旺季也是一房难求。目前，他们又流转了 12 套闲置房屋发展特色民宿。

第三，组织保障怎么干？

一要抓好带头人。我们学习塘约道路，不少人说我们这里没有左文学这样的人，所以出不来塘约村这样的村。结果栖霞出了个衣元良，一点也不比左文学差，甚至比他更感人。除了衣元良，在党支部领办合作社的过程中，还涌现出了越来越多的好书记，境界情怀也都十分感人。比如，蓬莱市三里沟村党支部书记经营着一家物流公司，年收入 100 多万元。村党支部领办合作社后，他要把时间和精力全部放在村里，企业只能交给别人经营，他收取承包费 5 万元。对他来说，经济上的损失是很大的，但是他痴心不改。栖霞市衣家黄口村党支部书记为流转土地形成连片经营，率先将自家的 27 亩果树砍掉，其中有一半以上是 5 年到 8 年的盛果期果树，砍树的时候，他的女朋友直哭，但是他义无反顾。栖霞市下门楼村党支部书记面对有的群众不愿意流转区域内土地的问题，将自家的 4 亩处于盛果期的果树与群众置换，把利益让给群众，而他依然心甘情愿。明代哲学家王阳明讲“人须在事上磨，方立得住”。无数事实证明，不是有了一个好书记才能办起一个合作社，而是在办合作社的过程中，可以练出一批好书记！

上次换届，已经换上一批想事干事的党支部书记，总体质量是好的。但目前全市还有 23.9% 的村党支部书记和村委会主任不是一人兼任，对这些村，要逐村分析，分类施策。这类村主要有三种情况：一是乡镇党委有意对村委会主任进行培养，目前还不完全成熟、暂时需要过渡的，一般在下次换届可以实现一人兼任；二是虽然不是组织人选，但上任后想事干事得到群众认可的村委会主任，要纳入组织视野，对其加强培养使用，乡镇党委也要从中反思在民意摸底、人选储备等方面的问题，进一步优化选人机制，确保农村优秀人才为我所用；三是有不良记录，但通过联名推荐当选的，不担当、不干事，甚至与党支部书记唱对台戏的，必须想办法调整撤换这种村委会主任。市里已经制定了从严管理农村干部的办法，其中很重要的一条就是建立村干部退出机制。调整村干部时，要严把“选人关”，坚持集中换届时的标准条件，坚决把不符合条件的人员挡在门外。如果今后还有不干事的村党支部书记没有及时调整，被发现和查处，乡镇党委书记要承担责任。

有的同志认为，目前没有实现“一肩挑”的村，如果村党支部书记致富带富的能力水平还不如村委会主任高，不如就由村委会主任代表村集体领办合作社，党支部只负责搞组织生活。这种想法是不对的，原因有以下三点：

“一肩挑”是方向。如果村委会主任是群众公认而前期被组织遗漏的人才，要尽力培养。我们党是中华民族的先锋队，一定要把优秀人才吸纳进党组织。

领导村级事务的是党支部而不是支部书记个人。在农村要体现党的领导，而党的领导是集体领导，不是村党支部书记一个人说了算。村党支部书记的致富能力很重要，但更重要的是道德素养，是公心公道，而不是只要能发展产业就是好的带头人。前几年“强人治村”的实践已经证明，这条路走不通。同时，加强党对农村工作的领导，说到底是加强党对农民的领导，发挥村党支部组织群众、宣传群众、凝聚群众、服务群众的职责，而支部决策前置，让党支部“唱主角”，只有这样才能加强党对农村工作的有效领导。村委会主任能力再强，也不能凌驾于党组织之上，必须在党支部的领导下开展工作，遵循民主集中制的原则，充分尊重其他村“两委”干部的意见，最终形成决策意见。现在我们广泛推行的“四议三审两公开”制度，其中“四议”就是村党支部委员会提议、村“两委”会议商议、党员大会审议、村民代表会议或村民会议决议。在这个过程中，完全可以充分发挥村委会乃至全体村民的作用。

村党支部领办合作社必须由村党支部成员，原则上由村党支部书记担任理事长。“两委”成员与合作社理事会、监事会成员可以双向进入、交叉任职，全部参与合作社事务，各领其责、各司其职。党支部领办合作社可以外聘职业经理人，村委会主任当然也可以加入合作社并担任职业经理人等职务，并根据入股情况和贡献大小在合作社享受分红。但村委会主任担任理事长，与《中国共产党农村工作条例》要求不符，不利于落实党的领导，因此不提倡。

二要注重典型引导。党支部领办合作社可以说是百花齐放、争相斗艳，我们要注重挖掘典型，发现一批管理规范化、生产标准化、经营品牌化的示范社，总结推广典型经验、运用典型指导工作，引导更多村向典型学习。

三要强化政策支持。烟台市专门整合了财政、农业、国土、供销等 8 个部门的力量，对 100 个村党支部领办合作社示范村进行全方位支持。还进一步整合农业农村相关部门力量，专门出台配套扶持政策。比如，农业农村局制定了关于支持村党支部领办合作社发展新型农村集体经济的 16 条措施；市供销社依托为农服务中心，为合作社提供测土配方、水肥一体化等八项定制服务；市商务局明确了搭建电商平台、农超对接等 9 项重点任务。前段时间，我们又和农科院对接，将把农科院的专家人才充分利用起来，把新技术、新理念、新品种引入党支部领办合作社的村。县（市、区）和乡镇首先要贯彻好这些政策，将政策从“纸上”落到“地上”，同时也要帮助合作社找部门、找政策、找市场，帮助牵线搭桥、整合力量、联系专家。而且，县（市、区）和乡镇层面也要出台扶持政策，指导和帮助村党支部把合作社发展好，为合作社的发展创造良好的成长空间和发展环境。

二、要注意把握的几个问题

第一，要注意坚持中国特色社会主义乡村振兴道路的本质属性。美国、德国、日本等发达资本主义国家的农村发展比较早，他们的规模化经营、高科技的使用、环保理念的贯彻、城乡协调发展等等，都值得我们学习。但是，这是不是中国特色社会主义的乡村振兴？我认为不是。习近平总书记说："中国特色社会主义是社会主义而不是其他什么主义。"①那么，中国特色社会主义乡村振兴道路，也同样是区别于西方资本主义农村发展方式的一条崭新道路。其本质特征有以下3点：

一是坚持党的领导。中国共产党的领导是中国特色社会主义最本质的特征，当然也就是中国特色乡村振兴的本质特征。这决定了抓乡村振兴首要的是要依靠党组织，要巩固党在农村的执政基础，而不能仅仅聚焦产业自身的兴旺，不能失去农村的阵地。所以中国特色的乡村振兴，一方面，必须依靠党的领导来实现；另一方面，振兴的结果也必然是为了加强党的领导。

二是坚持共同富裕。共同富裕是中国特色社会主义的根本原则。在资本主义国家，即便有的农场主收入非常高，但贫富差距的问题不能解决。乡村振兴道路必须是共同富裕之路，不管是"能人"还是"老弱病残"，都要全面发展，过上幸福生活，一个也不能掉队。这在脱贫攻坚的今天，显得尤为重要。这也是我国乡村振兴和西方的乡村振兴不一样的地方，是中国特色的乡村振兴。如何实现共同富裕？就是党支部领办的合作社要提高党员和普通村民的入社比例，让尽可能多的贫困群众入社、让更多的农民受益，防止"大户垄断"或"大户控制"，防止形成

---

①《毫不动摇坚持和发展中国特色社会主义　在实践中不断有所发现有所创造有所前进》，《人民日报》2013年1月6日

"精英社"。比如，栖霞市就提出，单个社员出资比例不宜超过 20%，农民二次分红比例不低于 40%。这样就能比较好地保证普通群众的权益。

三是坚持农村土地的集体所有制。习近平总书记在谈到农村改革时，说的第一句就是"不能把农村土地集体所有制改垮了"①。现在一些人主张土地私有化，我觉得匪夷所思。公有制是社会主义的根本经济特征，是社会主义经济制度的基础，是实现最广大人民群众根本利益和共同富裕的重要保证。共产主义是我们党的最终目标，这决定了最终是要消灭私有制的。当前，我国还处在社会主义初级阶段，私有制还要在相当长的时间里存在。但只要我们是共产党，只要我们是社会主义，就必须坚持农村土地集体所有制，这也是中国特色乡村振兴的本质特征。

之所以强调这个问题，是提醒大家，党支部领办合作社有各种具体办法，但这几条根本原则是底线，不能突破。不管是办什么类型的合作社，先要衡量一下这些标准：对提升基层党组织的组织力有好处吗？能实现共同富裕还是只能让少数人富裕？有没有破坏农村土地集体所有制？只有符合这些标准，才可以去创新。

第二，要注意区分股份经济合作社和党支部领办合作社的不同。农业农村部门搞农村集体产权制度改革之后，各村都成立了股份经济合作社。股份经济合作社和党支部领办合作社有什么本质不同呢？主要有以下几方面：

一是在一个村，共有"三驾马车"：村党支部、村委会、股份经济合作社。这三者一般是一体的。一个村只有一个股份经济合作社，是集体资金资产资源的总和。而党支部领办的合作社的性质是农民专业合作社，是农民自愿联合成立的互助性经济组织，一个村可以成立多个农民专业合作社，比如，种樱桃的可以成立樱桃专业合作社，种苹果的可以

---

① 中共中央文献研究室编:《习近平关于全面深化改革论述摘编》，中央文献出版社 2014 年版，第 66 页。

成立苹果专业合作社，养牛的可以成立养牛专业合作社。

二是在股份经济合作社中，新型农村集体经济组织成员平均地享有股份，人人平等，类似一人一票。农民专业合作社的股份多少是按照流转土地面积多少、出资多少来确定的，出资额大则股份多，出资额小则股份少。

三是对股份经济合作社而言，只要是本村的村民，天然就是股份经济合作社的社员，是不需要出资的，并且成员只限定于户籍在本村的村民，具有排他性。而农民专业合作社的社员是开放性的，本村人员、外村人员，包括企业都可以，成员可以跨村、跨乡、跨县，不受行政区域限制，但是必须出资或者流转土地才能成为社员。

四是股份经济合作社的生产资料是集体占有，全体村民对生产资料行使所有权，而党支部领办的合作社生产资料所有权只属于入社社员。

五是股份经济合作社可以代表集体加入党支部领办的合作社，作为集体股份的出资人。

第三，要注意处理好合作社和入社企业的关系。部分村和企业一起经营合作社，但在实践中发现，有两个问题需要处理好：

第一个问题是有的村通过招商引资把企业引进村搞开发，企业有一套自己的成熟经营模式，但我们没有充分尊重企业意愿，偏要搞“拉郎配”，把企业生硬地和党支部领办合作社掺和在一起，既降低了企业投资的热情、损害了企业的利益，也使党支部领办合作社办得不清不楚。

第二个问题是前些年，有的工商资本和龙头企业在村里流转了上千亩地，甚至流转了几个村的上万亩地，可是群众得到的只是最基本的土地流转费用。所以，一方面，要学会拿着乡村振兴新要求和企业协商谈判，企业既然征用了农民的土地，就要让农民享受到企业的发展红利。企业要在获得收益后，拿出一定比例的利润让村集体和农民共享，建立利益联结机制。另一方面，可以成立劳务合作社，为企业提供劳务服务，通过就业的方式带动群众增收致富。

第四，要注意风险防控。群众能把钱、把地拿出来给村党支部，是对党组织莫大的信任。千百双眼睛在盯着合作社的运营管理，如果合作社风险防控不到位，群众就会有怨气；如果合作社赚不到钱，就会伤了群众的心，发展新型村级集体经济就得不到群众的理解和支持。

一要坚持规范管理。规范是合作社发展的基础，特别是很多合作社刚刚起步，一上来就要从章程、民主管理、股金管理、财务管理、收益分配等方面进行规范。在这方面，有些县（市、区）已经作了探索。比如，莱州市推行重大事项民主决策“四议三审两公开”制度，形成了议事决策、财务管理、重大事项决策审核把关机制；栖霞市、招远市对成立的合作社逐个审核把关；还有些县（市、区）要求，合作社对外签订经济合同以及1万元以上的重大支出，要报乡镇审核、备案；等等。对于这些经验和做法，我们要积极吸收，用制度的方式将其固定下来。

二要坚持公开办社。阳光是最好的“防腐剂”，公开是最好的监督。要把公开做实做细，防止“暗箱操作”。比如，在烟台市莱山区东沟村，买一支笔、一个记录本都向群众公开。又如，莱州市借助信息化平台，每月按规定公开合作社的新财务。对党支部领办的合作社财务公开工作，各县（市、区）要制定相关的具体措施。要坚持自治原则，不仅要强化内部监督，而且要强化外部监督、审计监督、检查督查。再如，福山区委托第三方专业机构集中审计，还推行对合作社负责人任期和离任审计，确保村干部能干事、干成事、不出事。

三要把好项目关。对新上项目要进行科学论证、对接市场。要学习各地先进经验，坚持“人无我有、人有我特、人特我优”的理念，延伸产业链、提高附加值。特别是要抓好两个“三品一标”建设，第一个“三品一标”是从产品角度讲的，就是无公害农产品、绿色食品、有机农产品和农产品地理标志；第二个“三品一标”是从生产方式角度讲的，就是农产品的品种、品质、品牌和标准化生产。只有抓好这些，我们的产品才有市场，才有竞争力。乡镇党委要对合作社新上项目、对外签订合同、重大资金往来严格审核把关，指导村党支部依章办社、依章办事。

第五，要注意因地制宜。推行党支部领办合作社发展新型农村集体经济模式，不是搞“一刀切”，否定和摒弃其他的发展新型农村集体经济模式，更不是搞“大呼隆”，要求全市村党支部都必须百分百地领办合作社，而是要立足实际、因地制宜，抓实做细基础工作，逐村分析哪些村适合发展合作社、适合发展什么项目、发展过程中需要解决什么问题，确保成熟一个推进一个、推进一个成功一个，千万不要盲目铺摊子、赶进度，做成“夹生饭”，留下“后遗症”。

第六，要注意尊重群众主体地位。乡村振兴的主体是群众，成立合作社的主体也是群众，入不入社必须由群众自己说了算。在具体工作中，尽管我们采取了多种多样的方式帮助群众细算对比账、长远账，但一定要把握一个原则，那就是由人民作主而不替人民作主、强力推进而不强迫推进。要充分尊重群众的意愿，多做细致的思想工作，多带群众出去学习考察，给群众以看得见的利益，让群众自愿加入、自觉融入，决不搞指标摊派，更不能把群众 100% 入社作为硬性任务。决不允许虚报浮夸、决不允许搞数字游戏、虚假政绩。市、县、乡三级要加大督查力度，确保村党支部领办合作社有序推进、良性发展。

前段时间我们做过暗访，发现有些村党支部领办合作社不合要求，甚至个别示范村也存在“挂羊头卖狗肉”的情况。这些事要做就扎扎实实地做，做不到就实实在在地说“我做不到”，不要弄虚作假。所有合作社都要经得起解剖，经得起考问。

第七，要注意不断丰富党支部领办经济共同体的内涵。

一要明确发展方向。总的要求是党支部领办各种经济共同体。在党支部领办合作社的基础上，有条件的村可以领办集体企业、旅游公司、集团公司，也可以聚集资源打造旅游综合体、田园综合体，不局限于领办合作社一种模式。在当前发展初期，仍要把党支部领办合作社作为一条主要路径，但要做好向更高层次发展的准备，积极引进现代要素和现代业态，由传统的种养领域向农产品加工、民间工艺制作、商品市场，尤其是乡村旅游等领域拓展，推动农村各产业融合发展。

二要坚持规划引领。乡村振兴是一项长期的历史性任务，要坚持规划先行，以乡镇为单位，统筹考虑产业发展、人口布局、公共服务、土地利用等，突出村庄的生态涵养功能，保护好林草、溪流、山丘等生态细胞，增强规划的前瞻性、约束性、可操作性，打造各具特色的现代版“富春山居图”。

三要打造精品工程。在这方面，我们要积极学习浙江经验，既要通过党支部领办合作社强村富民，也要建设美丽乡村，坚持内在美与外在美相统一，注重形象设计和党建氛围，按照能承接会议、观摩、调研等多重要求，精心打造一批党支部领办合作社精品村，串珠成链、串点成线、连方成片，形成特色鲜明、内涵丰富的示范带、示范区。同时，要充分利用乡村振兴党建融合发展区引领村庄联动发展的平台作用，以强村为龙头，率先领办合作社，辅助带动其他村庄把合作社办起来，形成一体化、集群化的发展模式，形成集党建强、发展好、服务优于一体的综合体。

（本文是作者 2019 年 4 月 8 日在烟台市“党支部领办合作社”专题党课上的讲话）

新时代农业合作化道路必定越走越宽广
——对烟台市党支部领办合作社的探索和体会

2020年，习近平总书记多次作出“走好农业合作化的道路”的重要指示，强调促进全体人民共同富裕不能含糊。农村是实现共同富裕的重点、痛点、难点，走农业合作化道路、发展壮大新型农村集体经济，是乡村振兴的必由之路。2017年3月以来，中共烟台市委组织部提出“抓集体经济是组织部门的分内职责”，在全市推行党支部领办合作社，通过做实党支部对农村经济的领导，重新把农民组织起来。开创性实现了在一个地级市范围内普遍发展壮大新型农村集体经济，为新时代农业合作化道路进行了探索，形成了宝贵的经验和体会。

一、烟台市党支部领办合作社的做法和历程

在社会主义市场经济条件下，怎样发展新型农村集体经济，党怎样领导新型农村集体经济，是摆在我们面前的一个重要课题。中共烟台市委组织部主动作为，以抓农村党建为切入点，把党员和群众组织起来，把党的领导全面融入农村发展，走出了通过组织振兴带动乡村全面振兴的道路。其主要做法包括以下几个方面：

第一，提出“抓集体经济是组织部门分内职责”。从2016年起，为落实上级组织部门关于加强农村基层党建的部署，我们对农村进行了深入调研。在调研中发现，经过长期发展，农村不同程度存在“集体穷、

支部弱、群众散、产业衰、合作社乱”问题。中国共产党最大的优势、最有效的工作方法就是动员群众、组织群众，乡村振兴千头万绪，但其“牛鼻子”是组织振兴。如果村级集体经济“空壳”，政治就会“空壳”，这是马克思主义关于经济基础决定上层建筑的基本原理。加强党的领导，推行党支部领办合作社，就是一揽子、系统性解决农村各种问题的总抓手。发展壮大新型村级集体经济，绝不是单纯的经济问题，而是巩固党的执政地位和实现共同富裕的治本之策，是重大的政治问题。因此，中共烟台市委组织部经过统一思想，认为抓新型农村集体经济，组织部门责无旁贷。在烟台市委和市政府及各部门支持下，中共烟台市委组织部主动打破原有分工界限，走上乡村振兴主战场。

第二，从理论上想清楚、讲清楚。我们党是高度重视理论建设和理论指导的党，强调理论必须同实践相统一。2017 年初，中共烟台市委组织部开始发动党支部领办合作社工作，但初期面临着认识上的不少分歧。针对“集体经济是计划经济的产物”“只要农民富裕了，集体经济无关紧要”“党支部没有责任、没有资格领办合作社”等观点，中共烟台市委组织部下了大量功夫进行理论建设和宣讲，在全市县、乡、村三级开展大规模的思想动员，组织全市干部学习习近平总书记的著作《摆脱贫困》和习近平总书记关于“发展新型集体经济，走共同富裕道路”①，“农业合作社是发展方向”②的重要指示，从历史、理论和实践的角度，讲清楚了以下几个问题：

一是党支部有无法比拟的政治优势和组织优势。党支部领办合作社是加强农村基层党建的必然要求，是重建党同群众的经济联系和促进集体意识回归的必然要求，也是党内法规的明确要求，从法理上完全讲

①《把乡村振兴战略作为新时代“三农”工作总抓手　促进农业全面升级农村全面进步农民全面发展》，《人民日报》2018 年 9 月 23 日。

②《习近平黑龙江考察：农业合作社是发展方向》，人民网 2016 年 5 月 25 日。

得通。

二是党支部领办合作社不是简单的“党支部＋合作社”“党支部建在合作社上”，而是党支部统领合作社一切工作，党建全面融入产业发展、农民共同富裕，依靠经济纽带把群众紧紧凝聚在一起。

三是新时代的农业合作化不是“一大二公”，而是遵循入社自由、责权清晰、按贡献分配原则的，是农村经济体制的“螺旋式上升”，而不是走回头路。

四是欢迎资本参与乡村振兴，但更要通过党的领导发展新型农村集体经济，保障集体和群众的利益，实现多赢。

五是只有党支部领办合作社才能保护好农村的绿水青山，避免马克思在《资本论》中指出的“资本主义农业的任何进步，都不仅是掠夺劳动者的技巧的进步，而且是掠夺土地的技巧的进步”[①]。经过层层思想动员，广大干部群众从茫然、疑虑，转变为发自内心地认可在党的领导下走新型合作化道路，干部信心满满、群众一呼百应。

第三，让党支部成为农业合作化的引领力量。在中国，大部分村有党支部、村委会、合作社，但过去受“党政分开”“公民社会”等思想影响，党支部处于边缘化、配角的地位，这是农村许多问题的根源。党支部领办合作社扭转了这个关系，让党的领导全面融入乡村治理。主要体现在以下三个方面：

一是坚持合作社姓党。由村党支部书记代表村集体注册成立合作社，并明确这是职务行为，不是个人行为。已经进行集体经济确权的村，由股份经济合作社代表村集体注册成立合作社，也是在党支部全面领导下进行的。

二是坚持理事长在党。把“村党支部书记担任合作社理事长”写入

---

①《马克思恩格斯全集》第 43 卷，人民出版社 2016 年版，第 531 页。

合作社章程，保障合作社“姓公不姓私”。

三是坚持决策权归党。明确合作社中集体占股为“金股”，确保集体股保留决策权和否决权，利润分红由党支部领办合作社主导，向普通社员特别是老弱病残倾斜。

第四，把党员组织起来是基础，把群众组织起来是关键。在新形势下把农村组织起来，不能靠强迫命令，只能靠典型引路，靠充分宣传群众、组织群众。2017 年 7 月，中共烟台市委组织部在统一思想的基础上，筛选 11 个村试点；2018 年，选择 100 个村庄开展“百村示范”；2019 年，实现“千村覆盖”；2020 年 8 月，党支部领办合作社已经覆盖 2779 个村。

我们控制节奏，严格标准，聚焦高质量发展。在办社过程中，坚持“入社自愿、退社自由”原则，坚决不设置 100% 入社的数量指标，坚决不搞“一刀切”“大呼隆”，而是通过党支部成员示范带动以及外出观摩、集中培训、入户动员等方式，帮助群众算清入社前后的对比账，讲清一家一户单打独斗的瓶颈弊端，以看得见的利益提高群众入社率。其中，有许多感人的故事，有的村党支部书记为了吸引群众入社，无偿贡献了自己的资产，有的村党支部书记为了一家入社三顾茅庐到外地做工作。

从 2017 年试点到 2020 年全域推进，每一名入社的群众都是自觉自愿的。莱阳市西石河头村 90% 的群众都加入了合作社，从以前干旱时抢水浇地、大打出手，到现在发扬集体主义风格，先浇集体的地，再浇自家的地。其间，有投资者给出更高的报价，想流转群众的土地，但是没有群众加入。因为他们从党支部的行动中，看到了党组织为民干事的决心，坚定了跟党走的信心和决心。

第五，靠制度建设保障新型农村集体经济长治久安。新时代改革开放的重要特征是重视制度建设，我国历史上农业合作化走过的一些弯路，当前的专业合作社也存在的一些问题，其中一个重要原因是管理粗放、运行不规范，容易产生经营风险，甚至是化公为私。党支部领办合作社绝不仅是形式上的“领办”、数量上的覆盖，而是有一套完整的制度体系。

一是干部任用制度。中共烟台市委组织部借鉴党政领导干部的选拔、培养、管理办法，加强村党支部书记队伍建设，提出“好人 + 能人才是当家人”的选人标准，选拔培养出一大批优秀的新型农村集体经济带头人。

二是内部管理制度。合作社设立、章程的制定、分配方法的选择，都由入社群众讨论决定，这是社会主义协商民主在农村的体现，是私人领办的合作社做不到的。

三是规范运行制度。2019 年，中共烟台市委组织部牵头出台《关于促进村党支部领办合作社高质量发展的实施意见》，对合作社的内部架构、股权设置、产品质量等提出了 22 条指导意见，建立了章程统一审核、项目统一论证、分配统一规范、财务统一管理、社务统一公开、文档统一保管“六统一”机制，形成科学规范、闭环监管的内部治理体系。

四是服务保障制度。农业农村、财政、供销、金融等有关部门各司其职，为发展壮大新型农村集体经济创造条件。

党支部领办合作社让广大村庄发生了振奋人心的变化。今天的烟台农村，风貌焕然一新。村党支部有了威信和话语权，村干部体验到多年未有的荣誉感和成就感。群众走上共同富裕的道路，对集体事务非常关心关注。美丽乡村安定有序，共同的经济利益，让乡村真正成为命运共同体。总的来说，这体现在以下几个方面：

一是加强了党的领导。村党支部开展工作有了抓手、服务群众有了实力，群众对党支部有了信赖，党建与发展“两张皮”的问题迎刃而解。

二是优化了基层治理。在党支部的领导下，群众抱团发展从“多条心”变成“一条心”，有事共商、有难共担、有利共享，矛盾摩擦不断减少，许多过去的问题村变成了最祥和稳定的村。

三是推动了产业振兴。打破了以往村集体简单发包租赁、群众单打独斗的低层次、低水平增收模式，通过唤醒沉睡的资源、整合分散的资金，让群众享受到了合作社全产业链增值收益。

四是拓展了战略纵深。以第三产业、第二产业带动第一产业，提高了农村对人才的吸引力、承载力，为承接城市劳动力过剩做好了战略准备，也为实现就地城镇化创造了条件。

2020 年新冠肺炎疫情防控期间，合作社的社员们主动站出来担任志愿者，纷纷依托集体经济实力为武汉市和其他疫区捐款捐物。莱州市的金银花合作社得知武汉市急需金银花后，在正月初四就紧急抽调员工连夜开工；莱阳市两家合作社一次性向武汉市抗疫一线捐赠了 60 万吨莱阳梨；莱州市的一家合作社捐赠了 30 万吨大葱；更多的合作社坚持以平价甚至半价向超市供货，对建档立卡贫困户免费送菜上门。新冠肺炎疫情相对平稳后，党支部领办合作社的村又响应党中央号召，成为首批复工复产的经济组织。这些行动充分展现了党支部领办合作社的优越性、战斗力。

二、对新时代农业合作化道路的探索和思考

中国特色社会主义进入新时代，农业合作化也必须跟上新时代的步伐。习近平总书记指出，要走中国特色社会主义乡村振兴道路，要走好农业合作化道路。我们在推动党支部领办合作社的过程中体会到：新时代农业合作化道路，必须根植中国特色社会主义制度。我们既要学习欧美发达国家在规模化经营、农业技术进步、环境保护等方面的经验，也要吸取一些发展中国家实施土地私有化带来城乡差距、土地兼并、农业衰落的教训。中国特色社会主义是社会主义，而不是其他的主义。中国

特色社会主义的乡村振兴，同样是区别于西方资本主义农村发展方式的一种新的道路。通过在烟台探索的实践，新时代农业合作化道路，应当有以下 4 个基本特征：

第一，新时代农业合作化道路，必须突出党的领导这个核心。集体经济是我国以公有制为主的基本经济制度在农村的主要表现。正如习近平总书记指出的“中国特色现代国有企业制度，‘特’就特在把党的领导融入公司治理各环节，把企业党组织内嵌到公司治理结构之中”[①]一样，发展壮大新型农村集体经济，必须把党的领导融入集体经济组织各环节，把党组织嵌入合作社治理结构之中。

我们提出一个公式：“党的有组织 > 资本的有组织 > 小农的无组织”，农业合作化的本质是把农民组织起来，使其更好地参与市场竞争和实施乡村治理，维护自身利益。这就决定了，只有党组织站出来承担这个责任，才能充分动员群众走合作化和共同富裕道路，才能确保合作社姓公不姓私，真正为最广大农民利益服务，才能赋予农民和农村强有力的组织、规范的制度，确保合作社发展行稳致远。在党支部领办的合作社里，通过经济纽带把集体和群众紧紧连在一起，群众增强了对集体的信赖感，积极参加村民代表会议，广大基层干部也获得了更大的信任感、成就感。中共烟台组织部在烟台提出“抓党建就是抓发展”“党建要统领一切、覆盖一切、凝聚一切”，实现了讲政治和抓发展的高度统一，避免了党建和业务、政治和经济“两张皮”现象。

第二，新时代农业合作化道路，必须突出公有制和社会主义市场经济的融合。习近平总书记强调：“不管怎么改，都不能把农村土地集体所有制改垮了。”[②]以公有制为主体是中国特色社会主义的重要特征，是实

---

①《坚持党对国有企业的领导不动摇　开创国有企业党的建设新局面》，《人民日报》2016 年 10 月 12 日。

②《加大推进新形势下农村改革力度　促进农业基础稳固农民安居乐业》，新华网 2016 年 4 月 28 日。

现广大人民群众共同富裕的根本保障。如果实行土地私有制，不仅违反党的初心、愧对几千万牺牲的革命烈士，同时也会导致农村两极分化、大量人口失去土地、市场范围受限，造成巨大的经济和社会风险。因此，不论农村合作化道路怎么走，坚持社会主义公有制这个原则不能变。

针对农村集体产权制度这一关键问题，没有把确权登记当成改革的终点，而是把明晰产权作为合作化的起点。这样既发挥了集中力量办大事的制度优势，也通过明确的股权设置激发了群众的内生动力。这符合邓小平同志“两个飞跃”思想，符合习近平总书记“要走组织化的农村市场化发展路子”[①]的思想。与人民公社相比，这是一种螺旋式上升，而不是简单回归，更不是走回头路。

在坚持公有制的基础上，我们以生产关系变革解放生产力，发展现代农业和农村产业。农村一、二、三产业都有很大升级空间，但当前“统”的问题没解决好，导致交易成本过高，压抑了生产力。党支部领办合作社，在群众推动下主动找项目、上项目，撬动了农村大量沉睡的资源，为经济发展注入了活力。烟台苹果主要是30多年前引种的第一茬果树，已到更新换代的瓶颈期，但一家一户资金有限。党支部领办合作社后，可以在较大范围内轮流土地、分批更新，目前已改造老劣果园47.2万亩，梯次改造120万亩。首批领办合作社的栖霞市东院头村，2019年亩均分红5050元，村集体收入92万元，社员长期务工年均收入4万元，这在以往是不可想象的。

第三，新时代农业合作化道路，必须突出人民群众这个主体。农业合作化不仅仅是资产资源“物”的合作化，更重要的是“人”的合作化，是通过共同劳动解放生产力，共同分享发展的成果。同其他合作社相比，党支部领办合作社更加强调以劳动联合为主、资本联合为辅，最大限度

① 习近平:《中国农村市场化建设研究》，人民出版社2001年版，第204页。

吸收群众以劳动力入股，发挥群众在管理和分配中的主体作用。

《求是》杂志 2020 年 17 期刊登了烟台栖霞市衣家村的事迹。2017 年以前，这是一个集体收入为零的省级贫困村，自然条件恶劣，“缺水、缺路、缺人”，党支部通过给入社群众发放“工票”、以劳动入股，把全村 50 余户群众组织起来战天斗地，男女老少齐上阵，仅 7 个月就在大山深处开辟了上山路、建起了蓄水池，改善了基础设施，引入种植养殖等产业。2019 年，村集体收入 25 万元，户均增收 6000 元，整个村庄面貌焕然一新。这就充分证明，在社会主义条件下，通过党的领导，以劳动为纽带把农民组织起来，更有利于盘活农村各种资源，把潜在的经济发展动力变成现实。

第四，新时代农业合作化道路，必须突出共同富裕这个取向。这是中国特色社会主义的根本原则，也是中国的乡村振兴和西方乡村发展的重要区别。资本主义国家农村也可以实现繁荣，但无法解决贫富差距问题。中国的乡村振兴，不管是能人还是老弱病残，都要过上幸福生活、实现全面发展，一个也不能掉队。

党支部领办合作社在入社资格、股权设置、分配办法以及与社会资本合作等方面，都充分体现共同富裕原则。比如，提高了村民的入社比例，让尽可能多的贫困群众入社，让更多的农民提高收益，防止大户控制或大户形成“精英社”。有的市、区提出，合作社中单个社员股权不能超过 20%，农民二次分红的比例不能少于 40%，这就比较好地保障了群众的权益。改变贫困户“等人送小康”的脱贫心态，优先发展贫困户入社，变“输血式”扶贫为“造血式”致富，实现“以地养老、稳定脱贫”。这些办法不仅受到群众欢迎，社会资本也获得了更大的投资机会，也很受欢迎。

三、多年探索的感受和体会

烟台市党支部领办合作社，我们不仅体会了探索的艰辛，更收获了成功的喜悦。面对世界百年未有之大变局，乡村振兴是形成以国内大循环为主体、国内国际双循环相互促进的新发展格局的最大空间，加强党的领导、发展壮大新型农村集体经济是乡村振兴的必由之路。只要按照习近平总书记的指示办事，充分相信和发动群众，这条路就会越走越宽广。4 年来的工作，有如下几点体会：

第一，发展壮大新型农村集体经济是习近平新时代中国特色社会主义思想的重要组成部分，是乡村振兴的顶层设计和根本指南。在工作中，时刻注重学习习近平总书记关于新型农业合作化的论述。习近平总书记已经十分明确地指出了乡村振兴的方向、道路，党中央已经对乡村振兴作出了明确的顶层设计，我们的工作就是把这些顶层设计在基层落实。早在 1990 年，习近平同志在宁德任职时就明确指出："喜的是广大农民开始脱贫致富了，忧的是乡、村两级集体经济实力出现了弱化的现象……一些农村在实行家庭联产承包制时，没有很好地理解统一经营和'归大堆'的区别，放松了'统'这一方面，需要统的没有统起来，不该分的却分了，其结果是原有的'大一统'变成了'分光吃净'，从一个极端走向另一个极端……有的同志说，只要农民脱贫了，集体穷一些没有关系。我们说，不对！不是没有关系，而是关系重大！"[①] 他多次强调，要把发展壮大村级集体经济作为基层党组织一项重大而紧迫的任务，坚持农村土地集体所有制性质，发展新型农村集体经济，走共同富裕道路。可见，习近平总书记关于走农业合作化道路、发展壮大新型农村集体经济、走

① 习近平:《摆脱贫困》，福建人民出版社 1992 年版，第 141—142 页。

共同富裕道路的思想，是坚定不移、一以贯之的，这是我们探索党支部领办合作社、发展壮大新型农村集体经济的顶层设计和根本指南。

第二，走新型农业合作化道路具备天时、地利、人和，农村“第二个飞跃”的历史机遇已经到来。1990 年，邓小平同志提出了“两个飞跃”的思想：中国社会主义农业的改革和发展，从长远的观点看，要有两个飞跃。第一个飞跃，是废除人民公社，实行家庭联产承包为主的责任制。第二个飞跃，是适应科学种田和生产社会化的需要，发展适度规模经营，发展集体经济。

农村实现“第二个飞跃”的条件已经逐步成熟。从农村自身来看，一家一户经营的积极性已经充分发挥，要进一步实现多种经营、产业升级、共同富裕，一家一户的能力越来越捉襟见肘，老龄化、空心化的农村，迫切需要集体经济平台吸引更多人才和资源。从城乡关系来看，我国城市和工业部门已经从多年来的短缺经济转变为过剩经济，农村还有大量未开发利用的资源。而乡村的山水林田湖草人是天然融合的共同体，无法单独作为生产要素流动，必须以集体经济的方式，兼顾产业发展、生态保护和改善民生，而不能放任资本下乡把农村冲垮、破坏生态，唯一的道路就是在党领导下将它们组织起来。

如果说，2016 年萌发党支部领办合作社的思路，还只是理论上的设想的话，那么多年来的实践充分证明，群众中蕴含着巨大的动力，很多村干部和村民在听宣讲、办合作社之后，感到相见恨晚。这表明，只要把道理给群众讲明白，只要有先进的典型引路，绝大部分村庄都能坚定地走上发展新型集体经济和共同富裕的道路，让古老的乡村焕发青春，让党组织和人民群众血脉相融。

第三，必须把农村问题放到历史、道路和伟大斗争的全局中来看待。我们没有把农村基层党建和乡村振兴作为一个简单的业务问题，而是联系历史、道路和伟大斗争的全局进行思考。国民党统治时期，表面上集各种大权于一身，但实际权力只在乡以上，没有延伸到广大农村，出现了“城市有党，农村无党；上层有党，下层无党；沿海有党，内地无党”的情况。国民党失败的一个重要原因是脱离群众、缺乏基层基础。我们党用短短的28年时间取得全国政权，靠的就是把群众组织起来。新中国成立后，我们用短短30年时间建成完整的工业体系，靠的也是把群众组织起来。改革开放之后，我国能够创造经济奇迹，农村集体所有制的稳定也发挥了重要作用。这些都是重要的历史经验。当前，新冠肺炎疫情推动了世界百年未有之大变局的加速变化，能否有效推进新时代农业合作化，既是凝聚新增长动力的关键所在，也是稳定国内大后方的关键所在。

第四，党的领导和“四个自信”绝不是虚功，而是做好一切工作的鲜活有力的武器。烟台党支部领办合作社模式最鲜明的特点就是从抓基层党建入手、把党的领导和农村发展深度融合，这是我们在实践中总结出的宝贵经验。政治和经济是不分家的，抓党建就是抓发展。正是由于发挥了党的理论优势，才能用科学理论武装干部群众的头脑，形成走农业合作化道路的共识；正是由于发挥了党的政治优势，才能让合作社真正代表广大农民的根本利益；正是由于发挥了党的选贤任能的优势，才能培养出一大批“梁生宝”式的新型农村集体经济带头人；正是由于发挥了党的制度优势，才能把党的各项制度延伸到合作社，提升管理水平；正是由于发挥了党联系群众的优势，才能通过深入细致的工作，赢得群众发自内心的追随。党的领导和经济发展绝不是“两张皮”，不是矛盾和割裂的，而是高度统一的。

第五，农业合作化道路顺应党心民意，人民高度拥护，值得为此付出努力和担当。推动党支部领办合作社的过程，是重温党的初心使命、深受感动和教育的过程。这项工作得到了各级党委和政府及有关部门的大力支持，得到了国内许多知名专家学者的关注，得到了人民群众的高度肯定。在推动工作过程中，烟台市委组织部的同事和广大乡镇基层干部在没有现成经验可借鉴的情况下，付出了巨大努力，倾注了巨大心血，许多同志克服困难、无私奉献。但每当看到农村日新月异的面貌时，看到人民群众分红的喜悦时，看到基层干部和群众团结奋斗的场面时，一切付出都是值得的。烟台愿意做新时代农业合作化道路的一棵“报春花”，期待着中国广大农村山青水绿、春色满园，群众安居乐业、共同富裕的美好景象早日到来。

（本文是作者 2020 年 9 月 6 日在中信改革发展研究院 2020 年年会上的发言）

“党支部领办合作社”答问

问：组织部是管干部的，为什么烟台市委组织部要去抓新型农村集体经济，促乡村振兴？

答：有些同志不理解，乡村振兴是由农业农村部门牵头的事，组织部门为什么还要主动出手呢？

首先要说明，党支部领办合作社，是组织部着力推动的，但相关职能部门各尽其能、各显神通，众人拾柴火焰高，才有了今天星火燎原的局面。

那么为什么烟台市委组织部要去投身乡村振兴呢？

第一，从“四个意识”的角度看，乡村振兴是全党的共同责任，每个部门都要找准位置、为党分忧。实施乡村振兴战略是党中央的重大决策，是全党的共同责任。作为党的工作部门，为党分忧、为党尽责是责无旁贷的。

过去，农村集体经济往往只被当作一个经济问题，强调“党政分开”。党的十八大之后，党中央越来越重视农村党的领导和党的建设，强调“分工不分家”。2019 年颁布的《中国共产党农村基层组织工作条例》规定：村党组织书记应当通过法定程序担任村民委员会主任和村集体经济组织、合作经济组织负责人。所以，发展壮大新型农村集体经济，不是单纯的经济问题，而是个重大的政治问题。既然是重大政治问题，党委组织部门就要主动介入，主动管起来。

第二，从组织部的主业看，农村党建本来就是组织部分内的事。有些人认为“组织部不就是提拔干部的吗”，这个认识不全面。其实，组织部的职能包括党的组织建设、干部队伍建设和人才队伍建设等多个方面的工作。农村基层组织建设，本身就是组织部分内的事。

而抓基层党建，又必须和抓发展结合起来。过去有的村党支部书记说自己是“喇叭书记”，除了在大喇叭里喊一喊，没有其他手段组织群众，也没有威信。这说明，如果村级集体经济“空壳”、服务空白，政治就会“空壳”，党在农村的执政就会“空壳”，阵地甚至被其他势力占领。

所以，农村党建必须和发展结合起来。集体经济薄弱，党组织和群众就没有经济上的联系，群众有事想不起来党组织，党支部也没有手段组织群众，基层党建就注定抓不好，注定是“两张皮”。党支部领办合作社，让党支部掌握了经济工作的主导权，实现了党建和发展的结合，让党建有了抓手，而不是仅仅停留在“三会一课”上。党支部带领群众集中力量办大事，改造果园、兴修水利、整治环境、搞营销、建食堂、建养老院，在这个过程中就自动走上了乡村振兴的第一线，在教育群众、组织群众、服务群众的过程中，夯实了党在农村的基础。

所以说，乡村振兴为加强基层党建提供了契机、提供了平台，而抓党建促乡村振兴更是组织部门责无旁贷的使命。

第三，从乡村振兴的需要看，产业振兴、文化振兴、人才振兴、生态振兴、组织振兴的关键是组织振兴。很多人问，新型农村集体经济好是好，可是到哪去找那么多像王传喜、左文学那样的带头人呢？怎么保证带头人不会侵犯集体的利益呢？这些问题的共同答案就是：乡村振兴的关键是组织振兴。

没有一个好的党支部，没有一个好的带头人，其他几个方面的振兴都是不可能实现的。基层党组织不能提升组织力，不能把群众组织起来，乡村振兴也不可能实现。所以，组织振兴是个“牛鼻子”，纲举才能目张。而抓住这个纲，牵好这个头，尽好这个责，必须是组织部门的使命担当。

比如，大家关心的新型集体经济带头人问题。我们提出“好人加能人才是当家人”的理念。新型集体经济的带头人，不是天上掉下来的，也不是高不可攀的，无非是选好人、用好人、培养人。烟台市 2017 年村“两委”换届，我们就提出，不要把换届当成例行公事，而是紧紧抓住这次机会，整顿软弱班子，选优配强干部。后来我们又抓了村党支部书记的培训，为他们量身打造 40 多门培训课程，全市所有党支部书记每年至少在市、县党校轮训一遍。现在在党支部领办合作社中崭露头角的村干部中，很多人就是 2017 年这次换届中选出来的。这也说明组织部门有必要抓乡村振兴。

第四，党员领导干部，看到农村还有些地方农民过得很苦，觉得自己也有责任推动乡村振兴。只要是对党和国家的事业有利的事，只要是对群众有利的事，只要不是越权的事，我们就要主动作为，替党替群众多干一些事，这也是我们最初的一个想法。

问：抓新型农村集体经济，为什么非要采取“党支部领办”的模式？

答：2015 年 1 月我到莱芜市任职之后，前前后后走了三四百个村。通过进家入户地走访，我对农村存在的一些问题有了认识。农民也给了我很多启发。所以党支部领办合作社这个事其实是从群众中来、到群众中去的过程，不是我们自己拍脑袋想出来的，而是农民有需求、有愿望。关于农村现在遇到的问题，我归纳总结了 5 点：

第一，集体穷。许多村庄的集体经济是比较薄弱的。

第二，支部弱。农业生产的生产、经营、分配权都在一家一户手里，如果没有强大的集体经济实力，党支部在农村就发挥不了作用，党的执政基础很不牢固。

第三，群众散。各顾各家，自扫门前雪。集体若是有事，一般是没人关心，也不太愿意参与，觉得集体和自己是无关的。

第四，产业衰。一家一户单打独斗是很难形成规模经济的，尤其像烟台市，苹果是我们的一个重要产业，这一茬苹果都是改革开放之初种的，盛果期就是 30 多年。到现在，这些年苹果的品质和产量都开始走下坡路了。如果靠一家一户来更新改良品种，不太现实。因为家里留下的都是老人，他们没有精力、财力来更新品种，而且苹果从种下去到产果，大概需要三四年的时间，如果靠农民自己更新，这三四年没有收入，不能糊口，只好另谋出路。如果这个时候再不重新组织起来走集约化的道路，可能这个产业真的就一蹶不振了。

第五，合作社也有些乱象。面对这些问题，我们就想：怎么办？结论是：党组织要站出来，靠党组织的引领把群众重新组织起来，重构集体和群众之间的利益连接纽带，这可能就是我们破解农村问题最直接、最有效的办法。

问：有人会问，党支部来领办合作社发展新型集体经济，是不是符合农村改革发展的方向？

答：开始，有些干部确实有这样的顾虑：党支部领办合作社发展新型农村集体经济，会不会是走回头路？我想，这个问题要放在一个大的历史脉络当中来考虑。

新中国成立 70 多年，农村经历了两次大的变革。第一次是 20 世纪 50 年代，走合作化道路，改变了中国几千年来小农经济散乱的状况，这个不能否定。第二次是改革开放之后，实行家庭联产承包责任制，瞬间激发了农民的活力。这也是立足于为改变人民公社到后期的一些弊端而实行的一种改革，在当时的改革中发挥了巨大的作用，同样不能否定。

回顾这两个历史阶段，集体化道路能够集中力量办大事，分田到户可以调动农民的积极性。那么，今天我们站在新时代的节点上，是不是应该综合前面两个历史时期的经验，走一条新的道路，让这条路既能调动农民的积极性，又能集中力量办大事？

21 世纪初，习近平同志提出农村要走组织化、市场化道路，党支部领办合作社，恰恰是今天应运而生的一个新事物。因为它一方面能够把群众重新组织起来，重新抱团发展，实现共同富裕；另一方面，合作社又是股权清晰的，实行按劳分配、按股分配，是能够调动大家积极性的。所以党支部领办合作社不仅不是回头路，而且是这 70 多年历史的一个螺旋式上升。

问：为什么要由党支部书记担任合作社理事长？支部书记担任理事长，是不是就是党支部书记在运营合作社？

答：第一，要明确的是，在党支部领办的合作社中，村党支部书记代表集体注册合作社、担任理事长都是职务行为，而非个人行为，代表的是组织意图，而非个人意志，体现的是党支部在合作社发展中的引领、主导和把关作用。村党支部书记职务停止或终止时，都要按照法定程序改选合作社理事长，由新当选的村党支部书记担任理事长，保证党对合作社的领导。

第二，党支部书记代表村集体担任合作社理事长是由法律规定的。2019 年 8 月颁布的《中国共产党农村工作条例》规定："村党组织书记应当通过法定程序担任村民委员会主任和村级集体经济组织、合作经济组织负责人。"按照这一规定，对完成了农村集体产权制度改革的村来说，应当由村集体经济组织，也就是新成立的股份经济合作社，代表村集体注册成立农民专业合作社。因为党支部书记担任村集体经济组织负责人，所以他担任合作社理事长也就是必然要求。而在没有进行集体产权制度改革的村，集体经济组织空置，为了加强党的领导，一般就由党支部书记代表村集体注册成立农民专业合作社，也是趋势使然、顺理成章的事情。党支部书记担任理事长，可以更好地把党组织的要求、群众的意愿落实到合作社生产经营中，确保其发展方向不偏。

第三，党支部领办合作社当中，村党支部书记个人是可以入股的，但是其个人股份与集体股份是截然分开的，股权清晰，并且要向全体社员公开，接受全体社员监督。

第四，在实际操作中，党支部书记以及其他个人创办的合作社，如果承接上级各种补助扶持资金，那么这个资金可以由过去的无偿拨付改为作为集体股注入，由此把个人的合作社改造成党支部领办的集体的合作社。

问：一开始基层干部和群众能理解吗？毕竟过了这么久，"分"的概念已经深入人心。

答： 2017 年 3 月，《塘约道路》一书风靡全国，我听说之后赶紧买了一本。书一拿到手，我就连夜读完了，读完之后非常震撼。因为塘约村发展新型农村集体经济的思路，跟我一直以来的设想高度吻合。

4 月就下发了通知，要求各级党员干部都要学这本书，就是把这本书当成了一个切入点。5月，我们请该书作者王宏甲老师到烟台市，一方面是作调研，请他看看我们已有集体经济基础的一些村，另一方面是请他到烟台市委党校，给全市干部做了一次讲座。听完讲座之后，我们召集县级的组织部长、部分乡镇（街道）的党（工）委书记和村党支部书记，开了一个座谈会。

在会上，大家产生了很强烈的思想碰撞。我没有想到大家对这件事有各种顾虑：有的人认为集体经济是过去的一些提法，现在再提集体经济，是走回头路；有的人觉得当时分田到户的时候，集体基本没有预留任何资源和空间，现在再提发展集体经济，无从下手；还有人认为塘约村之所以变化大，是因为有一个左文学（塘约村党支部书记），我们这儿没有这样的人物，所以干不出这样的事。大多数人觉得，“明星村”在各地都有，莱芜有，烟台也有，但这些“明星村”的成功往往是因为它们的特殊性，不具有普遍意义，推广不开。

我认为有顾虑是正常的。但是我们要做的不是迁就这些顾虑，裹足不前，而是要有所突破。

问：最后是怎样形成共识的？

答：我们对这个事的认识，开始确实不那么一致。有些干部直言不讳地对我说：“部长，我觉得这个事不该我们干。”我不怕别人给我提反对意见，有人愿意给我提意见，这恰恰说明我们的干部还是敢说真话的。我最喜欢敢说真话的同志，只有我知道了他们心里有什么不同认识之后，才会有交流、有碰撞。所以在他们提出来这些问题的时候，首先我表示理解。

在肯定他们敢说真话之后，我就不断地给他们讲理论。理论是一个很重要的方面，工作一定要用正确的理论来指导。理论一经掌握群众，就能变成物质的力量；掌握理论的过程，就是我们做思想工作的过程。

我认真学习习近平总书记的书，学习习近平总书记的讲话，也学习持各种观点的学者的书，然后形成自己的思路，最后讲给干部听。这些干部其实是有境界、有觉悟的，一旦把理论给他们讲清楚之后，就能焕发巨大的创造力，然后用自己的话讲给基层的群众听。所以用理论去掌握干部和群众，这是很关键的一步。

事实上，干部在统一了思想之后，都能迅速地把大脑中的一些理念和思路变成具体可操作的路径和办法，这让我特别感动。

例如，东院头村，为了给群众讲清楚“党支部领办合作社有什么好”“它不是走回头路”“它应该怎么办”等问题，村干部召开了 12 次会议，还把高校的专家请到村里给大家讲课。

诸如此类的事非常多，思想不破冰，行动上就不能突围。这就好像蒸馒头，发酵不到必要的时候，馒头蒸出来就是个死面馒头，统一思想就是馒头发酵的过程。所以在相当长的一段时间内，我们都在统一思想，这是最难的，也是最必要的。

作为上一级，我有责任把道理给大家讲清楚，而且有责任自己冲在前面，冲锋陷阵，带着大家一块干。有这两条，推进工作其实没有那么难。

问：在采访时也感到，烟台的干部确实工作热情很高，对党支部领办合作社如数家珍。

答：过去，我们也没有觉得周围会有这么多有境界、有觉悟、有担当的好干部，但是在干事的过程当中，就好像有一块吸铁石，大家仿佛都从地下被吸出来了，在我们周围聚集了一大批这样的干部。这说明什么呢？说明我们周围是有大量好干部的，大家是有潜质的，只是需要各级党组织去吸引他、造就他、锻炼他、提升他。这就是组织部门的责任。

问：许多人认为新型农村集体经济“明星村”的成功都带有一定的

偶然性，因为它们具有独特的条件。那么，烟台是如何让这种“特殊”变成了“普遍”呢？

答：从几个“明星村”到普遍推广的过程，是从量变到质变的过程，完成这个过程确实不容易。如果仅靠下达一纸文件，就想往前推进，肯定是行不通的，需要做大量扎实细致的工作。

第一，首先是做好统一思想的工作。思想不通，什么事也干不成。2017 年刚开始推动的时候，全市上下对于党支部领办合作社的认识是不一致的。没有人知道党支部领办合作社该怎么干，大多数人顾虑重重甚至质疑重重。

我们给大家讲“穷则思变”“抱团发展”的思想，给县、乡、村三级书记发《摆脱贫困》《塘约道路》，点燃了大家头脑中的火种。为了统一思想，逢会必讲，党课宣讲、工作会宣讲，逐一对县、乡、村各级书记讲。我们经常在吃工作餐的时候坐一块，我就说，你们一边吃着一边听，我吃不多，主要负责说，有时一个中午在饭桌上不停给他们讲党支部领办合作社的意义在哪里、我们该怎么做。就这样，一个点一个点地突破，慢慢地，就有一些干部开始接受党支部领办合作社。他们又到村里去讲，层层发动。

到 2018 年，很多村在没有明显政策支持的情况下，仅靠把群众组织起来，就已经发生了十分明显的变化。这时候，为了解决一些基层干部思想中的质疑，我们趁热打铁，召开了一次全市党支部领办合作社现场观摩会。那一处处生机勃勃、欣欣向荣的发展场景，干部群众焕然一新的面貌，打消了大家所有的顾虑。现在，经常有领导和学者到烟台市作调研，我们很自信的一点是他们哪怕带着最深的质疑、审视、挑剔来，也无一例外地带着激动、兴奋的感受走。

2019 年初，为了进一步凝聚乡镇（街道）党（工）委书记的共识，我们又举办了全市乡镇（街道）党（工）委书记专题培训班，围绕党支部领办合作社怎么办的问题，我作了专题辅导，参训干部非常踊跃，我们直面问题、共同探讨，答疑解惑，大家也产生了许多共鸣。

第二，通过“以点带面”推开。党支部领办合作社不可能一下子就全面推开，那是不现实的。我们先找工作基础好的村、认识比较清晰的村党支部书记，帮助他们树起典型来，这是一个很重要的工作方法。

从 2017 年开始，先是选择 11 个村“试点先行”；到 2018 年，许多村庄开始搞示范村，但是质量良莠不齐，有些做法也不规范，所以我们挑选了 100 个村做示范，叫“百村示范”；到了 2019 年，我们提出“千村覆盖”，在确保质量的基础上，同年底覆盖 1470 个村；2020 年初，我们提出“全域推进”，到 2020 年 8 月覆盖 2779 个村。就这样，由点及面，层层切入，确保稳扎稳打，不出问题。

第三，要注重加强制度建设。合作社能长治久安，归根结底是靠制度规范。我们设置了党支部领办合作社的规范和标准，坚决防止“萝卜快了不洗泥”。2019 年底出台了《关于促进村党支部领办合作社高质量发展的实施意见》，对合作社的内部架构、股权设置、产品质量等提出了 22 条指导意见。例如，集体占股不少于 10%、单个个人占股不超过 20%，以确保合作社“姓公不姓私”；建立了“六统一”机制，立规矩、严标准，从一开始就规范起来。同时，要求合作社对外签订经济合同、支出 1 万元以上大额资金，需经乡镇（街道）审核同意。这些做法有效地防控了风险，确保党支部领办合作社能够平稳运行。

总之，我们的路径就是逐步推进，而不是一阵风、“一刀切”。坚持一年接着一年干，渐渐水到渠成，就形成了强大的氛围，到最后都不用我们推着干了。有一些没干的村，看到那些党支部领办合作社的村发生了天翻地覆的变化，村民都会找党支部问：我们村什么时候也这么干？还有的村，一开始不是所有村民都愿意加入党支部领办的合作社，但是看到加入合作社的人收益都非常好，他们就坐不住了，也申请加入合作社。这就是典型引路。群众用实实在在的收益教育着其他群众，到最后就是星火燎原。

问：烟台农村涌现出了许多好干部。有的村支书放弃了自己的生意，回到家乡参加党支部领办合作社；有的村“两委”干部为村集体产业干活不领一分钱；还有许多村党支部书记自掏腰包垫钱办合作社；甚至有的把自家果树砍了，带头把土地贡献出来搞集体经济；等等。为什么烟台能出现这么多无私奉献的好人？反过来问，这么干对他们有什么好处吗？

答：如果按西方经济学的理论解释，这些现象好像不合常理，他们应该是另有所图，这也是很多人向我提出来的问题。我认为，如果能够深入中国农村去了解农村农民的话，就能理解他们的做法了。

第一，人在满足了自己的生存发展需要之后，有一种被尊重的需求。尤其是在中国农村，村里都是父老乡亲，这些人是打心里愿意为家乡奉献、付出，得到家乡人的尊重，他们不是自私自利的，不要小看农民。

第二，在制度设计上也给村党支部书记作了规定，如果干得好，是有奖励的。

第三，如果村党支部书记在合作社也占一定的股份，那么合作社发展越好，他和其他村民一样，也有越来越好的收益，并不是说他所有的付出都只是牺牲，连生存都不能保障。举个例子，东院头村合作社 2019 年分红，现金入股 1 万元本金，年终分红 5000 元；土地入股，每亩分红是 4000 元，相当于两年就能回本，从第三年起净赚。相比较而言，如果是其他形式的合作社，群众单纯获得土地流转收入，每亩的收益顶多是 500 多元流转费用，经营的收益大部分被别人拿走。所以党支部领办合作社的收益前景是很可观的，它能给村党支部书记充分的保障和激励。

问：党支部领办合作社的关键是需要有一个好班子，特别是要有一个好的“领头雁”，组织部怎么保证挑人不出错？

答：在推动党支部领办合作社之初，经常有同志提出，我们没有左文学这样的人，所以就出不了塘约村这样的村。我说要打破“左文学神话”，一个好的带头人，不可能是从天上掉下来的。就像雷锋，他也不是生下来就是一个共产主义战士。当年很多普通农民加入革命队伍，能成长为军长、师长，靠的是什么？靠的是各级党组织的教育、培养、选拔、锻炼，给他舞台去展示，这是一个系统工程。

刚开始推党支部领办合作社时，正好赶上 2017 年山东全省农村“两委”换届，烟台市又是全省换届的试点市，我们就抓住了这个机会。既然是全省换届的试点，我们就可以有所创新。我说选出来的人必须得是有公心、有担当、愿付出的人，因为群众把钱都交给集体，我们得替群众把好这个关。

于是我们提出，第一步，自荐参选，你先要报名，我们对这些人就大体有个认识。

第二步，县、乡、村三级对自荐参选的人进行三级联审，相关部门要对这个人平时的表现情况做一个全面的了解和画像，例如有没有涉黑涉恶、有没有受过刑事处罚等。设置了“两委”成员候选人正面清单和“十五个不得”“十五个不宜”的负面清单，取消了 770 名有黑恶霸痞等不良记录的自荐人资格。

第三步，加强对群众的宣传，提出了“好人加能人才是当家人”的口号。有的参选人没有什么案底，但是平时表现不好，在投票的时候就得靠群众把他们淘汰掉。通过这次选举，储备了一批有情怀有担当、能干事不出事的党支部书记，为后来推行党支部领办合作社打下了坚实基础。

这次换届，确实重塑了烟台基层的党组织。在换届之前，我走了很多村，每到一个村就问老百姓：这个村怎么样？在有的村，老百姓说很稳定。为什么稳定呢？因为村党支部书记是个“混社会”的人，所以老百姓都不敢闹事。后来我在大会上讲，如果党组织要靠这样的人来维持基层的稳定，那是我们的耻辱。共产党要依靠的是群众，不能依靠这些有黑恶性质背景的、“混社会”的人来把控基层。

选出了这么一批好的带头人之后，就要对他们加强教育培训。我们把他们送到浙江大学去培训，让他们开了眼界，激发了他们干事的热情，对他们的触动很大。很多村党支部书记在笔记中写道：“知道该怎么干了，看到了先进的榜样，觉得我也能干成。”

后来，我们建立了一所乡村振兴学院，专门培训来自全国各地的农村干部，甚至让我们自己干得好的干部，到讲台上讲给别人听，在讲给别人听的过程当中也提升了自己。

事实上，好书记不是选不出，只要肯下深水找，中国那么大，优秀的人才很多，能挖掘的人很多，再经过党组织的教育、引导、培训，是能造就大量优秀的发展新型农村集体经济带头人的。

问：从给自己干到给集体干，群众的积极性会不会不如以前？

答：其实农村走到现在，大部分年轻人已经出去打工了，“一家两制”是非常普遍的情况。从统计数据上看，农村居民收入提高很快的一个很重要的原因是，老人在家里种地，保着本钱；年轻人到城市打工，用工资回补农村。

但是，如果单纯看农村，农村空心化、土地撂荒的情况，其实是比较严重的。而加入合作社以后，就可以实现规模化经营，可以用上先进的、智能化的机器设备，节省了人力。如果老人还有劳动能力，还可以再以劳动力入股，也可以按劳分配领工资，群众对此是有积极性的。

莱州市有一个生产金银花的合作社，到了采收金银花的时候，群众中有 90 多岁的老人，都很愿意搬着小凳来参与集体劳动。他们看中的不仅是能在这里挣钱，而且希望通过参与集体劳动、过集体生活，获得归属感，这是老人很看重的一点。

我在基层工作有一个很深刻的体会，就是组织起来的群众和单打独斗的群众，精气神是完全不一样的。单打独斗的群众，哪怕是他自己有能力，出去挣了钱，但往往也会感到没有归属感，没有灵魂。但是在集体当中的群众，就像处在一个大家庭中，大家在一块欢声笑语、热火朝天，那种氛围是群众非常盼望的，这也有利于农村的治理和稳定。

问：听说您到衣家村调研的次数达到20多次，能否说说衣家村如此吸引您的原因是什么？

答：衣家村是一个只有130多人的小山村，虽然小，但它有大学问。

第一，它一无区位优势，二无自然资源，三无年轻劳动力，是一个“什么都没有”的小山村。但是，村民在党支部的领导下办起合作社，靠着一群老人艰苦奋斗、战天斗地，修起了公路，建起了大棚、养殖场，改变了村庄的旧面貌。这个力量就是组织起来的力量，组织起来的群众复兴了一个村庄，这种组织起来的力量特别打动人。

第二，衣元良发明了“工票”，“工票”真正体现了劳动者作为生产力中最活跃的因素的特点。过去我们一提起劳动，总是把它归到成本里。而在衣家村，劳动变成了股份，“工票”可以转化成股份，还可以换服务，它成了一种生产要素。“工票”的本质就是劳动入股，这是对生产关系的一种创新，体现了劳动者是生产力中最活跃的因素，而不是被异化成了机器。这是政治经济学的一个生动应用，我们看到了政治经济学的生命力。

问：“工票”代表了一种希望，这希望的背后是共产党的信誉在支撑。

答：对，党组织有政治优势，政治优势是可以转化为经济优势的，这一点往往被人所忽视。有些人觉得党建是虚的，事实上它不是，党的政治优势真的能转化成经济优势。就像“工票”制度，群众相信党组织，在没有钱的情况下也都愿意投入劳动，其实就是信任转化成了物质的力量。

问：所以说“党建就是生产力”，能否再充分解释一下这二者的关系？

答：党建是一个把方向、聚人心、筑灵魂的工作。从党的建设与经济建设的关系看，抓好党建是经济建设的有力保障，是第一推动力。

我们党有 9500 多万名党员，如果每一名党员都能发挥密切联系群众的作用，那么 14 亿人就很容易拧成一股绳，什么大事都干得成。反之，如果党的各级组织和党员不能很好地发挥作用，甚至站到了群众的对立面，那么结果必然是：第一，必然陷入“塔西佗陷阱”。就是不管你是干好事还是坏事，说真话还是假话，群众都不相信你。党委、政府说话没人信，别人一忽悠都相信，那一定会影响经济发展。第二，群众必然缺少组织，缺少公正，缺少依靠，只好被迫自保，结果是自私自利、不顾大局。只靠干部唱“独角戏”，不去团结群众、带领群众，组织群众、发动群众，不激发群众的力量，发展也很难搞好。第三，干部作风必然“慵、懒、散”，改革发展稳定没有保障。第四，维稳压力必然增大，党委、政府必须占用很多原来可以用于发展的精力来进行维稳。这就好像治病，维稳是“治已病”，而一个高明的中医，他的本事是“治未病”。如果各级党组织坚强有力，很多问题本来是可以不出现的，“治未病”才是社会治理的最高境界。

在正常年份，靠着惯性，社会可能也会往前走，不会出大问题。但是这个惯性是不保险的，一旦出现紧急或者是极端的情况，没有党组织的号召力，整个社会就会是一盘散沙，是非常危险的。所以我们要不断增强党组织凝聚人心、服务群众、推动发展、促进和谐的能力，最大限度地动员群众、组织群众共同来推动经济社会的发展，这才是发展的正途。

问：很多社会资本也希望参与乡村振兴，那么党支部领办合作社之后，怎么处理和社会资本的关系呢？

答：第一，对于资本来参与乡村振兴，我们是非常欢迎的，我们欢迎一切力量参与到乡村振兴的事业中。要注意的是，农业合作化必须以农民为主体，如果合作社办成强强联合的"精英社"，也许能实现产业振兴，但无法实现共同富裕，也难以起到巩固党的执政基础的作用。

相反，农民在党的领导下组织起来，就能有效整合农村零散的各种生产要素，社会资本也能获得更大投资空间，双方都是受益的。

第二，在引入社会资本过程中，要有必要的规范，防止社会资本到农村"跑马圈地"，所以我们提出要鼓励、引导社会资本，强调要在坚守共同富裕原则的前提下实现双赢、多赢，提出单个社员出资比例不得超过 20%，防止一股独大。

第三，党委、政府对合作社给予的扶持资金、奖励资金，党支部领办合作社承接上级的补助资金，要把它变成集体的股份，实质就是所有群众的股份，这样上级的帮扶就可以惠及所有人，更体现公平。

问：发展壮大新型农村集体经济，已经讨论了很多年，为什么能在烟台取得突破？是因为烟台有什么特殊性吗？

答：很多人可能认为，集体经济发展得好的村都有特殊性，包括塘约村也有特殊性。而烟台实现了全市范围全面推进，你说它还有什么特殊性呢？我不这么认为。

烟台有像衣家村那样的山区村，也有沿海的村；有丘陵地带的村，也有平原地带的村；有种经济作物的村，也有种粮食作物的村。这些村在党支部领办合作社之下，无一例外地发生了天翻地覆的变化。所以我认为党支部领办合作社是一个可复制、可推广的做法，不是因为烟台有什么特殊的优势。烟台能做成，在全国任何一个地方都能做成。

你非要说为什么先在烟台做成了，可能是因为我们这些人还是愿意多出一些力，愿意多担一些责任，我们不能眼看着农村就这么衰败下去，不能眼看着我们那么可爱的农民还过着比较艰苦的生活。我们希望能有更多的担当、更多的作为，这是烟台的干部比较一致的地方。

问：发展新型农村集体经济怎样同乡村振兴衔接起来，在烟台还会继续怎样的探索？

答：我们其实还有很多设想。比如，搞“三位一体”的新型农业合作体系（注：2006 年初，时任浙江省委书记习近平同志第一次提出了建立农民专业合作、供销合作、信用合作“三位一体”新型农业合作体系的农村改革新思路），全链条实现集体化，已经作了一些谋划。另外，烟台一些乡镇（街道）已经开始探索在域内建立联合社等。

乡村振兴确实是一盘大棋，需要各个部门、各个系统一起发力，联合推进。一开始可能组织部门就是一个“点灯的人”，越往后越需要全社会、各个部门、各个系统一块努力才能实现。我觉得这个氛围已经慢慢地形成了，各级党委政府都很关注乡村振兴，一定是能够有所突破的。

问：习近平总书记 2020 年以来多次指示要走好农业合作化道路。习近平总书记关于乡村振兴的思想，您认为最核心的部分是什么？

答：习近平总书记讲要走中国特色社会主义的乡村振兴道路。什么叫中国特色社会主义的乡村振兴？美国、欧洲、日本农业现代化发展很好，也实现了规模化经营，它们有很多值得我们学习的地方，但是它们不是中国特色社会主义的乡村振兴。

习近平总书记经常讲，中国特色社会主义是社会主义，而不是其他的什么主义。那么，中国的乡村振兴也肯定是社会主义的乡村振兴，不是西方那种乡村振兴。因为西方的乡村振兴是少数人富裕，这和我们有本质的不同。我理解，中国特色社会主义乡村振兴道路得有3个基本的标准和要求。

第一，加强党的领导，巩固党的执政基础。因为中国共产党的领导，是中国特色社会主义最本质的特征。一方面，乡村振兴要通过加强党的领导来实现；另一方面，乡村振兴的成果也一定要体现在加强了党在农村的执政基础，而不是削弱这个基础。过去，在一些村庄，党支部处于被边缘化、当配角的地位，这是农村许多问题的根源。党支部领办合作社，正是扭转了这个关系，让党的领导全面融入乡村治理。从这个角度看，在各类合作社当中，只有党支部领办的合作社，才能既实现经济发展，又能巩固党的执政基础。所以党支部领办合作社是符合中国特色社会主义乡村振兴要求的。

第二，坚持土地集体所有制是底线。这也是习近平总书记反复强调的。坚持党的农村政策，首要的就是坚持农村基本经营制度。坚持农村土地归集体所有，这是坚持农村基本经营制度的魂，农村改革不能把农村土地集体所有制改垮了。公有制是社会主义制度的基础和根本特征，是实现最广大人民共同富裕的根本保障。一旦动摇和颠覆了农村土地集体所有制这一制度，农村改革必将失魂落魄，必将犯下颠覆性的错误，共产党人的初心如何体现？那些为了“耕者有其田”而牺牲了的烈士能答应吗？所以，只要我们还是共产党，只要我们还走社会主义道路，就必须坚持农村土地集体所有制。

第三，把群众组织起来，实现共同富裕。我认为这是中国特色乡村振兴道路的一个本质特征。因为共同富裕是共产党的价值追求，西方资本主义国家没有这个追求。鼓励少数人先富起来，先富带动后富，实现共同富裕，这是党实现共同富裕的一个途径。先富怎么带动后富呢？只靠转移支付来实现共同富裕是不现实的，只有党组织站出来，通过党支部领办合作社，激发群众的内生动力，把群众的积极性调动起来，让群众自己去实现富裕的生活，这才是我们的方向。

（本文是作者2020年10月就党支部领办合作社有关问题接受福建东南卫视《中国正在说》栏目专访时的访谈录）

烟台市党支部领办合作社的历程和经验

随着脱贫攻坚目标实现，接续推进乡村振兴成为摆在全党面前的一个重大任务，习近平总书记提出“打造乡村振兴齐鲁样板”的要求。烟台市从2017年开始探索党支部领办合作社，全面加强党的领导，把群众组织起来，发展壮大新型农村集体经济，实现乡村振兴的道路，是打造乡村振兴齐鲁样板的生动实践。

一、为什么搞党支部领办合作社

自2016年起，我们经过对300多个村的调研，发现农村有5大突出问题：

第一，集体穷，村集体经济发展程度不高。2018年，烟台全市6441个村当中，集体经济收入5万元以下的村占22.7%，有些村得过且过，有的村集体经济靠资源吃饭，简单发包租赁，增收渠道单一。对于是不是还要发展新型农村集体经济，很多同志有不同认识。但是我们坚定地认为，如果村级集体经济“空壳”、服务空白，政治就会“空壳”，党在农村的执政就会“空壳”。壮大村级集体经济，不是单纯的经济问题，而是引领群众实现共同富裕的治本之策，事关党在农村的执政基础，是个重大的政治问题。党的十八大以来，习近平总书记多次强调要把发展壮大村级集体经济作为基层党组织一项重大而紧迫的任务。对习近平总书记这些要求，我们应该旗帜鲜明、坚定不移、全力以赴去落实。

第二，支部弱，基层党组织的影响力降低。在集体经济薄弱的村，农业生产经营权在一家一户，基层党组织容易失去影响力和权威性。一些群众不知道党支部有什么作用，村党组织不会做群众工作，说话没人听、干活没人跟，邪教等其他势力和我们党争夺群众。国民党统治时期，其党组织因为不能深入到农村，出现了“城市有党，农村无党；上层有党，下层无党；沿海有党，内地无党”的现象，正因为如此，我们走农村包围城市的道路才成为可能。国民党的失败在于基层薄弱、脱离群众，这一点很值得我们警惕。

第三，群众散，集体意识淡化。农民一家一户单打独斗，弱化了对集体的依赖，淡化了集体意识。一些群众想问题、办事情，只关注自家的“一亩三分地”，对公共事务不闻不问，造成“干部干、群众看”，“靠着墙根晒太阳，等着上级送小康”等问题。组织群众本来是我们党最大的优势和特长，但是相当长一段时间被淡忘和弱化了。

第四，产业衰，农村发展活力不足。青壮年外出务工、大量土地撂荒，导致农村“空心化”、人口老龄化、农业边缘化。比如，烟台苹果享誉全国，但果树已经到了树龄老化、产量下降、果实品质降低的时间节点，如果只靠一家一户进行产业升级，由于成本高、机械化程度低、劳动效率低下，所以是难以实现产业振兴的。

第五，合作社乱，即合作社在发展中暴露出不少问题。一些合作社偏离了造福群众、服务群众的方向。有的合作社被不良资本所利用，作为圈地谋利的工具；有的合作社仅由几个发起人组成，上级的优惠扶持政策被少数人独享。2018 年《半月谈》报道，80% 以上合作社沦为“空壳社”。2019 年 9 月，中央 11 个部门联合部署对“空壳社”实行专项清理。

为了破解这些问题，我们从实际出发，探索了通过党支部领办合作社的办法，一揽子、系统性加以解决。

这个办法就是将党支部的政治优势、组织优势，同合作社的经济优势以及群众的能动性相结合，由村级集体经济组织或者由村党支部成员（原则上由党支部书记）代表村集体注册成立农民专业合作社，村集体和群众以集体土地、资金、劳动力等入股，重新把分散的农民组织起来，构建村集体与农民群众新的经济联结纽带，重新把碎片化的资源要素整合起来，实现抱团发展、规模经营，走共同富裕之路。

二、如何推进党支部领办合作社

第一，统一思想，让大家愿意干。思想上不破冰，行动上就不能突围。2017 年 4 月，烟台市委组织部下发文件，要求全市党组织把学习借鉴《塘约道路》作为“两学一做”学习教育的内容。但是，在后来的工作推进中，我们遇到了一些难题：一是干部思想解放难。有的同志认为发展新型农村集体经济是走“回头路”；有的同志认为，烟台农民富了，有没有集体经济无关紧要；有的同志认为，很多村集体的山地都承包到户了，发展新型农村集体经济已经“山穷水尽”；有的同志认为，发展新型农村集体经济容易背上沉重债务、导致小官巨贪、损害群众利益等；还有的同志讲，塘约村有个左文学，我们没有那样的能人，出不来那样的村；等等。二是部门资源统筹难。除了组织部门之外，推动农村新型农村集体经济、实现“五大振兴”，涉及许多部门，要实现政策统筹、资金统一使用，需要统筹各部门资源。因此，烟台市委组织部用了半年时间同各部门协调会商，修改 31 稿，共同出台了党支部领办合作社“百村示范”文件。三是基层群众发动难。由于长期集体经济薄弱，过去一些由个人领办的合作社运营不规范，出现经营风险，群众对发展新型农村集体经济有顾虑。

尽管有困难，尽管很多人不理解，但我们坚信，只要方向正确就不怕路远，只要咬定青山不放松，一锤接一锤地敲，就一定能成功。我们逢会必讲合作社，工作会宣讲、讲党课宣讲，一个县（区、市）一个县（区、市）去跟县（区、市）委书记剖析，层层做思想工作。凡是到基层调研，必看党支部领办合作社的现场，必听工作进展。慢慢地，一些县、乡、村党支部书记开始了领办合作社的探索和尝试。思想发动是贯穿推行党支部领办合作社始终的一个重要办法。

第二，选好“头雁”，让支部书记领着干。党支部领办合作社要经营发展好，关键要有一个好班子，特别是要选出一个好书记。提出党支部领办合作社之后半年，正赶上村“两委”换届，我们把这次换届当成了重大机遇，把政治标准作为选好村“两委”干部的第一关，提出了“好人＋能人，才是当家人”的选人标准，坚决防止“强人治村”。我们创造性推行自荐参选，设置了“两委”成员候选人正面清单和“十五个不得”“十五个不宜”的负面清单，在扫黑除恶之前就提前取消了 770 名有黑恶霸痞等不良记录的自荐人资格，第一次实现了所有村党组织、村委会全部换届以及所有村都配备党组织书记“三个百分百”的历史性突破，储备了一批有情怀有担当、能干事不出事的党支部书记。我们高度重视对基层干部的教育培训，2019 年成立了烟台市乡村振兴学院，还设立了村党支部领办合作社发展增量奖，让实干者得实惠。

第三，压实责任，让党委政府推着干。2019 年 4 月底，我们根据调研发现的共性问题，进一步统一思想、凝聚共识、明确思路、加压推进，龙口市、栖霞市召开了千人大会，把会议开到了村一级……通过层层思想发动，各县（市、区）把党支部领办合作社当成抓实农村基层党建的“牛鼻子”，奋勇向前。

第四，由点及面，让典型引路带着干。从推行村党支部领办合作社的开始，我们就坚持试点先行、典型引路，坚决不追求数量，坚决不搞“一刀切”“大呼隆”“摊大饼”。2016 年底到 2017 年初，我们选择集体经济基础好的 11 个村先行试点，2018 年 6 月选择 100 个村开展示范，2019 年把党支部领办合作社作为全市农村基层党建的重点，2020 年巩固提高、全域推进，始终稳扎稳打往前推，一些地方已经出现群众要求党支部成立合作社的局面。

三、党支部领办合作社的核心本质

党支部领办合作社的类型、经营模式可以多种多样，但其核心本质是一样的，那就是，牵头主导者必须是党支部，参与主体必须是组织起来的农民，生产经营必须保证农村土地集体所有制。

第一，坚持党的领导，巩固执政基础是首要原则。党的领导贯穿领办合作社全链条、全过程。在理事长人选上，村党支部书记担任合作社理事长，并明确这是组织行为，而不是个人行为。村党支部书记不再担任该职务时，要主动辞去合作社理事长职务。在经营分配上，要充分体现党支部的决策权，尽管村集体占股可能低于企业或群众占股，但集体占股类似于金股，确保集体股权持有人在特定事项中能够行使决策权和否决权。因为党支部代表群众利益，在发展方向、合作经营、利润分配上，必须充分保障其话语权。

有的同志会有疑问：党支部有没有责任领办合作社？答案是肯定的。

首先，这是加强农村基层党建的必然要求。党支部具有其他组织无法比拟的政治优势和组织优势，其可以转化为强村富民的发展优势，保证合作社发展方向不偏。同时，在这个过程中，党建的影响力会渗透到群众中，从而凝聚群众，党支部的组织力和战斗堡垒作用也就体现出来了。这才是农村基层党建的真正内涵，只有这样才能解决党建与发展“两张皮”的问题。在烟台，党员群众参与党员会、村民代表会的积极性很高。因为大家都知道，村里的事、合作社的事就是自己的事，和自己息息相关，所以他们的热情很高。

其次，这是促进集体意识回归的必然要求。党支部领办合作社能够通过股份合作，重建党支部与群众的经济联结纽带，把集体和群众紧紧连在一起，群众也就增强了对集体的依赖感，这样就改变了群众一盘散沙的局面，可以巩固党在基层的执政基础。

最后，这是党内法规明确规定的。2018 年颁布的《中国共产党支部工作条例（试行）》、2019 年修订的《中国共产党农村基层组织工作条例》、2021 年颁布的《中华人民共和国乡村振兴促进法》等，都明确提出村党支部要带领群众发展新型农村集体经济。村党支部不努力做好这项工作，是失职缺位。

有的同志会质疑，党支部作为一个政治组织，有没有资格领办合作社？答案也是肯定的。

我们讲的是“领办”，而不是“创办”。村党支部本身不是法人，确实不能直接成为农民专业合作社的成员。但是根据《中华人民共和国民法典》规定，集体经济组织是特别法人，可以做农民专业合作社成员。村集体经济组织代表村集体注册成立农民专业合作社，然后组织群众和外来资本入股，就类似改革了的国企。国企即使改革了，是不是党委会决策前置呢？是不是由党委书记兼任董事长呢？党支部领办合作社同样是这样，村党支部书记兼任理事长，“两委”成员与合作社理事会、监事会成员双向进入、交叉任职，全部参与合作社事务，各领其责、各司其职，从法理上完全讲得通。

有的同志会疑惑，党支部领办合作社和村党支部书记个人领办有什么不同？我们认为，一般来说，党支部领办合作社要通过村党支部书记担任合作社理事长来实现，但是反过来不成立。村党支部书记担任理事长的合作社，不一定就是党支部领办合作社。

过去，一些村党支部书记因为本人懂经营、会管理，牵头成立了合作社，这也是政策允许的。但是，这类合作社属于一般意义上的农民专业合作社，不是我们所倡导的党支部领办合作社。这类合作社虽然对农村发展也有积极作用，但本质上是村党支部书记以普通村民身份自发领办的，而不是以党支部书记的身份从事的职务行为。这种领办行为与村党支部、村集体和发展壮大新型农村集体经济没有直接关系，与其是否担任村党支部书记这一职务也没有关系，当不当村党支部书记都可以领办。而我们倡导的党支部领办合作社，虽然形式上也表现为村党支部书记担任理事长，但在这种情况下，村党支部书记的行为不是个人行为，而是职务行为。这种合作社也比一般的合作社有更严格的要求、更丰富的内涵。具体地说，党支部领办合作社，需要具备三个基本要件：

一是集体占金股。党支部领办合作社的出发点，是把群众重新组织起来，发展新型农村集体经济，实现共同富裕和乡村全面振兴，是群众利益和村集体利益“两个利益”一起要。这一发展方向决定了党支部领办合作社“姓公不姓私”。在其股权设置中，集体资产资金资源必然入股，并且尽量占大股，最低也不能低于 10%。而且集体股是金股，以确保集体股权持有人在特定事项中，能够行使决策权和否决权，从而有效防止侵占农民利益等风险。而党支部书记以个人名义领办的合作社，普遍的做法是村集体不参股。

二是弱者保入股。烟台市委组织部制定了关于党支部领办合作社的指导意见，明确规定单个成员持股比例不超过 20%，意在避免大户垄断形成“精英社”。同时，通过土地置换、集体赠股、设置公益岗等方式，把老弱病残、贫困户吸收到合作社，改变贫困户“等人送小康”的脱贫心态，变“输血式”扶贫为“造血式”致富，实现“稳定脱贫”。从这个角度讲，党支部领办合作社兼顾了经济效益、政治效益和社会效益。而党支部书记个人领办的合作社，在制度上并不承担带动弱者共同富裕的责任，仅对已经入社的群众负责，没有发动贫困群众入社的义务和动力，政治效益和社会效益远远不如党支部领办的合作社。

三是党支部抓分配。党支部领办合作社由党支部主导制定合作社章程，确定分配原则，一般在扣除10%左右的公积金、公益金后，剩余部分全部按股分红给群众和村集体，让群众享受到全产业链增值收益，实现群众利益最大化。只有这样，群众才会铭记党的恩情，凝聚在党支部周围，而不是对单个人感恩戴德，这也是为什么组织部门要大力推行党支部领办合作社的一个重要原因。而村党支部书记个人领办的合作社，无论他是否担任村党支部书记，都是以个体社员身份出现的，体现不了村党支部促进新型农村集体经济发展和共同富裕的职能。

还有些同志可能会觉得，党支部领办合作社是不是前些年很多地方讲的“党支部 + 合作社”呢？答案是否定的。

“党支部 + 合作社”其实是“党支部建在合作社上”，是先有群众自发的合作社，再“把支部建在合作社里，建组织扩覆盖”，至于合作社的盈亏，和村集体没有关系。但是，党支部领办合作社与前者不同，是让党支部走上经济发展前台，通过经济手段和利益联结，重建集体与群众的经济利益共同体。党支部统领合作社的一切工作，既管党建又管发展，党建全面融入产业发展、集体增收和农民共同富裕之中，党支部靠经济纽带把群众紧紧凝聚在一起。所以，同“党支部 + 合作社”相比，党支部领办合作社更能体现党管一切的原则，可以更有效地加强基层党建，把群众组织起来，实现强村与富民的双赢。

综上所述，党支部领办合作社符合社会主义本质要求、符合习近平总书记对乡村振兴的要求、符合农村实际、符合法律规定，是中国农村发展的方向。我们有这样的自信，所以下决心不遗余力地去推动。

第二，重新组织群众，实现共同富裕是关键。党支部领办合作社不是由村党支部书记带头注册一个合作社就行了，而是必须把群众组织起来，让群众成为主体。这个集体化不仅仅是资产资源“物”的集体化，更重要的是“人”的集体化。为了保障群众利益，我们在股权设置上明确规定，村集体持股比例不低于 10%，单个成员持股比例不超过 20%。同时，通过土地置换、集体赠股、设置公益岗等方式，把老弱病残、贫困户吸收到合作社。比如，牟平区的埠西头村，党支部领办合作社赠送每户贫困户 1 股，每年从公益金中提取部分资金定向扶贫。同时，设立扶贫工作岗，按男工 120 元 / 天、女工 100 元 / 天的标准发放工资，贫困户每年务工收入人均 1 万元以上。

有的同志会质疑，党支部领办合作社把群众组织起来，走集体化道路，这是不是回归公社化、走回头路呢？实际上，这二者是截然不同的。

新中国成立 70 多年来，农村经历了两次重大变革：第一次是 20 世纪 50 年代开始的合作化运动，这是对延续几千年的小农经济进行的一场伟大变革。第二次是 20 世纪 80 年代实行家庭联产承包责任制。人民公社后期，“统得过死”的问题日益显现，实行“分”的改革后，短时间内激发了农村的活力。这两次变革都是基于当时的历史条件作出的必然选择，都在当时发挥过巨大的作用。

站在新时代的节点回头看，集体化能够集中力量办大事，包产到户可以激发个人的潜能。而今天深化农村改革，应该综合历史经验开创一条新路，结合两种生产方式的优点，既通过组织起来发挥集中力量办大事的优势，又通过股份合作调动入社群众的积极性，还通过引导社会资本参与，加快城乡一体化进程。党支部牵头把各方力量整合在一起，这正是党支部领办合作社的优势所在。而且，现在办的合作社既按劳分配，又股权清晰。它是对过去人民公社的螺旋式的上升，而不是简单的回归，更不是走回头路。

邓小平同志早就提出过“两个飞跃”思想，认为长远来看农村还是要走集体化道路。1995 年 3 月，江泽民同志在江西考察农业农村工作时，进一步阐述了“两个飞跃”思想，指出要“逐步走上集约化、集体化道路”。农村改革在推进过程中，有些集体经济基础比较扎实的地方，继续实行集体统一经营，改革原来的平均主义分配办法，逐渐向高水平的集体化前进，它们的做法也是符合中央“宜统则统、宜分则分”精神的。

有的同志可能会觉得，其他主体领办合作社也能促进产业发展，为什么非得党支部来领办呢?

对于各类市场主体和社会资本下乡、参与乡村振兴，我们热烈欢迎。2020 年 3 月，我们举办了党支部领办合作社线上招商推介会，当场签约 15 亿元的投资。但是，我们有一个基本态度：乡村振兴的主体是村集体和农民，在发展过程中，农民不能成为配角。从以往的实践来看，在一些社会资本领办的合作社中，农民只能获得土地流转基本金，好一点的村农民有些务工收入，但不能参与项目发展“分红”。不能得到最大实惠，村集体收入也难以得到有效保障。习近平总书记强调，关键是完善利益联结机制，不能富了老板、丢了老乡，要让农民合理分享全产业链增值收益。只有党支部领办合作社才能实现这个要求，也只有党支部才能落实好农村土地集体所有制、贯彻以农民为主体的农业发展思维，把习近平总书记这一要求落到实处。再者，集体经济是有公有私、公私兼顾的经济，不以赢利为首要和唯一目的；集体经济又是范围经济，就是为本地有明确边界范围内的成员谋利益。这不仅包括经济利益，还有社会、文化和政治利益，这些是社会资本无法做到的。有些地方乡村振兴的发力点全部用在农业产业化上，尽管短期内取得了巨大的经济效益，但群众没有组织起来，没有体现政治效益，党组织的政治功能和组织力没有得到提升，说到底这种“物本主义”和以人民为中心的发展思想是不符的。

第三，坚持土地集体所有制，防止土地私有化是底线。农村土地集体所有制，这是坚持农村基本经营制度的“魂”。公有制是社会主义制度的基础和根本特征，是实现最广大人民共同富裕的根本保障。一旦动摇和颠覆了农村土地集体所有制，农村改革必将偏离方向，犯颠覆性错误。

在推进党支部领办合作社中，具体方法可能各种各样，但对这几条根本的原则不能突破，不管什么类型的合作社都要拿这三个标准衡量，符合这几个标准才可以创新。

四、党支部领办合作社取得的成效

通过党支部领办合作社，党支部的政治功能、合作社的平台功能、群众的能动性等要素有机融合在一起，一招破题、全盘皆活。

第一，强化了党对农村工作的全面领导。村党支部从经济发展的“后台”走向“前台”，由推着群众干到领着群众干，开展工作有了抓手、服务群众有了实力，群众对党支部有了信赖，实现了从“百呼不应”到“一呼百应”的转变。党支部领办合作社是一项系统工程，抓住了它，就抓住了农村党建的“牛鼻子”。以脱贫攻坚为例，党支部领办合作社抓住了扶贫的根本，不是给钱给物的“一时脱贫”，而是靠发展产业、靠股份合作，把老弱病残联结起来。比如，招远市大户陈家流转周边 13 个村 1.2 万亩土地，辐射带动周边 1000 多名村民就业。

第二，锤炼了一批“狮子型”村干部。我经常讲一个变化，就是城市社区的书记一般都善于沟通表达，去调研时他们会拉着你看这看那，而村党支部书记一般都不太会表达，问一句说一句，甚至经常是乡镇书记替他们回答。现在，党支部领办合作社的书记个个劲头十足，自信满满，再到村里去也是拉着你不让你走，看了这个项目，还得拉你去看别的项目。这种局面在两年之前是没有的。很多过去默默无闻的村党支部书记，在上级引导指导下，找到了强村富民之路；在带领党员群众战天斗地、干事创业的过程中，他们得到了历练，得到了群众的认可。就像战争年代很多目不识丁的普通农民加入了革命队伍，最终成长为师长军长一样，任何一个好的带头人都不是从天上掉下来的，而是靠党组织发现、培养、教育、锻炼造就的，是在游泳中学会游泳、在斗争中学会斗争的。这些事实告诉我们，不是有了一个好书记才能办起一个合作社，而是在办合作社的过程中，可以锤炼出一批好书记！

第三，蹚出了一条强村富民的共赢之路。党支部领办合作社将村庄过去闲散的资源活起来、分散的资金聚起来，重新优化组合，统一经营支配，既唤醒了沉睡的资源，提高了资源的利用率，也改变了过去拼资源、拼消耗的传统种植方式，运用物联应用、大数据等先进技术，实现了农业的新旧动能转化。从产业发展看，我们将党支部领办合作社与苹果产业高质量发展相结合，农产品有了规模优势、品质保证，提高了市场竞争力和话语权。从集体收益看，全市通过领办合作社流转土地 33 万亩，连片平整后新增集体用地 3.2 万亩，即使村集体没有资金和固定资产的投入，这些新增土地作为集体股份入股合作社，也能为集体带来不菲的收入。比如，烟台市福山区南庄村整合过去闲散的近 500 亩土地，建设了 22 个生态农业大棚，发展大樱桃种植，2019 年集体增收 200 万元。对群众而言，加入合作社既有土地流转的保底收入，也有入社之后规模经营带来的支出相应减少；既有入股分红增加收入，也有入社务工增加收入；等等，这有效解决了农民以地养老的问题。

第四，带出了一支感党恩跟党走的群众队伍。在党支部领办的合作社，一家一户的收益和集体收益绑在一起，党支部掌握着分红主动权，群众对集体也有了依赖。比如，栖霞市北洛汤村在领办合作社后，建了铭恩大食堂，村里的老人高兴地说："村里的小年轻干得好！说到底还是共产党好啊！"莱阳市西石河头村，以前干旱时群众浇地都是抢水，现在建起了集体示范园，群众在抱团发展中增强了集体观念，都发扬风格先让浇集体的地。

第五，乡村治理更加有序。党支部领办合作社培养了一批懂政策、善经营、会管理的农村干部，吸引了大批外出务工人才返乡创业，促进乡村人才振兴。村集体有了收入，建广场、办晚会、改善基础设施、推进美丽乡村建设，村容村貌和群众精神面貌焕然一新。

在推进党支部领办合作社的同时，我们还同步推进了创建党建引领乡村振兴融合发展区。合作社是村内的小联合，融合发展区是村与村的大联合。根据地域相邻、产业相近、治理相融、人员相亲的原则，按照辐射 2—3 公里的半径和 1000 户到 3000 户居民设立融合发展区，大村带小村、强村带弱村，整合各种资源，实现基层党建、公共服务、集体经济、社会治理同频共振，联动发展。2020 年，我们融合的发展区将覆盖 40% 左右的村。乡镇干部和 90 多项公共服务项目下沉到发展区，统一建卫生室、幼儿园、银行网点等。习近平总书记强调："推进城镇化不一定都要连成片，可以跨出去，搞串联式、卫星城式的发展。"① 党支部领办合作社和党建融合发展区，让农民在世代居住的乡村完成了生产方式、生活方式、权利权益等的城镇化、现代化的转型，不仅没有占用高产农田，而且还通过一定区域的成方连片，整合了沟沟坎坎，增加了集体土地。

烟台是全国第一个在整个地市范围内重新组织起来、发展壮大新型

① 中共中央文献研究室编:《十八大以来重要文献选编》上，中央文献出版社 2014 年版，第 596 页。

农村集体经济的地方，这是具有开创意义的。多年来，我们的步子稳扎稳打、成效实实在在。尤其是在2020年新冠肺炎疫情暴发后，习近平总书记多次强调要走好农业合作化道路，说明这件事我们做对了。很多人评价说，党支部领办合作社是新时代的政治经济学，其对乡村振兴的意义不亚于小岗村对改革开放的意义。我多次应邀到中组部组干学院和高校介绍情况，《人民日报》等各大媒体都给予了关注。目前，全国各地已有21个省份500余批次党员干部来烟考察学习，吉林省正在全省推广，贵州省毕节市2019年也开始推广党支部领办集体合作社。烟台探索渐渐走向了全国，正由星星之火形成燎原之势。

五、党支部领办合作社的未来

党支部领办合作社已经取得了明显成效，但这仅是开始。下一步还要扩大党支部领办合作社的内涵。

第一，在横向上，主要是打造生产、供销、信用“三位一体”的综合合作社。

所谓“供销合作”，是指农业生产资料、生活资料的购买和农产品的流通、销售，把流通销售环节的利润，尽最大可能留给农村农民，让他们尽可能多地分享涉农全产业链增值收益。

所谓“信用合作”，是指资金互助、保险互助、融资担保等金融的支撑。乡村发展的一大瓶颈就是资金，农村发展需要资金。单个农户规模小、风险大，且不说银行不愿意贷款给农户，就算愿意，农户也需要支付大量的利息。于是就形成了这样的循环：农民在银行存钱，银行给农民少量利息；银行给农民放贷，农民给银行支付高额的利息。大量农民的存款事实上进入了城市和企业，并没有留给农村。如果建立了农民金融互助组织，农民的钱直接用于集体生产，省去中间环节，不仅能大大缓解资金的困难，其中的金融利润也就留在了农民手里。这是以人民为中心的发展思想的具体体现。

中共中央党校的徐祥临教授曾经调查过几百个中等偏下的县，这类县市的乡镇中，存贷比超过 20% 的都很少。一个 3 万到 4 万人口的乡镇，金融机构（主要是信用社和邮政储蓄银行）的存款余额达到 5 亿元很正常，但其贷款余额通常不超过 1 亿元。国内外大量的经验数据表明，在以农业为主的农村，存贷比达到 50% 左右即可全面覆盖农户的生产生活资金需求。所以，农村并不缺资金，问题在于资金没有在农村内部形成流动，缺少的是把大量闲置资金用于支持农村发展的体制机制。

要解决这个问题，就必须依托合作社搞资金互助。合作社是最了解每户农民的，是有手段控制风险的。只有把农村的产业体系特别是供应链体系建立起来，资金互助在供应链体系上才能建立一套有效的风险防范机制，也便于运用大数据等一系列的手段防范风险。这样的合作社，就可以建构起“种养加销全产业链”，真正实现农民合作社全要素的合作，实现一、二、三产业融合发展，不仅可以为农民带来生产性收入、经营性收入，还可以为农民带来财产性收入，能够大大拓宽农民的增收渠道。

金融合作是发展新型农村集体经济的必要手段。毛泽东同志在《湖南农民运动考察报告》中就提到，建立农会组织的合作经济；他在延安时期写的《组织起来》一文也提到办信用合作社。这些信用合作社是由习仲勋同志亲自抓、亲自办的，办得很成功。“三位一体”合作社是习近平新时代中国特色社会主义思想的重要组成部分。2006 年 1 月 8 日，习近平同志在浙江省农村工作会议上，第一次提出要积极探索建立农民专业合作、供销合作、信用合作的“三位一体”的农村新型合作体系。应该说，一个 2000 人的村，如果在党支部领导下办起综合性农民合作社，开展金融等为农户服务的项目，那么一年获得几十万元集体收入是完全可以做到的。

第二，在纵向上，就是提高合作的层次、扩大合作的规模。

在乡镇和融合发展区一级，要大力推行建联合社，解决村级合作社办不了、办不好的事。可以把产品相近的合作社联合在一起，统一产品标准，统一对接市场；也可以由政府搭建公益性平台，吸收各村合作社加入，抱团对接资本。这种做法已在烟台起步，但是还可以做得更大，甚至县一级、市一级都可以建联合社。把带领群众进入市场的责任全部都交给村党支部书记，他们渐渐会比较吃力，难以承受，只有在更大范围内联合起来，形成航母效应，才能更稳固发展。

县域要统筹规划布局、产业发展、政策资金、土地利用，尤其是公共服务，建设很多小的经济中心、生活中心，让农民就地成为职工，通过"在地工业化""在地服务业化"，实现"在地城镇化"，进而实现城市与农村同步发展，而不是盲目鼓励农民进城。

1960年，毛泽东同志在读苏联《政治经济学教科书》时就提出："如果让减少下来的农业人口，都拥到城市里来，使城市人口过分膨胀，那就不好……要防止这一点，就要使农村的生活水平和城市的生活水平大致一样，或者还好一些。"[①] 习近平总书记多次指出，"城镇化要发展，农业现代化和新农村建设也要发展，同步发展才能相得益彰"[②]，"目前，我国超大城市（城区常住人口1000万人以上）和特大城市（城区常住人口500万人以上）人口密度总体偏高……长期来看，全国城市都要根据实际合理控制人口密度，大城市人口平均密度要有控制标准"[③]。毛泽东同志和习近平总书记的这些思想很有前瞻性，我们必须认真贯彻。

当城市招商引资、批地建房越来越难的时候，不妨把眼光投向农村。

①《毛泽东文集》第8卷，人民出版社1996年版，第128页。
② 习近平：《农村绝不能成为荒芜的农村》，新华网2013年7月23日。
③ 习近平：《国家中长期经济社会发展战略若干重大问题》，《求是》2020年10月31日。

农村有巨大的自然资源、广阔的绿水青山、大量的潜在人口，如果能够构建“三位一体”的农业综合合作体系，就能把这些资源充分整合起来，吸引城市过剩的资金、产能、人口下乡，再建设一个和城市一样繁荣美丽的新农村。

农民收入提高了，农村资产升值了，城市的第二产业、第三产业就有更广阔的市场，这就实现了以国内大循环为主体、国内国际双循环相互促进新发展格局。相反，如果再不把乡村组织起来，不仅影响共同富裕，而且城市的产能过剩风险、企业经营风险、失业风险、稳定风险都会增大。这一正一反说明，不能把乡村振兴仅仅当成一个“补短板”的问题，而是要将其作为经济增长的最大动力。

六、几点感受

烟台市党支部领办合作社已经蓬勃发展。回首一路走过的艰辛，百感交集。最深切的体会有以下三点：

第一，只有理论清醒，才有道路坚定。

推行党支部领办合作社，是经过深思熟虑的。习近平总书记一再强调，农村要走组织化的市场化道路。党支部领办合作社这条道路虽然艰难，但符合习近平新时代中国特色社会主义思想。一件事只有在理论上想清楚，而不是人云亦云地跟风跑，才能在实践中增强前瞻性和坚定性，才能保持正确的方向。我们遇到任何问题、做任何探索创新，都是在习近平新时代中国特色社会主义思想的指引下开展，所以才能方向正确，推动有效。

第二，只有实事求是，才能稳步推进。

推行党支部领办合作社，在一个村好办，打造一个点好办，但是如何在一个区域内复制推广，确实要讲究方式方法。我们的体会是：

一是要坚持小“切口”入手，解决大问题。从组织部门抓农村基层党建的职责入手，从发展壮大新型农村集体经济的角度入手，以小的“切口”推动了农村体制机制的变革，又避免了大的震动和不必要的争论。

二是要坚持因地制宜，不搞“一刀切”。合作社具体的组建方法、入股方式和经营模式，各有各的探索，各有各的长处，只要是坚持党支部领办，只要是坚持合作社性质，就尊重基层的首创精神，鼓励基层立足本地实际，积极探索，保障这项工作得以快速地推开。

三是要坚持示范带动，不搞“大呼隆”。党支部领办合作社要坚持质量优先，不定指标、不搞突击，要成熟一个、发展一个，不做夹生饭。我们主要精力放在解开思想疙瘩、培育典型上，让事实说话，让更多的群众看到好处、尝到甜头，然后他们就会主动学习，自主发展。

四是要坚持群众自愿，不搞强迫命令。群众入不入合作社，必须由群众自己说了算。在具体工作中，采取多种多样的方式，帮群众算对比账、长远账，但是绝不设定百分比等数量指标，让每一个入社群众都是自觉自愿的。

五是要坚持从严管理，不搞“萝卜快了不洗泥”。对成立的合作社逐个审核把关，起步时就从章程、民主管理、股金管理、财务管理、收益分配等方面进行规范，指导村党支部依章办社、依章办事，确保村党支部干成事、不出事。

六是要坚持全面统筹，不搞“单兵突进”。合作社要最大限度地整合资源、凝聚资源，就要保障这项工作后劲充足。比如，加强资金扶持保障，组建专家顾问团，推动人才上山下乡。我们组织编写了《组织起来的力量：烟台市村党支部领办合作社强村富民 50 例》《烟台市村党支部领办合作社操作实务 30 问》，在媒体开设专栏，树立赶超样板。

第三，只有不怕牺牲，才能勇于担当。

党支部领办合作社是新生事物，人们对它的观点分歧很大。甚至在很多人心里，是不是还要集体经济，都是打了问号的。放眼全国，自上而下地在一个地级市搞合作社，其他地方没有先例，没有成功经验可资借鉴。面对这些顾虑，我们全力以赴，义无反顾，向前推进。在这个过程中，烟台市委组织部和全市组织系统干部团结一心，展现了很强的执行力。很多省领导来烟台调研并给予批示认可，省委组织部联合十几个部门在全省推广，很多著名学者到烟台调研指导，把烟台作为一种现象来研究。

最让我感动的是基层的党支部书记和普通群众，给了我毫无保留的拥护和鼓励，他们的笑脸和热情，让我觉得一切压力和委屈都是值得的。这些村党支部书记虽然文化程度不高，但这两年他们干事激情四射，豪情无以言表，一个个都成了诗人，微信朋友圈里经常看到他们从心里迸发出来的一首首诗。正如莱州市田家村杨春华写的："有一条路人烟稀少、孤独难行，却是不得不坚持前行，因为在它的尽头种着的是期待和梦想。"

这条路是党支部领办合作社的路，是把群众组织起来，推动乡村全面振兴的路。虽然现在这条路还有阻碍、有困难，但是烟台的实践已经初步证明，这是一条正确的路。鲁迅先生说，这世上本没有路，走的人多了也便成了路。幸运的是，我们的同路人现在越来越多。相信总有一天，中国广大农村一定能一起走上中国特色社会主义乡村振兴的康庄大路。

（本文是作者2020年11月在清华大学国情研究院"党建引领乡村共同富裕"研讨会上的发言）

用马克思主义城乡观谋划乡村振兴

全面推进乡村振兴，加快农业农村现代化，是一个关系全局的重大问题。当前，乡村振兴的重要性已经成为共识，但走什么样的乡村振兴道路、如何推进乡村振兴、如何看待乡村振兴和新型城镇化的关系，还有大量理论和实践的问题有待回答。我们党是高度重视理论建设和理论指导的党，是重视吸取历史经验的党。马克思主义特别是习近平新时代中国特色社会主义思想，从哲学、历史等理论的高度，揭示了城乡分化的本质，分析了资本主义城市和农村的异化现象，指出了社会主义国家如何处理工农、城乡等重大关系，回答了社会主义乡村振兴的基本特征和路径。这些重要理论成果，是坚持乡村振兴正确方向的根本遵循，是谋划乡村振兴必须掌握的“桥”和“船”。

一、马克思主义关于城乡分化的根源的认识

乡村振兴直接要面对的问题就是城乡分化。人类社会的城市已经有9000多年的历史，城乡分化是一个古老的现象。但近代以来的社会主义运动，给予城乡分化特别的关注。不少空想社会主义著作，都有批判资本主义城市、设想那种田园牧歌般乡村生活的情节。这些朴素的观点已经正确地指出：近代形成的城乡分化不仅是一种自然现象，而且是社会现象和历史现象，因此必须透过现象看本质。西方经济学主要从城市和农村的自然禀赋、产业结构、地理空间等因素来分析城乡分化，而马克

思主义运用政治经济学方法，从生产力和生产关系矛盾的本质，揭示了城乡分化的根源。

第一，城市不是从来就有的，而是社会生产力发展到一定阶段的产物。马克思、恩格斯认为，近代城市的形成既是资本主义发展的结果，也是资本主义发展的动力。一方面，城市形成的动力在于社会分工和近代大工业生产的出现，“一切发达的、以商品交换为中介的分工的基础，都是城乡的分离”[①]，“一个民族内部的分工，首先引起工商业劳动同农业劳动的分离，从而也引起城乡的分离和城乡利益的对立”[②]；另一方面，城市一旦产生之后，资本就可以不再像过去那样依赖土地，这就为资本集中和资本运动创造了重要前提，资本又引发各种生产要素特别是劳动力聚集，大大扩大了市场交换的范围，促进生产力发展。“城市已经表明了人口、生产工具、资本、享受和需求的集中”[③]，“这一切都是这样雄伟，这样壮丽，简直令人陶醉”[④]。

第二，资本主义不仅无法消灭城乡对立，反而使这种对立日益尖锐化。马克思、恩格斯在承认城市进步意义的同时，并没有把城镇化绝对化、神圣化，而是一分为二地指出，在资本主义条件下，由于资本集中在城市，而劳动力和原材料主要来自农村，人口和资源不断向城市集中，乡村的发展空间一再遭到挤压，城乡差距日益扩大、形成对立。他们指出，“城市已经表明了人口、生产工具、资本、享受和需求的集中这个事实；而在乡村则是完全相反的情况：隔绝和分散”[⑤]，资产阶级“使人口密集起来，使生产资料集中起来，使财产聚集在少数人的手里”[⑥]。因此，农村人口成为城市“产业后备军”的来源，农业资本家也把农业工

①《马克思恩格斯文集》第 5 卷，人民出版社 2009 年版，第 408 页。
②《马克思恩格斯文集》第 1 卷，人民出版社 2009 年版，第 520 页。
③ 同上书，第 556 页。
④《马克思恩格斯全集》第 2 卷，人民出版社 1957 年版，第 303 页。
⑤《马克思恩格斯选集》第 1 卷，人民出版社 1995 年版，第 104 页。
⑥《马克思恩格斯文集》第 2 卷，人民出版社 2009 年版，第 36 页。

人的工资压低到最低限度。同时，城乡产业分工和差距拉大，导致农村人口精神生活匮乏，与世隔绝。

第三，社会主义发展的趋势是缩小城乡差距和城乡融合发展。缩小城乡差距，是马克思、恩格斯对未来社会主义设想的重要内容。马克思预见道："城乡关系的面貌一改变，整个社会的面貌也跟着改变。"[①]恩格斯提出了"城乡融合"和"大工业在全国尽可能平衡的分布"的远景，指出未来人类社会的组织形式是"由社会全体成员组成的共同联合体来共同地和有计划地利用生产力……通过消除旧的分工，通过产业教育、变换工种、所有人共同享受大家创造出来的福利，通过城乡的融合，使社会全体成员的才能得到全面发展"[②]，"将把城市和农村生活方式的优点结合起来，避免二者的片面性和缺点"[③]。列宁和斯大林也都在其晚年的重要著作中，提出了缩小城乡差距的设想。中国共产党成立后，把缩小城乡差别作为实现共同富裕的重要内容。1953 年中共中央作出的《关于发展农业生产合作社的决议》指出："逐步克服工业和农业这两个经济部门发展不相适应的矛盾，并使农民能够逐步完全摆脱贫困的状况而取得共同富裕和普遍繁荣的生活。"党领导人民对缩小城乡差别进行了长期探索。

习近平新时代中国特色社会主义思想是当代中国的马克思主义，习近平总书记高度重视城乡融合发展，提出"如何处理好工农关系、城乡关系，在一定程度上决定着现代化的成败"；"不管工业化、城镇化进展到哪一步，城乡将长期共生并存"；"加快建立健全城乡融合发展体制机制和政策体系"[④]等重要论述。

---

①《马克思恩格斯全集》第 4 卷，人民出版社 1958 年版，第 159 页。

②《马克思恩格斯选集》第 1 卷，人民出版社 2012 年版，第 308—309 页。

③ 同上书，第 305 页。

④ 习近平：《把乡村振兴战略作为新时代"三农"工作总抓手》，《求是》2019 年第 11 期。

这些重要论述启示我们，城乡对立不仅是由自然原因造成的，还是由生产关系和发展方式造成的。在社会主义初级阶段，会有一个发挥城市化带动作用，同时出现一定程度城乡差别的阶段，但这个阶段不是永恒的。随着生产力的发展和社会主义制度的完善，城乡差别会逐步缩小以至于消失。导致我国城乡二元结构的主要原因，除了自然、地理、产业等方面之外，还要从体制机制上找原因。从一定程度上说，城乡差距是经济发展导致资本集中到城市的必然结果，是市场自发调节盲目性和滞后性在城乡关系中的体现。既然找到了这个根源，就要坚定“社会主义一定能够缩小城乡差别”的信心，坚信只有通过发挥社会主义的制度优势，才能缩小城乡差距。在具体政策中，我们既要解决生产力的问题，对农村加大资金、技术、产业方面的投入，也要解决生产关系的问题，在党的领导下把农民组织起来，扭转那种单纯把农村作为城市化、工业化的资源的思路，充分挖掘乡村振兴的内生动力，让农民群众成为发展的主体，改变资源向城市过度集中、导致城乡分化的体制机制。

二、中国必须走不同于西方的城市化道路和乡村振兴道路

近代以来，一些西方发达国家经历了一个城乡差距先扩大、再缩小的过程。那么，是不是我们也可以模仿西方的城镇化和乡村发展道路，等城乡差距扩大之后再自然缩小呢？不可以。对此，习近平总书记说得非常明确。他在谈到城镇化时指出，新型城镇化建设，要以人的城镇化为核心。在谈到乡村振兴时，他指出我们要走中国特色社会主义乡村振兴道路。这两个重要表述都说明，既然中国的现代化都没有照搬西方的发展道路，中国的城市化和农村现代化也不能照搬西方的道路。

第一，要走以人为核心的新型城镇化道路，而不能走西方“物的城市化”“资本的城市化”道路。马克思、恩格斯认为，城市和乡村各

有其功能，城乡分割的状态使二者的功能都得不到有效发挥，使城乡环境严重破坏。他们分析过资本主义城市化带来的失业、童工、住房、传染病、环境污染等问题，恩格斯在调查了英国工人阶级的生活状况后指出："一切能使空气变得更坏的东西都聚集在那里了……在这种情况下，这个最贫穷的阶级怎么能够健康而长寿呢？"[①] 一些西方马克思主义者认为，资本主义城市一方面是为了让劳动力集聚，降低企业的成本；另一方面是为了制造出住房、交通、消费等新的需求，甚至把城市的空间也变成了特殊的商品，发展城市化是为了给生产领域过剩的资本投资寻找出路，城市化的目标是追求经济利润的最大化，而不是满足人民群众对宜居、舒适、环保、公共服务均等化的追求。如美国学者马修·德斯蒙德的著作《扫地出门：美国城市的贫穷与暴力》通过 8 个贫困家庭的遭遇，揭示了美国城市的贫民窟问题，高昂的住房、医疗费用和卫生危机、失业等困境，带来大量突破社会底线的行为。作者指出："一旦必需品成为利润的源泉，对利润的追逐就难免沦为'要命'的肉搏。"归根结底，西方城市问题的总病根，在于资本主义经济的固有矛盾。

某些发展中国家的教训更进一步说明，模仿西方城镇化"单兵突进"的发展中国家无一例外地遭遇了重大社会问题。如人口超过 1 亿的发展中大国印度、墨西哥、巴西等，都遭遇了农村贫困人口转移导致的动乱、大型贫民窟、黑社会等问题。我国农村的转移人口，比这些国家的人口总和还要多，但总体保持了社会稳定，原因有两个：一是强调城市化和农村现代化协调推进，二是坚持了农村基本经济制度长期稳定不变。同时，我们也要看到，我国在一定程度上也存在着城镇化和农村现代化不平衡的现象，城市里各种社会问题也在集聚，如城乡接合部问题、农民工家庭问题、流动人口刑事犯罪问题等。如果不抓紧推进乡村振兴，不

---

①《马克思恩格斯全集》第 2 卷，人民出版社 1957 年版，第 381—382 页。

走新型城镇化道路，仅仅靠社会治安治理是难以解决这些问题的。更何况，西方的城镇化道路是不符合共同富裕要求的：在城市内部，少数人富可敌国，但是也有广大的贫民区、贫民窟。我国总体的人口密度远远高于欧美发达国家，如果走西方的城镇化道路，有限的生态空间就难以满足全体人民共同富裕的要求。

所以，我们要走的城镇化道路是以人为核心的新型城镇化，不同于西方那种以物为本、以资本为中心的城镇化道路，基本要求是“四个更加”，即更加注重提高户籍人口城镇化率、更加注重城乡基本公共服务均等化、更加注重环境宜居和历史文脉传承、更加注重提升人民群众获得感和幸福感。习近平总书记指出：“城镇化是一个自然历史过程……我们必须从我国社会主义初级阶段基本国情出发，遵循规律，因势利导，使之成为一个顺势而为、水到渠成的发展过程。”[①] 这实际上批评了一些地方盲目大拆大建、大造新城、逼农民上楼、让市民成流民、让农民“住上楼万事愁”、乱举债“摊大饼”等问题。而要走好这种新型城镇化道路，就必须把城镇化和农村现代化统筹考虑、协调推进。因此，走新型城镇化道路，同实现乡村振兴，是相辅相成、互为前提的。

第二，要走中国特色社会主义乡村振兴道路，而不是西方那种扩大城乡差距的道路。习近平总书记多次强调要走中国特色社会主义乡村振兴道路。中国特色社会主义是社会主义，而不是其他的主义。中国特色社会主义的乡村振兴，同样是区别于西方资本主义农村发展方式的一种新的道路。既要学习美国、欧洲发达国家在规模化经营、农业技术进步、环境保护等方面的经验，也要吸取一些发展中国家实施土地私有化带来城乡差距、土地兼并、农业衰落的教训。那么，中国特色社会主义乡村振兴道路的特征有哪些？ 2017 年起，山东省烟台市创造性地施行党支

① 中共中央文献研究室编:《十八大以来重要文献选编》上，中央文献出版社 2014 年版，第 590—591 页。

部领办合作社，在基层党组织领导下把农村重新组织起来，发展壮大新型农村集体经济。我们在实践中体会到，中国特色社会主义乡村振兴道路有 4 个基本特征：

一是必须突出党的领导这个核心。习近平总书记指出：“中国特色现代国有企业制度，‘特’就特在把党的领导融入公司治理各环节，把企业党组织内嵌到公司治理结构之中。”发展壮大新型农村集体经济，必须把党的领导融入集体经济组织各环节，把党组织嵌入合作社治理结构之中。

二是必须突出公有制和社会主义市场经济的融合。以公有制为主体是中国特色社会主义的重要特征，是实现广大人民共同富裕的根本保障。如果实行土地私有制，不仅违反党的初心、愧对牺牲的革命烈士，同时也会导致农村两极分化、大量人口失去土地、市场范围受限，造成巨大的经济和社会风险。党支部领办合作社，发展新型集体经济，既发挥了集中力量办大事的制度优势，也通过明确的股权设置激发了群众的内生动力。

三是必须突出农村人民群众的主体地位。农业合作化不仅仅是资产资源“物”的合作化，更重要的是“人”的合作化，通过共同劳动解放生产力、共同分享发展的成果。同其他类型的合作社相比，党支部领办合作社更加强调以劳动联合为主、以资本联合为辅，最大限度地吸收群众以劳动力入股，发挥群众在管理和分配中的主体作用。在社会主义条件下，通过党的领导，以劳动为纽带把农民组织起来，更有利于盘活农村各种资源，把潜在的经济发展动力变成现实，避免出现一些其他发展中国家那种城市掏空农村、导致巨大社会问题。

四是必须突出共同富裕这个取向。这是我们和西方乡村发展的重要区别。资本主义国家农村也可以实现繁荣，但无法解决贫富差距问题（少数西方发达国家可以实现乡村繁荣，主要是由于人口基数小，加上其在全球分工中处于优势地位，可以让城市反哺农村，但大多数发展中国家无法走这条路）。我们的乡村振兴，不管是能人还是老弱病残，都要过上幸福生活、全面发展，一个也不能掉队。党支部领办合作社在入社资格、股权设置、分配办法以及与社会资本合作等方面，都充分体现共同富裕的原则。比如，提高村民的入社比例，让尽可能多的贫困群众入社，比较好地保障了群众的权益。

三、把乡村振兴置于形成新发展格局的全局，同新型城镇化统筹推进

无论是城镇化，还是农村现代化，都必须走中国特色社会主义道路。那么，进一步的问题是，这两者是什么关系呢？马克思主义者在分析农村问题时，从来没有就农村谈农村，一向是把农村放在城乡关系、工农关系的框架中来认识。马克思、恩格斯指出，使工业生产和农业生产有机地联系起来，是实现城乡融合的经济基础和重要条件，“大工业在全国的尽可能均衡的分布是消灭城市和乡村分离的条件”，“只有通过城市和乡村的融合，现在的空气、水和土地的污染才能排除”①。列宁指出，“只有农业人口和非农业人口混合和融合起来，才能使农村居民摆脱孤立无援的地位”②，要促进城乡的结合，“只有一条道路，就是城市工人和农业工人结成联盟”③。

运用这样的原理，回顾新中国城乡关系的历史，可以得到结论：在新发展阶段，要构建新发展格局，就必须把乡村振兴和新型城镇化统筹考虑。换句话说，乡村振兴不仅是缩小城乡差距、补短板的需要，同时

---

①《马克思恩格斯选集》第 3 卷，人民出版社 1995 年版，第 647、646 页。
②《列宁全集》第 2 卷，人民出版社 1984 年版，第 478 页。
③《列宁全集》第 29 卷，人民出版社 1956 年版，第 22 页。

也是促进城镇化健康发展、凝聚新的经济增长动力的需要。只要回顾我们党成立以来的城乡关系历史，就可以清楚地理解这个道理。

新民主主义时期，我们党能够取得胜利，从根本上讲在于解决了农村农民问题。国民党统治时期，表面上集各种大权于一身，但实际权力只在乡以上，根本没有延伸到广大农村，出现了“城市有党，农村无党；上层有党，下层无党；沿海有党，内地无党”的情况。国民党失败的重要原因是脱离群众、缺乏基层基础，大量农业剩余价值被土豪劣绅所蚕食。我们党用短短的28年时间取得全国政权，靠的就是把群众组织起来，不仅获得了农民在政治上的支持，而且在经济上也打了个翻身仗。例如，1948年至1949年，国民党政府的税收只有9000万美元，折合粮食25亿斤；而中国共产党仅仅东北解放区的税收，就接近粮食200亿斤，是国民党政府的8倍。把农村农民组织起来，是新民主主义革命胜利的一个关键前提。

新中国成立初期，1950年实施的城乡物资交流，对今天有重要启示。当时，随着战争结束、工农业生产恢复，工商业很快就遇到了生产过剩、市场不足的问题，大量工业品滞销。党中央决定，利用农村进行土地改革、农民购买力旺盛的条件，通过重建城乡贸易流程，打通城乡流通，启动农村大市场；鼓励国营贸易机关、合作社和私商收购农产品。通过这些办法，我国经济开始扭转半殖民地半封建条件下城乡之间相对孤立的两个内部循环，向城乡统一市场的“大循环”转变。主持经济工作的陈云同志指出，“农民经过土地改革，加上城乡交流，购买力必然会大大提高……问题不是工业品过剩，而是工业品不足”①，“收购蚕、茶、猪鬃，这样也不用借钱给他们，也不要加工订货，他们就可以搞好了，这样就救了城市。这是中国经济的钥匙。这一收购的结果，商人也有事

①《陈云文选》第2卷，人民出版社1995年版，第129页。

干了，东西也卖出去了，工厂开工，失业减少，税收增加”[①]。这一经验在20世纪60年代的经济调整、20世纪80年代农村改革中，都起过重要作用。其实质是，通过改善社会公平、启动农村这个巨大市场的购买力，为城市工业化的发展提供巨大市场。

新中国成立初期的20多年中，为了尽快维护国家安全和建成工业体系，建设的重点在城市。为了支持城市化和工业化建设，农村实行了合作化、人民公社化和农产品统购统销。虽然通过“剪刀差”从农村向城市输入了大量资源，支持了城市建设，但由于合作化和人民公社化改善了农业生产条件，农民的生活也在逐步改善。20世纪60年代之后，党中央采取了一些措施，在计划经济条件下进行了缩小城乡差距的探索。

1965年，党中央指示要以生产队为主，大力发展集体副业。1970年，党中央召开北方地区农业会议，大办“五小”工厂，为农业剩余劳力寻找出路，增加农民收入。社队企业的发展，客观上为20世纪80年代乡镇企业的大发展准备了条件。同时，国家还采取了上山下乡、普及农村医疗和教育等措施。由于“文化大革命”的破坏，加上我国处在比较严峻的国际形势中，这些措施进展得并不顺利，但也在一定程度上有所进展，并且为改革开放初期农村经济的发展打下了基础。

改革开放以来，我国经济进入高速发展时期，城乡关系总的特征是农村各种优质要素进入城市，支持城镇化、工业化发展。改革开放初期，城乡关系比较协调，农村生产力活力得到释放。农民收入增长较快，城乡差距缩小，也为城市和工业提供了巨大的市场。20世纪90年代末，城市建立市场经济体制之后，我国加入世界贸易组织，出口和重化工业成为经济增长的主要动力之一，农村劳动力进城成为支持出口加工产业

① 参见中央财委第四十一次委务会议记录，1950年12月5日。

低成本扩张的优势，农村土地集体所有制也为城市基础设施建设提供了低成本的土地。

近年来，我国经济发展进入新常态，缩小城乡差距的迫切性日益突出。原因包括以下四个方面：

一是工业部门从短缺经济转为过剩经济。我国经济发展进入新常态以来，大量工业品产能、房地产产能、金融产能出现过剩，同新中国成立以来城乡关系的主题是“城乡争夺资源”不同，现在变成了城市过剩的资源希望去农村，但农村缺乏承接资源的能力。因此，必须把推进乡村振兴和化解城市经济运行的风险结合起来，而且也完全有可能结合起来。

二是城镇化发展已经遇到瓶颈。城镇化带来的城市病、心理健康、环境污染、城市社会问题等不容忽视，像过去那样大干快上推进城镇化的条件已经不存在了。习近平总书记强调，要把乡村振兴战略这篇大文章做好，必须走城乡融合发展之路，推动人才、土地、资本等要素在城乡间双向流动。关于双向流动，当前重点是解决怎样让资源从城市向农村流动。

三是生态资源的价值日益重要。农村还有大量未开发利用的资源。而乡村的山、水、林、田、湖、草、人是天然融合的共同体，无法单独作为生产要素流动，必须以集体经济的方式，兼顾产业发展、生态保护和改善民生，而不能放任资本下乡把农村冲垮、破坏生态。同时，随着信息化时代到来，农村向第二产业、第三产业延长产业链的可能性也更加广阔，有利于扭转大规模人口进城打工这种单一路径。

四是农村内部还存在集体穷、支部弱、群众散、产业衰、合作社乱等问题。一些地方的村级集体经济发展水平不高，发展缺乏后劲，成为乡村振兴的短板。在集体经济薄弱的地方，村党支部和村干部相应地降低了影响力和权威性，有的农村经济组织与党组织“争影响”，用经济手段把群众联结起来，群众“跟着协会跑、不听支部话”的现象时有发生。一家一户、单打独斗的分散经营，割断了群众与集体的经济联结纽带，弱化了群众对集体的依赖，淡化了群众的集体意识。农村“空心化”、人口老龄化、农业边缘化、作物品种老化的问题十分突出。要进一步实现多种经营、产业升级、共同富裕，一家一户的能力越来越捉襟见肘，老龄化、“空心化”的农村迫切需要新型集体经济平台吸引更多人才和资源。

实施乡村振兴战略具有全局性意义，是应对金融过剩危机、工业过剩危机和生态环境危机的出路，也是缓解发展不平衡现状的必然选择。推动乡村振兴，不能走其他发展中国家搞土地私有化、跑马圈地、竭泽而渔的老路，必须在党的领导下走新型集体化道路，让新型农村集体经济组织成为农村各种资源和资产的经营主体，让广大农民充分占有农业农村资产收益。农民收入提高，集体收入增加，农村公共服务改善，也就增强了农民的购买力，城市过剩的资本和产品就都有了出路。

四、乡村振兴的关键是提高组织化程度，在党的领导下走新型农业合作化道路

要让乡村振兴成为撬动新发展格局的杠杆，关键是把农村各种资源要素整合起来，从而实现和城市融合发展。这就决定了，乡村振兴的关键是提高组织化程度。这既是马克思主义一贯的观点，也是实践证明的必然选择。

第一，从理论上看，在无产阶级政党领导下把农民组织起来，是马克思主义的一贯主张。马克思、恩格斯提出，小农经济的根本矛盾是建立在私有制基础上的分散个体经营与社会化大生产发展不相适应的矛盾。马克思、恩格斯将合作社运动作为“改造以阶级对抗为基础的现代社会

的各种力量之一”[①]，“公社将从事工业生产和农业生产，将把城市和农村生活方式的优点结合起来”[②]。当工业和农业劳动的旧有分工消失之后，同一批人将既从事工业劳动又从事农业劳动，工农之间与城乡之间的不平等和差别将逐渐消失。毛泽东同志认为，几千年来中国分散的个体生产是封建社会的经济基础，导致农民陷入长久的穷苦，而集体化是彻底改变这种状况的根本方式。从长远看，解决农村和农民问题的主要途径，就是将农民组织起来，变个体经济为社会主义集体经济；而实现集体化的唯一道路，就是合作化。

党的十一届三中全会后，为避免在实践中将“包产到户”误解为完全放弃集体经营，邓小平同志明确提出：“中国社会主义农业的改革和发展，从长远的观点看，要有两个飞跃……第二个飞跃，是适应科学种田和生产社会化的需要，发展适度规模经营，发展集体经济。”[③]他还强调，“巩固集体经济，也就是要巩固社会主义制度，这是根本方向”[④]。

2017年底召开的中央农村工作会议提出，走中国特色社会主义乡村振兴道路坚持农村土地集体所有，壮大新型农村集体经济，建立符合市场经济要求的新型农村集体经济运行机制，确保集体资产保值增值。习近平总书记2016年4月25日在安徽省凤阳县小岗村主持农村改革座谈会并发表重要讲话，指出“不管怎么改，都不能把农村土地集体所有制改垮了”。

第二，从实践上看，党支部领办合作社，发展壮大新型农村集体经济，是乡村振兴的关键一招。2017年以来，烟台市深入贯彻落实习近平总书记“打造乡村振兴齐鲁样板”“发展新型集体经济”重要指示和省

①《马克思恩格斯全集》第16卷，人民出版社1964年版，第219页。

②《马克思恩格斯文集》第1卷，人民出版社2009年版，第686页。

③ 中共中央文献研究室编：《邓小平年谱：1975—1997》（下卷），中央文献出版社2004年版，第1310—1311页。

④《邓小平文选》第1卷，人民出版社1994年版，第324页。

委、省政府的决策部署，创造性地探索形成以党支部领办合作社为抓手，把党的领导全面融入乡村发展，发展壮大新型农村集体经济，带动乡村全面振兴的发展模式。

这个模式最突出的特点，就是抓住党的领导这个中国特色社会主义最本质的特征，把农村党支部的领导作用做实做强，通过党的政治和组织优势，带动合作社发挥经济优势和群众发挥能动性，用党支部这个“凝结核”把城乡各种资源整合起来，形成党建引领、抱团发展、规模经营、共同富裕的强村富民烟台模式。目前，已有3045个村党支部领办合作社，占全市村庄总数的40%。据不完全统计，同之前比较，党支部领办合作社带动集体增收3.9亿元，群众增收5亿多元。

党支部领办合作社的主要特点是：一是以党建引领为主导，把好政治方向，进行深入细致的思想动员，凝聚各级干部群众在市场经济条件下因地制宜地走合作化道路的共识，大规模开展村干部培训，为乡村振兴打好思想基础和组织基础；二是由党支部主导，注册成立农民专业合作社，党的领导全面融入合作社的运行。党支部办的合作社由于运行规范，深得群众信任，烟台市目前已有34.5万名群众入社；三是以共同富裕为目标，重塑利益联结，全市统一对合作社股份设置、分配办法等制定指导意见，如单个社员出资比例不得超过20%、集体占股不低于10%，体现共同富裕导向，切实防止“大户垄断”，鼓励吸收贫困户和老弱病残群众入社；四是充分发挥市、县、乡三级党委和政府的作用，规范合作社各项制度。建立章程统一审核、项目统一论证、分配统一规范、财务统一管理、社务统一公开、文档统一保管“六统一”机制；五是按照“速度服从质量”的原则，注重典型引路，及时总结经验，鼓励“比学赶帮超”，在全市上下形成你追我赶、热气腾腾的局面；六是在组织起来的基础上，将土地、资金、人才等资源优化组合，对社会资本、人才、技术等要素的吸引力明显提高，流转土地23.5万亩，改良新品种、应用新技术，实现了生产方式上的变革；注册品牌400余个，与农业企业和大型商超建立起合作关系，畅通了销售渠道。

党支部领办合作社取得的显著成效有：一是提升了基层党组织的组织力，村党支部书记兼任合作社理事长，党支部把牢经济发展领导权和利润分红主导权，开展工作有抓手、组织群众有载体，村干部找到了干事平台，群众对集体有了依赖，精神面貌焕然一新；二是乡村发展活力充分释放。整合土地要素，发展规模经营，优化资源配置，拓展农业产供销链条，广泛应用良田、良种、良法、良品“四良”模式，有效改变了拼资源拼消耗的传统生产方式；三是实现村集体和群众互利共赢。通过股份合作将村集体和群众紧紧扭在一起，形成共建共享联合体，集体盘活了资源，使资源变资产、资金变股金，群众合理分享到土地流转收入、股份分红、务工收入等，实现了利益最大化，尤其是贫困户长期稳定脱贫；四是推动农业走向现代化产业化。带动改造老劣果园47.2万亩，3年内将梯次改造120万亩，解决了一家一户转型升级难的问题；五是乡村治理更加有序。打开了人才振兴通道，吸引了大批外出务工人才返乡创业；新型农村集体经济的发展为建设美丽乡村、倡树文明新风夯实了物质基础和群众基础，促进了乡村善治，“五大振兴”全面推进。

党支部领办合作社的道路，是把群众组织起来，推动乡村全面振兴的道路。同时，在村庄层面的合作化还是低水平的，在党支部领办合作社的基础上，扩大党支部领办合作社的内涵，打造生产、供销、信用“三位一体”的综合合作社；在纵向提高合作的层次、扩大合作的规模，乡镇大力推行建联合社，解决了村级合作社办不了、办不好的事；县域要统筹规划布局、产业发展、政策资金、土地利用、公共服务，通过“在地工业化”“在地服务业化”，实现“在地城镇化”，进而实现城市与农村同步发展，逐步向着缩小城乡差别、实现共同富裕的远大理想迈进。

（本文原载于《毛泽东邓小平理论研究》2021年第5期）

· 第四章 ·

与党员干部交交心

以昂扬向上的健康心态接受组织挑选

很高兴能有今天这样的机会，与大家面对面谈心交流。今天在座的，有新任县级干部和科级干部，你们是不同层级干部中的新生力量，一个“新”字，就有了很大的成长性；在座的还有中青班的学员，你们是干部队伍中重要的储备力量，也具有很好的成长性；还有选调生，你们刚刚进入公务员队伍中来，就像早晨七八点钟的太阳，朝气蓬勃、生机无限、潜力无限，同样有巨大的成长性。

成长性是一个预期，在成长的过程中，有的可能一帆风顺，有的可能历尽艰辛；有的可能昙花一现，有的可能大器晚成。我也曾是年轻干部，也曾经受过磨炼，遇到过挫折。因此，想就如何以昂扬向上的健康心态接受组织挑选这个话题，谈点个人体会。尤其是近期换届开始，很多干部面临着进退留转。在这个考验面前，有的表现得失落痛苦，有的表现得宽广豁达，有的表现得急不可耐，有的表现得平和淡然，如此等等，不一而足。进退留转是每个人人生中都将面临的问题，我多年来从事组织人事工作，有一些观察和思考，也有很多感受想与大家分享。

一、如何看待人生的意义

我很理解一些同志对职务的孜孜以求。作为一名机关干部，很多时候会把职务晋升看成是组织和同志们的认可。希望得到认可，是一种很正面的认识。不想当元帅的士兵不是好士兵，想进步是正常的。但是凡事有个度，过犹不及，真理往前迈一步，就是谬误。因为追求进步以至于对职务梦寐以求、茶饭不思，得到了就“漫卷诗书喜欲狂”，得不到就“愁云惨淡万里凝”，让一个官职左右了人生的幸福，那就失去了进步的本来意义。

人生的意义是什么？我在上了大学之后，读了很多哲学书，经常思考这个问题。我认为，人生有三个层面的意义。

人生的第一层意义是立足岗位、造福社会。有平台展示自己的才华，因自己的工作而使千百人受益，这无疑是有意义的人生。而职位，则是造福社会的最有益的平台。

当官要为民做事。在有些人眼里，当官是为了发财，“当官不发财，请我都不来”，把职务当成捞钱的平台，这样的官一定是贪官；在有些人眼里，当官是为了光宗耀祖，这样的官境界不高，杂念太多，算不上是好官。好官是什么样的？毛泽东同志在《为人民服务》中提出，共产党员是彻底地为人民的利益工作的。好官是把职位当平台，用来为人民服务的。这样讲是不是太空了？是不是唱高调？一点也不是。

封建官僚尚且知道“当官不为民作主，不如回家卖红薯”，我们作为共产党的干部，应该有更高的觉悟。只要是对群众有利的事，只要是对党的事业有利的事，就要充分运用手里的权力，把它干好乃至干到极致，为党分忧、为民解难，让更多的老百姓因为我们的工作而受益。如果没有干事的平台，就独善其身；有了干事的平台，就一定要兼济天下。这才是回归权力的本源。

我之所以选择了做公务员，完全是受父亲的影响。他只是一个体制内的法律专家，并不位高权重，但他在自己力所能及的职责范围内，帮助了很多素不相识的人，改变了很多人的命运。我曾经亲眼见过，有个他帮过的老大爷辗转找到他，跪地感谢。从那一刻起，我就确定了自己的人生理想，那就是像父亲一样做一名公务员，扶危济困、为民造福。

所以，真心希望大家能跟我一起努力，一起为老百姓做点事。让人生远离功名利禄、声色犬马等等庸俗的东西，让它变得更有意义、更有价值。就像马克思说的："如果我们选择了最能为人类福利而劳动的职业，那么，重担就不能把我们压倒，因为这是为大家而献身；那时我们所感到的就不是可怜的、有限的、自私的乐趣，我们的幸福将属于千百万人，我们的事业将默默地、但是永恒发挥作用地存在下去，而面对我们的骨灰，高尚的人们将洒下热泪。"①

当官别嫌平台小。济世救民的平台有大有小。习近平总书记是全国人民的领袖，他的平台最大。他的信仰追求、历史担当、为民情怀、务实作风和科学思想，足以改变中国、影响世界，是可以被载入史册的。而一个村的党支部书记，是最基层的干部，但是要我说，这个平台也不小。如果能够终其一生让全村的老百姓过上好日子，这也是很有成就感的事。

浙江省温州市永嘉县有个后九降村，村党支部书记郑九万同志担任过 5 届村党支部书记，2005 年因为操劳过度，突发脑血管破裂生命垂危，需要 6 万元的手术费。后九降村只有 60 多户人家，当时人均收入还不到 2500 元，但是村里老百姓一个晚上硬是为他凑齐了手术费。郑九万做手术时，村里来了 30 多位村民。他们天不亮就出发，用了近 4 个小时赶到温州，在手术室外等候了 9 个小时。在郑九万康复出院的时候，村里像过年一样放起了鞭炮。时任省委书记习近平同志说："老百姓在干部心中的分量有多重，干部在老百姓心中的分量就有多重。郑九万同志的先进事迹正是这句话的生动写照……" 这话讲得太对了，老百姓心中的确有杆秤，最能掂量出每个干部的斤两。村官虽小，只有 60 户村民的小村村官更小，但是人活一世，能当这样一个受人尊敬的小官，

①《马克思恩格斯全集》第 40 卷，人民出版社 1982 年版，第 7 页。

人生的价值不小、意义不小。总有些同志觉得自己能耐大，觉得自己平台小，觉得三年不提拔你，组织就亏待你了。像郑九万这样的村党支部书记，如果有机会当公务员、有机会换到我们的岗位上，不见得比我们干得差，但是把我们换到他的岗位上，我们不见得比他干得好。所以，千万别嫌职位小，任何一个职位，都是能干事的平台，关键看你怎么干。只要用心干事，任何一个平台都是能造福社会的舞台，都可以让你施展才华，赢得尊重。

我看过一组数据：全国14亿人，公务员700万，其中，厅局级干部约4万人，县处级干部约60万人，乡科级约90万人。不说厅级处级干部，单说乡科级干部，也仅占人口总数的0.069%，占公务员总数的12.8%。即使一辈子做到乡科级干部，也超越了绝大多数人。想想看，还有多少水平比我们高得多的人，连我们这个平台都没有。既然现在还有平台，不管大小，我们还是应该在这个平台上充分地展示自己，别辜负了这个自己不太看在眼里但是别人还很羡慕的岗位。

当官就要往基层沉。非洲草原上，有一种尖毛草。在最初半年里它只有一寸高，甚至看不出它在生长；而雨季一旦到来，它就像被施了魔法一样，三五天的时间就能长到一两米高。原来，雨季前，尖毛草不是不长，而是在向下长。6个月时间，它的根扎到地下的深度可达28米。

尖毛草向下长，是为了积蓄向上的力量。人们常用“蹲蹲苗”来比喻年轻干部的成长。蹲苗正是为了抑制幼苗茎叶徒长、促进根系发育，让庄稼耐得住旱涝、扛得住风雨。如果不能沉下心在基层打基础、练实功、吸营养，就很难长成参天大树、成为栋梁。只有俯身倾听、弯腰观察，才能了解群众的期盼诉求、发展的难题症结，才能接地气、长才干。

梁家河，是延安的一个普普通通的小村庄，山高路远、偏僻荒凉、沟壑纵横，生产生存环境极为艰难。但就是这个小村庄，却被习近平总书记誉为“是有大学问的地方”。1969年1月，年仅15岁的习近平同志，从首都北京迈出人生的第一步，来到这个偏僻的小山沟插队，一待就是7年，把最美好的青春岁月献给了梁家河。他说，在他的一生中，对他帮助最大的，一是革命老前辈，一是他那陕北的老乡们，不到16岁来到黄土地时，他曾一度迷惘、彷徨；22岁离开黄土地时，他已经有了坚定的人生目标——要为人民做实事。陕北高原给了他一个信念，也可以说是注定了他以后人生的轨迹。经过了陕北这一堂人生课，就注定了他今后要做什么，它教了他做什么。在梁家河的这7年，打牢了习近平同志从政的根基。基层工作经历是人生难得的机遇。

每个人都应该有自己的“梁家河”，我的“梁家河”是莱芜。从小到大，我生长、工作在省直机关，没想到人到中年，第一次离开济南就到了莱芜。这里的人民热情、宽厚、包容，给了我家一样的温暖，我在这里也付出了心血、了解了基层、收获了真情。习近平总书记说：“当县委书记一定要跑遍所有的村，当地（市）委书记一定要跑遍所有的乡镇，当省委书记一定要跑遍所有的县市、区。”[①] 虽然莱芜是个地级市，但是地方小，我给自己定的目标是跑完所有的村。从莱芜到济南只有一个小时的路程，但是我周末几乎没回过家，开着车一个村一个村地转，看到老百姓家开着门就进去与他们一起坐坐、聊聊。在走村串户的过程中，我也收获了真情。在我离开莱芜的最初几周，经常接到那边基层同志的电话，可能过去只是一面之缘，但是他们辗转找来我的手机号，表达不舍之情，让我感动得掉泪。烟台的同志也很热情，经常有人问我：“烟台比莱芜好吧？”我总是说：“烟台很好，莱芜也很好。”莱芜经济不如烟台发达，好在哪里？好在它让我了解了基层，好在它让我付出了心血。《小王子》这本书里面有很重要的一段话：“我的那朵玫瑰花，一个普通的过路人以为她和你们一样。可是对于我，她是不一样的，因为她是我

①《习近平谈治国理政》第1卷，外文出版社2018年版，第440页。

浇灌的，她是我放在花罩中的，她是我用屏风保护起来的，她身上的毛虫是我除灭的。我倾听过她的抱怨和自诩，甚至有时我聆听着她的沉默——因为她是我的玫瑰。”付出过感情、付出过心血的东西，对你而言就是重要的。

脚下沾着多少泥土，心里就装着多少对群众的感情。希望每个选调生都能利用在基层工作的机会，多往群众家里走走，多听听群众的呼声，多体验基层的实际。建议大家深入群众进行一下社会调查，从你所在的村、镇选取一个或多个角度，形成一个调查报告。怎么搞调查？怎么写调查报告？可以参照毛泽东同志的《反对本本主义》。

人生的第二层意义是完善自我，臻于至善。就是说，如果没有干事的机会和平台，那就加强自身修养，修正自身不足，做一个日臻完美的人。俗话说，玉不琢不成器。想成为什么样的玉器，就意味着要承受什么样的雕琢。一个人终其一生磨砺自己、完善自己，这样的人生很有意义。

完善自我，就要追求内心的高洁、品德的高尚、灵魂的高贵。高洁到什么程度呢？就像夜空中皎洁的圆月纤尘不染，所谓“江天一色无纤尘，皎皎空中孤月轮”，所谓“天上一轮才捧出，人间万姓仰头看”。高贵到什么程度呢？就像《庄子》里面写的神鸟鹓雏，“非梧桐不止，非练食不食，非醴泉不饮”，不肯和光同尘。高尚到什么程度呢？就像司马迁赞美孔子那样，“高山仰止，景行行止。虽不能至，然心向往之”。高尚的品德，如巍巍高山让人仰慕；光明的言行，似通天大道使人遵循。别人看到他，虽然不能达到这样的境界，但心里也知道了努力的方向。综合而言，就是我们审视内心的时候，要给自己定一个高标准，不断朝着更高的标准修身修心，做精神上的贵族。这其实是中国传统哲学中最基本的部分。古人说“内圣外王”，内心都是朝着圣贤的方向努力的，自古以来堪称中国社会脊梁的人都是这样。当然，大多数人难以取得泽被后世、利在千秋那样巨大的成就，但只要不断完善自我，做一个有道德的人、一个脱离低级趣味的人、一个有益于人民的人，何尝不是一种成功？

职务是暂时的，品德是永恒的。有的人在职的时候不可一世、飞扬跋扈，退休后在宿舍院里连个打招呼的人都没有，于是感慨“人走茶凉、人情冷暖”；但是也有很多人，在职的时候并不显赫，退休之后却被人念着好处。在卸去了职务地位的光环之后，还能够受人尊敬，还能够靠人格魅力征服别人，那才证明你度过了有意义的人生。

人生的第三层意义，是热爱生活、感受美好、创造美好。读好书、交好友、赏好景、做好事、与美为伴、为善添彩，这也是非常有意义的人生。

古人中，我最喜欢苏东坡。之所以喜欢他，第一是因为他正道直行不投机。新党掌权的时候，他不同意新党改革，也不会韬光养晦，和光同尘，不同意就明明白白地反对，结果被贬。好不容易旧党得势，他得以东山再起，结果被贬期间他发现新党的政策也有很多合理之处，于是被启用后又旗帜鲜明地反对旧党对新党的全盘否定，于是又被贬。很多“聪明人”会趋炎附势、趋利避害，但是这个老先生是只说真话不管得失，谁得势他得罪谁，于是不断被贬，越贬越远。这里有个故事。一次，苏东坡退朝回家，指着自己的肚子问侍妾：“你们知道我这里面有些什么？”一个回答“文章”，另一个说“见识”。苏东坡都摇摇头。只有王朝云笑道：“您一肚子都是不合时宜。”苏东坡闻言赞道：“知我者，唯有朝云也。”王朝云陪着苏东坡一路被贬，34 岁去世，苏东坡作了一副挽联：“不合时宜，唯有朝云能识我；独弹古调，每逢暮雨倍思卿。”这种不慕权贵正道直行的“不合时宜”，是最打动我的地方。

第二是因为他几起几落，不管官大官小，在一地就为一地百姓造福。不说他在杭州、颍州、惠州一地各建一苏堤，不说在海南办学堂启迪民智，单说他在蓬莱就为老百姓办了两件好事：一是建议朝廷废除食盐官卖政策；二是建议整顿登州水军，加强海防，解除国家边患。不管平台大小，为官一任造福一方，这也是让我喜欢他的地方。

第三是他豁达淡泊的人生态度。他是一个特别善于发现美、感受美的人。即使在艰苦的环境里，他也能使自己活得很惬意。在被贬黄州任团练副使后，他效法陶渊明，躬耕东坡，自号“东坡居士”，“昨夜东坡春雨足，乌鹊喜，报新晴”。他 62 岁被贬到海南岛，据说在宋朝，被放逐至海南岛是仅比满门抄斩罪轻一等的处罚，因为宋朝的法律是不允许杀士大夫的。结果在他眼里，海南岛春光无限：“春牛春杖，无限春风来海上。便丐春工，染得桃红似肉红。春幡春胜，一阵春风吹酒醒。不似天涯，卷起杨花似雪花。”

苏东坡是有大才的人，但是不管是升到正部级还是贬到乡科级，不管是在朝堂还是在监狱，始终是自己找乐、怡然自得，能把监狱过出天堂的味道。我们没那么大才华，更不至于当不上官就过不下去。人生有那么多美好等着我们去发现、去拥抱，如果被名利的枷锁套住，实在是少了人生的趣味。

有人说，千百年来不只有一个苏东坡吗？其实，苏东坡只是一个中国古代知识分子的集中代表，很多人都有这样的人生态度。我最近买了两本张岱的书看。对张岱可能有些人不熟悉，但是中学课本里的《湖心亭看雪》，很多人都学过。读他的小品文，就像嚼口香糖一样清新，他的文字让人觉得生活无比美好。好书太多了，工作再忙也要挤出时间多读读；美景太多了，工作再忙也要挤出时间多看看。要陶冶情操、开阔胸襟、滋润心灵，不要像贾宝玉鄙视的“禄蠹”一样，一心只想着升官发财，让生活过得干巴巴的没有情调。

苏东坡是发现美、创造美的代表。我再举个身边的例子。前几天，我到芝罘区去看社会组织孵化中心，发现了一个助学的社会组织，发起人是烟台市一个事业单位的同志，职级只是科员。2010 年，她牵头组建了助学团队，做一对一长期助学，目前队伍壮大到 1200 多人，先后资助了 720 多名贫困学生，定向捐款 200 多万元，她本人也先后荣获“山东省慈善之星”等多个荣誉称号。我非常感慨，她的职级并不高，但是她的事业非常大，其人生非常有意义，她是我们身边创造美、创造善的榜样。我很受感动，在她那里结对帮扶了一个贫困大学生，也成为助学团队里的一员，接受这个科员同志的领导。看到助学团队的同志们憨厚的笑容、高昂的热情、朴实的外表，我脑子里马上跳出来 4 个字：“白衣卿相”。他们没有官职，古时候叫“白衣”，但是他们的事业可以傲视卿相。他们在替政府分担责任，让人敬重。他们没有什么处级科级的头衔和待遇，但是他们的人生价值何其高贵！他们都是普通群众，但是他们做的却是兼济天下的事情。

所以说，感受美好、创造美好，与美为伴，为善添彩，同样是非常有意义的人生。

二、如何看待进退留转

每个人的一生，都要面临进退留转，这是自然现象，就像生老病死也是自然现象一样，不可抗拒。只进不退不符合辩证法。那么，如何对待人生的进退留转呢？

第一是“进则不骄不躁”。什么是进不能躁？我从事组织人事工作 20 多年，接触过大量的年轻干部。很多人能力很强，如果稳扎稳打地往前走，应该能走得很远，但恰恰因为自我期许过高而显出急躁，恰恰因为急于得到机会而弄巧成拙，丧失了机会，十分可惜。林清玄写过一篇小短文《贼光消失的时候》，很有意思。“宝光”和“贼光”是古玩瓷器行业的术语。所谓“宝光”，指的是老物件带着的那种含蓄的、内敛的、温润、由内而外的不刺眼的光；所谓“贼光”，指的是新物件发出的浮躁、张扬、刺眼的光，浮于釉面之上。经常有些不法商人用各种手段造假，企图把新物件造成老物件，但是明眼人一眼就能看出来是真货还是假货，因为宝光是内在的，而贼光是浮在表面的。领导者大都阅人无数，就像古玩界的老江湖，你是什么样的人，他都能一眼看到底，你根本不用伪装，不用刻意表现。有些年轻干部那种想“进步”的急迫按捺不住、溢于言表，那种躁动一下子就让人想到贼光，这样等于给自己减分。

越是年轻，越要沉下心，越要有定力，千万不能心急。有一首诗写得很有意思：“一团茅草乱蓬蓬，蓦地烧天蓦地空。争似满炉煨榾柮，漫腾腾地暖烘烘。”意思是：一团乱蓬蓬的茅草点着火后，突然间烈焰冲天，又顷刻间烟消火灭。倒不如炉子里的树根，烟火腾腾地烧着，满屋子都暖和。诗的作者已不可考，他用这两种火的形态来比喻世人做事的两种不同风格：一种叫“爆发性”，一种叫“持久性”。年轻干部切忌急躁，不要追求那种虚燥短暂的辉煌，而是要去追寻踏实长久的温暖。前面讲到非洲的尖毛草所蕴含的也是这个道理。

“如何获得长久的成功？成功是优秀的副产品。”我很赞同这句话。现在讲成功学的书很多，显示出社会上一种急功近利的喧嚣浮躁。是不是学了那些成功学就能成功？当然不能。成功怎么可能速成？其实，成功没有定式，也没有所谓的“秘诀”，成功向来只垂青那些为之付出过艰辛努力的人。我在工作生活中认识了很多领导干部，很多真正成功的人。不管别人如何评价，细细观察，他们都有超乎常人的一面，都有明显优秀的地方，都有给我启发的高明之处，确实让人觉得“圣贤必有独到处”，谁的成功也不是偶然的，谁的成功也不是天上掉下来的。所以，我们不要片面地去追求成功，而要致力于追求优秀。只要足够优秀，成功自然水到渠成。许多优秀党员干部，都只是踏踏实实为党和人民多办一些实事、好事，力争做一名合格党员、优秀党员，在向优秀靠近的过程中逐步实现了个人成功。修正自我、完善自我、充实自我，不会一蹴而就，需要日夜不辍地辛勤耕耘、见微知著地反躬自省、不骄不躁地脚踏实地。

再说“进不能骄”。有一个故事：古时候有一个裁缝非常有名气，专门为当官的人裁衣服，而且裁的衣服有个特色：都是前襟长后襟短，官当得越大，前襟越长，穿上特别合身。一位师爷慕名而来，可裁缝给他裁的衣服却是前短后长。刚来的徒弟奇怪地问：为什么裁的衣服不一样？裁缝笑答：官越大，派头越大，越趾高气扬，前襟不长些岂不衣不遮体，后襟不短些，岂不垂地？而师爷就不同了，整天鞍前马后，点头哈腰，前襟过长岂不垂地？这个裁缝很聪明，一下子就抓住了官员的特点。但是我觉得也有风险，这种在下属面前趾高气扬的官员，估计到了上级面前就变得点头哈腰了，那前襟长后襟短就不好使了。不管怎么说，这个故事讽刺的是有些官员的官架子太大。

我经常想，一个有修养的人，在同别人打交道的时候，一定是把自己看得很低的。一个人职务再高、权力再大，也不要自命清高、自命不凡。要知道“山外有山，人外有人”，“没有最好，只有更好”。现实生活中，越是端着架子、高高在上，不好接近，其实越是显示出其做人的浅薄。我见过一张照片，记录的是毛泽东同志、周恩来同志在 1966 年国庆庆典之后，来到群众中间，盘着腿和老百姓坐在一起欢畅地大笑，毫无违和感，这才是让人敬重的领导。在 1958 年 1 月 28 日召开的最高国务会议上，毛泽东同志指出，我们是做官，官是得做，但是官风或者是官气要慢慢地打掉一些，最好是把它根绝，就像消灭“四害”一样。他说，有些干部是老子天下第一，看不起人，靠资格吃饭，做了官，特别是做了大官，就不愿意以普通劳动者的姿态出现。这是一种很恶劣的现象。官气是一种低级趣味，摆架子、摆资格、不平等待人、看不起人，这是最低级的趣味，这不是高尚的共产主义精神。以普通劳动者姿态出现，则是一种高级趣味，是高尚的共产主义精神。这体现的是革命领袖的平民情怀。古人说，地低成海，人低为王，圣者无名，大者无形。做人的修养，首先是把自己放低，唯有放低姿态才能海纳百川，唯有放低姿态才能不忘初心。

个人进步靠什么？一靠组织培养，二靠群众支持，三靠个人努力。我真切地觉得，自己能走到今天，不是自己多有本事，而是很多年长的同志、资历老的同志、水平高的同志高风亮节、奖掖后进，牺牲了自己进步的机会，把我推上来的。所以如果我不干好工作，就对不住他们，我必须得如履薄冰、虚怀若谷。我们要做前后衣襟一样长的人，对上级“位低而不自卑”，有尊重之诚，无攀附之心，恭倨得体、尊卑有度；对下级“位高而不自高”，虚心学习其长处，主动体察其难处，充分包容其短处，平易谦和、仁爱宽厚；对同级“互助而不排斥”，有绿叶护花的宽阔胸襟，无嫉贤妒能的狭隘心理，以友好的姿态与人相处，用协商的口吻求得共识，坦诚相见、同舟共济。只有这样做人才能长久，做事才能成功。

第二，“退则内心平和”。这里的“退”，不是指“退休”，是相对于进而言的。在有些同志眼里，不“进步”就是退。对名利地位看得太重，只要组织关怀照顾，不要组织纪律，给组织出难题，忘记自己的身份，嫌职务低、嫌待遇差、嫌荣誉少，一旦不能满足，就心理失衡，失德失态；有些同志无事时嫌官小、有事时嫌官大，刚做了一点工作，就自以为了不起，三年得不到提拔就开始有失落感，觉得怀才不遇，牢骚满腹；有些同志经常给别人讲道理、做思想工作，但事情落到自己头上，就看不开了，内心就不平衡了；有个别干部一心想升迁，整天设计自己的“升官蓝图”，一旦达不到目的就很苦恼，怨天尤人，甚至搞歪门邪道，铤而走险，最后身败名裂，教训十分深刻。凡此种种，都是缺乏平常心，不能淡泊名利、正确看待名声权力地位的表现。

内心的平衡和谐太重要了。季羡林老先生有个很重要的观点：“我们讲和谐，不仅要人与人和谐，人与自然和谐，还要人内心和谐。”季先生学术造诣确实很高，认为“三个和谐”才是完整的和谐，而其中内心的和谐尤为重要。季先生一生大起大落，但是他活了 96 岁，完全得益于内心和谐。在聂元梓写第一张大字报时，他站出来反对，因此被关进牛棚，受了很多的苦，但他的内心始终是和谐的。之所以和谐，是因为他掌握了真理，认识了事物的规律，觉得眼前这种闹哄哄、你方唱罢我登场的混乱局面，只是历史的瞬间。有了这样一种大智慧，就会对个人荣辱看得很淡，宠辱不惊。宠辱不惊说起来容易，做起来很难，多数人是遇到好事高兴得忘乎所以，遇到不好的事又会垂头丧气，这样的内心肯定是不和谐的。内心和谐的境界就是宠辱不惊，因为宠和辱都是人一生必然要反复地、不断地经历的。花开花落、云卷云舒，再正常不过。既然是必须经历的事情，那么，坦然面对才是正确的做法。就好比天一定要晴和天一定要下雨一样，人的一生必定是波峰、波谷相互交替，有顺利的时候、有不顺利的时候，有非常荣耀的时候、有非常低落的时候，有进步快的时候、有进步慢的时候，这些都是不可避免的。因此，我们只有看淡荣辱，坦然面对必须面对的一切，“暖不争花红，寒不改叶绿”，才能做到内心的平衡和谐。

什么样的人才能看淡荣辱？心底无私的人。心底无私天地自宽，天地宽了荣辱心就淡了，就有了容人容事的雅量、宽广务实的胸襟和处乱不惊的气度。就好像往一盆水里滴一滴墨水，水马上变色，但把墨水滴到大海里，对海水不会有任何影响；往一盆水里扔一块石头，会水花四溅，往大海里扔一块石头，海水则悄无声息。越是在遇到挫折的时候，越能显示一个人的襟怀。那种连一个石子都让自己心绪不宁的干部，难当大任、不被重用恐怕也是正常的。

第三，“留则积极作为”。1724 年，直隶巡抚李维钧考核吴桥县令常三乐时，写了两条评语：一是“操守廉洁”，是个清官；二是“懦弱不振”，工作打不开局面。据此，建议平调他去管教育，因为教书育人对操守要求高，工作量却不大，对他比较适宜。吏部认为，常三乐虽然没有作出什么成绩，但也没造成严重损失，把他调离重要岗位，理由不充分，也不符合惯例，提醒他一下就算了。吏部把报告呈给雍正皇帝，雍正朱笔一挥：撤职！理由很简单，县域是社稷基石，县令责任重大，常三乐没有责任心，本身就是失职渎职。雍正的做法给“为官不为”的人敲响了警钟。无所作为的“清官”就是庸官，跟利欲熏心的贪官一样，都不是好官。

职务就是职责，在其位就要谋其政，对职责无所用心、虚食重禄、尸位素餐，该管的不管、该抓的不抓，就是最大的失职。现实生活中，有些人做官做久了，精神逐渐松懈，很多事情都不愿去做，即使分内的事也喜欢交给下属去做，自己悠闲地当起了“甩手掌柜”；有的干部工作疲沓，不求有功但求无过，浑浑噩噩过日子；有的当太平官，遇到矛盾绕道走，遇到难事推给他人，上推下卸逍遥清闲；有的不坚持原则，搞上有政策、下有对策，圆滑世故、八面玲珑，你好我好大家好，一切以不丢选票为原则，类似种种作风，既败坏政风，又贻误党的事业。

有作为就要敢担当。忠诚干净担当，是党的十八大以来中央大力倡导的用人观。其中，敢担当是一块试金石，敢担当起码说明两点：一是这个同志要以事业为重，不计个人得失，不怕丢选票，忠诚可靠；二是这个同志没有把柄、没有短处、没有小辫子，干干净净。好干部一定是敢担当的干部。既然在岗，就要敢于担当、敢于负责、敢于触及矛盾和问题，即敢为；就要尊重科学，遵循规律，讲究方法，讲求效率，依法办事，即善为；就要明大事、想干事、会干事、干成事、不出事、好共事，善作善成，即有为。敢为、善为、有为，才是敢于担当的好干部。

第四，“转则珍惜岗位”。我们经常遇到交流轮岗，换届的时候还会有大量的干部转到人大、政协。不论到了什么岗位，我们都应该珍惜。

岗位是一个人施展才能、发挥才智的平台。任何岗位只要是依法设立的，那就是重要岗位，做好每个岗位都不容易。只有人对不住岗位，没有岗位对不住人。如果认为自己太聪明了，能力太强了，干这么小的事、这么差的岗位太屈才了，这个想法本身就是不正确的。

杨绛先生是大学者，“文化大革命”期间被关进牛棚，很长一段时间内，她被派去打扫厕所，结果老人家打扫的厕所最干净。她就是这样认真地对待每一件事的。有些同志学历高，但是校对稿子都校对不好。你认为校对稿子这件事太简单，屈才了吗？但是你没有校对准确，你就对不住这件事、对不住这个岗位。而且，连稿子都校对不好，别的工作就能做好吗？一屋不扫，何以扫天下？所以说，千万不要小看小事，千万不要小看任何一个岗位，每个岗位都是重要的。我们要获得别人的尊重，首先要自尊和自重。自尊、自重一个最重要的标准，就是要重视自己的岗位。

这么多年，我也看到一些干部，觉得自己能力强、贡献大，组织给的位子太小、组织对不起他。这真是太高看自己了。岗位给了我们舞台，离开岗位我们什么都不是。一个家庭离了我们不行，但一个单位离了谁都行，对任何一个岗位而言，都不是非你莫属的，哪怕这个岗位再小，也有很多人想干，有很多人能干得更好。因此，我们对岗位要有感恩之心、敬畏之心。

珍惜岗位，就要服从组织安排。延安时期，我们党开展过一场“为什么要开除刘力功党籍”的大讨论。刘力功是一名知识分子，1938 年就入了党，从抗日军政大学毕业后又进入延安党校训练班学习。毕业时，党组织决定让他到基层锻炼，但他坚持要进马列学院学习或回原籍工作。党组织先后 7 次找他谈话，但他仍执迷不悟，不仅不去基层，反而提出“一定要到八路军总司令部工作，否则拒绝执行党的决议”。当时的中组部部长陈云同志决定开除刘力功党籍，并在干部中开展讨论，还亲自在中央机关刊物《解放》杂志上撰文进行引导。他说：分配党员工作时，党固然要考虑到个人的特长，但主要还是考虑工作需要。试问，你如果是一个飞行员，但是我们今天没有飞机，不能用你驾驶飞机的特长，那还不是只能分配你做其他工作？一个共产党员在党分配工作时，只有说明自己意见的权利，只有在党决定以后无条件地执行的义务。除此之外，决不能增加一点权利，也决不能附加一个条件，否则就违反了党的纪律。这个事件警示我们，无论何时何地，都要服从组织安排，接受组织交给的工作，不能讨价还价。特别是换届期间，人事调整比较集中，我们更要注意这一点。

三、如何对待干部工作新要求

古人说："菩萨心肠，霹雳手段"，这二者是辩证统一、缺一不可的关系。前者和风细雨讲道理，后者就要严肃认真讲纪律。

第一，中央、省委对干部选拔任用工作提出了更新、更高、更严的要求。这些要求主要体现在以下 3 个方面：

一是在干部选拔标准方面。首先，体现为标准规定更加具体。2013 年 6 月 28 日，习近平总书记在全国组织工作会议上概括提出新时期 20 字好干部标准。2019 年修订的《党政领导干部选拔任用工作条例》（以下简称《条例》）鲜明地将新时期好干部标准写进总则第一条，对干部选任提出 6 项基本条件、7 项基本资格，详细列举了德、能、勤、绩、廉 5 个方面需要考察的具体内容，使好干部的标准更加直观、更具操作性。同时，明确规定了 7 种不得列为考察对象的情形，为确定考察对象画出了红线。其次，体现为标准内涵更加丰富。《条例》在干部选拔任用的原则中，将原先"德才兼备"原则，修改为"德才兼备，以德为先"，更加注重考察干部德的情况。这既是对干部选拔任用工作中实际存在的“重才轻德”现象的纠正，也是对干部考察内容的深化，将干部选用标准由注重显性的能力实绩，拓展到隐性的思想品德层面。在对干部德的考察内容上，明确提出要突出考察政治品质和道德品行。考察政治品质重点了解干部坚定理想信念、坚守政治纪律、坚持原则、敢于担当等方面的情况，把考察理想信念放在首位，这些都是对考察干部德的内容的深化和拓展。最后，体现为标准把握更加严格。《条例》明确提出，要大力培养、大胆使用那些对党忠诚、个人干净、敢于担当的干部，对那些政治品质、道德品行和廉洁自律等方面“带病”的干部坚决不用，真正让标准严起来、实起来。比如，对个人有关事项报告情况的核实，中共中央办公厅、国务院办公厅印发的《领导干部个人有关事项报告查核结果处理办法》规定，对报告事项处理与实际情况不符的，将区分情况进行严肃处理，并对处理的依据作出了明确具体的规定。2015年以来，中共山东省委组织部以个人报告事项比对不实，取消了部分已列入考察范围的领导干部的选拔任用资格。其中，有县委书记、省直部门干部以及在任的市级领导。对违犯标准规定的，一视同仁，绝不姑息，充分体现了在干部选用工作上的从严要求。

二是在干部选拔程序方面。首先，体现为程序规定更加严密。近年来，中央先后制定和完善了干部选拔任用、干部个人有关事项报告、干部问责、干部兼职、干部档案管理、“裸官”治理、防止干部“带病提拔”等方面的制度，逐步扎密制度的笼子，形成了干部选拔从“入口”到“出口”的完整闭环系统。其次，体现为程序履行更加规范。山东省委组织部根据《条例》规定的程序环节，制定了干部选用工作流程，将干部选用工作分解为动议酝酿、推荐考察、审核与征求意见、研究任职、全程纪实 5 个环节、29 个步骤，对干部选用工作的每个环节，都作出了明确具体的规定，对干部选拔任用的每个步骤由谁来做、怎么做都规定得清清楚楚、明明白白，使干部选用的每项工作都能有规可依、有据可查。同时，要求各级组织部门严格按照《条例》要求，始终坚持公道正派，对没有经过规定程序的，一律不考察、不研究、不讨论、不呈报，对减少程序、颠倒程序、事后补程序的，及时发现、坚决纠正，堵塞了随意操作的空间，使干部选拔工作更加严格规范。最后，体现为责任落实更加严格。以前，在推荐干部中可能走程序的成分多一些，推荐的干部出了问题与推荐人无关。现在，谁推荐的干部出现了问题，就要严肃追究谁的责任。

三是在干部选拔任用的监督方面。中央组织部配套制定了《关于加强干部选拔任用工作监督的意见》(以下简称《监督意见》)，为从源头上预防和治理选人用人不正之风提供了有力武器。

首先，加强了对《条例》执行情况的监督检查。《监督意见》提出每3至5年，要分级分类对所有有用人权的单位全面检查一遍。坚持和改进干部选拔任用"一报告两评议"制度，把"一报告两评议"结果，作为衡量一个地方和单位选人用人风气的重要依据。中央和省委都要求结合巡视开展选人用人专项检查，做到巡视到哪里、选人用人专项检查就跟进到哪里，进一步发挥巡视在选人用人监督中的独特优势。同时，完善选人用人问题的反馈、通报、整改工作机制，巡视组在对每个单位检查结束后，都要形成检查情况报告、反馈意见稿和提供给巡视组起草巡视报告的参考稿，经巡视组组长审核同意后报省组织部领导审定。对检查发现的问题，建立台账，实行"销号式"管理，解决一个销号一个，确保整改到位。其次，对干部选拔工作实行全程纪实。中共中央组织部印发《关于加强干部选拔任用纪实工作的若干意见》，中共山东省委组织部制订《干部选拔任用纪实工作办法》，采取收集整理干部选拔任用过程有关材料等方式，如实记录干部选拔任用工作运行情况及结果。要求对违反《条例》、搞用人不正之风的情形，要记录在案，形成用人的"负面清单"，并重点列出5种情形。最后，严肃查处违反组织人事纪律的行为。《监督意见》提出了“五个一律”的惩戒规定，对干部选拔任用工作实行督查、倒查、备查的“三查”措施。实行立项督查，突出重点案件的查处，保持整治用人不正之风的高压态势；实行倒查问责，强化干部选拔任用责任追究，严肃追究当事人和责任人的责任；实行纪实备查，建立干部选拔任用纪实制度，为开展倒查、追究问责提供依据。同时，完善群众和社会舆论监督力度，加大查处案件通报曝光的力度，发挥警示和震慑作用，努力营造公道正派、公平公正的选人用人环境。

第二，这次换届纪律之严格超乎以往。警示教育片《镜鉴》中有这样的案例：湖南衡阳破坏选举案，最终终止了 749 名省、市、县级人大代表的代表资格，对 467 名党员和国家工作人员给予党纪政纪处分，对 69 名涉案人员进行立案侦查、提起公诉，9 人获刑；四川南充拉票贿选案，党纪政纪处分 344 人，诫勉谈话、批评教育 100 人，33 人获刑。从严查处这两起案件，充分表明中央全面从严治党的坚强决心。在严格的规矩和纪律面前，不管什么人、不管多少人，只要违反了党纪国法，就要受到严惩，决不会“法不责众”，更不会“既往不咎”。

选什么人、用什么人，怎么选人、怎么用人，关乎人心向背、影响社会风气、关系事业发展、事关个人利益。严肃换届纪律，就是要选好人用好人，维护公平公正，保护好每个干部的利益。因此，对于这次换届，中央和省委、市委对换届风气高度重视。习近平总书记强调，要严明换届纪律，坚决整治不正之风，特别重要的是抓主体责任落实，抓问题，对一些人冲底线的风险不要低估，坚持“零容忍”，绝不姑息迁就。中共中央组织部的主要负责同志在省级党委换届工作座谈会上，进一步提出了“三严”的要求，强调要严明纪律规定、严格督促检查、严肃执纪问责。中共山东省委、烟台市委主要领导对换届纪律逢会必讲，从一开始就把正风肃纪牢牢抓在手上，全程压实责任、全程教育引导、全程监督检查、全程从严问责，以坚决的态度、果断的措施狠刹歪风邪气。

针对这次换届，中央提出了 1 个“五”、2 个“九”、4 个“四”的要求和举措：1 个“五”就是严明换届纪律要抓住“五个责任主体”，2 个“九”就是“九严禁”换届纪律和“九个一律”处理规定，4 个“四”就是“四凡必”“四必看”“四必谈”“四必训”。其中，最重要的就是“九严禁”，这是换届纪律的“负面清单”。

《阿房宫赋》里有一句话：“秦人不暇自哀，而后人哀之；后人哀之而不鉴之，亦使后人而复哀后人也。”意思是说，秦国的统治者来不及为自己的灭亡而哀叹，却使后人为它哀叹；如果后人哀叹它而不引以为鉴，那么，又要让后人哀叹他们了。我们看了《镜鉴》，一定要引为镜鉴，不要使后人而复哀后人也。

党的十八大以来，全党的变化大家有目共睹。如果思维方式、行为方式还停留在过去，即使做得再隐蔽，擦边球打得再好，那也一定会栽跟头的。类似“九严禁”提到的事，过去有的人可能做、也做成了，但现在做就是很危险的，会断送你的前程。

第三，严肃纪律是最大的公平。我认为，公平比什么都重要。前几天我读了本《中国历史的教训》，里面有个故事很有意思。公元 968 年的一天，宋太祖赵匡胤审阅新科进士名单时，突然皱起眉头，问宰相赵普，名列第六的陶邴是翰林学士陶谷的儿子吧？赵普说，是的，这孩子学习很刻苦，是个大才子。赵匡胤问，这次的主考官是谁？赵普说，是陶谷。赵匡胤又问，儿子参加考试，老子为什么不回避？赵普说，陶谷自己提出回避了，但实在没有合适的人替他，这父子俩都是规矩人，陶邴又有实力，所以我们就没深究。赵匡胤很生气，一拍桌子说：不长脑子，你们要动摇国本吗？没等赵普想明白赵匡胤为什么发火，赵匡胤就下令拟了一道后来被载入史册的圣旨：今后，对上了预备录取名单的官宦子弟，由礼部牵头，额外增加一道复试，不通过不予录取。从此，在科举取士过程中，对官宦子弟严格设限，贯穿了整个宋代。据考证，宋朝在1256年录取的601名进士中，平民子弟达417人，占压倒性多数。宋代这种做法对后世启发很大，历朝历代都在小心维护科举制度，以显示公平。清朝科举录取的平民子弟占46.77%，其中，父辈无功名的占33.44%，五代均无功名的占13.33%。封建社会讲封妻荫子，尚且小心翼翼地维护公平公正，共产党人难道还赶不上封建官僚吗？

我们要坚决抵制一切跑官要官、拉票贿选、说情打招呼的行为。凭什么你“能跑能要”就进步快？都靠歪门邪道，谁还干工作？凭什么你有点关系就给别人施加压力，让别人违背良心？作为组织部门和组工干部，一定要有威武不能屈、富贵不能淫、贫贱不能移的气节。如果在换届过程中有人敢于以身试法，违反“九严禁”的要求，一定会搬起石头砸自己的脚，一定会被严肃处理。如果本来在考虑范围内，但因为托人打招呼而被取消资格，不要说组织没有提醒你。《史记·孙子吴起列传》里有个故事：吴王阖闾请孙子训练后宫姬妾。孙子集结队伍，说：“谁要是不服从命令，斩！”姬妾们心里想：“我们是大王宠爱的人，你一个臭当兵的，还敢管我们？”于是在列队的时候嘻嘻哈哈，交头接耳。孙子立马把带头的两个姬妾给斩了，吴王求情也不行。一看这个架势，所有姬妾全都老老实实，很快练成了娘子军。定了规矩就必须执行，希望在换届过程中没有一个触碰底线的人。

维护公平公正，每一个人都受益；破坏了公平公正，每一个人都可能受害。比如，今天有一个岗位，本来应该考虑甲，因为你托了关系、打了招呼，就考虑了你，看起来你沾光了。那么，明天就可能会有另一个岗位，本该考虑你，但是因为乙打招呼，就考虑了乙，你又变成那个吃亏的人。长此以往，没有了公平，每个干部都可能成为受害者，每个干部的利益都难以得到保障。只有一碗水端平，大家都靠工作、靠实绩、靠品行，不靠歪门邪道，才能人人受益。我一路走来，没有一次调整是自己运作的，我至今不知道任何一个直接领导和任何一个组织部领导家门朝哪儿，也没耽误我进步。我是干正事的受益者，也一定要让群众因为我们的工作而说共产党干正事！我愿意跟大家一道继续为烟台营造山清水秀的政治生态。

第四，20 字好干部标准是选干部的尺子。经常有同志说，我工作挺好，也干出了成绩，组织上是不是该给我提个职务啊？作为组织部长，我想再说说这个问题。一个技术性很强的部门评价一个干部，可能主要看他的技术水平、业务能力；纪检部门评价一个干部，主要看他是否存在违纪问题；卫生健康部门出具对干部的评价意见，只看你是否违反了计划生育政策。这些部门的判定用的都是底线要求。但是组织部门看干部就不一样了，业务条件、廉政条件等条件都只是选用干部的必要条件，而不是充分条件。组织部选干部要综合考虑各方面因素，而不是单项工作。既要考虑干部本人德、能、勤、绩、廉等综合表现情况，还要考虑班子结构需要；既要考虑干部资历，还要考虑干部的发展潜力，不可能根据单项工作成绩决定干部的进退留转。

习近平总书记在 2013 年全国组织工作会议上提出了信念坚定、为民服务、勤政务实、敢于担当、清正廉洁的 20 字好干部标准，是选拔干部最基本、最重要的尺子。习近平总书记又在中央政治局“三严三实”专题教育民主生活会上，提出了“五观察五看”的重要思想，即观察干部对重大问题的思考以看其见识见解，观察干部对群众的感情以看其秉性情怀，观察干部对名利的态度以看其境界格局，观察干部的为人处事方式以看其道德品质，观察干部处理复杂问题的能力以看其综合素质。这是识别干部的最基本、最重要的方法。可见，组织部衡量干部的尺子更严，标准更高，评判干部更立体，考虑得也更综合。希望大家按照 20 字好干部标准做人、干事，经常对照检查一下自己的差距，不要做过多的自我设计，把心思用在干好工作上。

具体到这次换届、具体到每个同志，如果我们的品德、才干得到了组织和群众的认可，因而更进一步、更上层楼，那是成功的；如果没有更进一步，但展现了高尚的操守、严守各项规矩纪律，始终保持蓬勃朝气、昂扬锐气，积极作为、想事干事，那也是成功的，而且这种成功更加难能可贵，更加让人敬重；如果因为一时没能如愿，就有了落差，心生不满、自暴自弃，经受不住考验，那么，你既配不上自己的雄心，也辜负了自己的付出；如果走了旁门左道，即使坐上了那把椅子，也只是暂时的，因为“人间正道是沧桑”，早晚会把你“打回原形”，甚至让你身败名裂。你爬得越高摔得越重。

最后，祝愿大家无论在换届中，还是在工作生活中，都能做到心态更平和、生活更幸福、人生更成功。

（本文是作者 2016 年 9 月 14 日在烟台市委党校主体班次上的党课报告）

年轻人，你凭什么被提拔

习近平总书记强调：“要建设一支忠实贯彻新时代中国特色社会主义思想、符合新时期好干部标准、忠诚干净担当、数量充足、充满活力的高素质专业化年轻干部队伍。”[①] 年轻干部应该如何自处才不辜负这个伟大的新时代，才不辜负组织的信任和培养？我想重点谈一谈年轻干部要具备的 7 种能力。

---

① 习近平:《在全国组织工作会议上的讲话》，人民出版社 2018 年版，第 26—27 页。

一、年轻干部一定要有定力

定力，主要是指政治定力、纪律定力、防腐定力，始终做到立场坚定、信仰坚定、意志坚定，始终做到不为噪声所扰、不为歪风所惑、不为暗流所动、不为利益所俘，始终做到“千磨万击还坚劲，任尔东西南北风”。

一要有政治定力。这是对年轻干部最基本的政治要求。习近平总书记强调：“政治上有问题的人，能力越强，职位越高，危害就越大，我们选用的干部必须是政治上过得硬、靠得住的干部。”[①] 这就如南辕北辙一样，如果方向错了，那么马越快、驾驶技术越好，离正确的目标就会越远。所以，政治定力是我们安身立命的基础。

我们把“讲政治”放在第一条，经常讲要增强“四个意识”、坚定“四个自信”、做到“两个维护”。但是大家不妨扪心自问一下：是不是把“讲政治”当成一个空话套话，当成写文章必须放在最前面的一句话？是不是发自内心地做到了坚决维护习近平同志全党的核心、党中央的核心地位，坚决维护党中央权威和集中统一领导？是不是能够准确把握和坚持党的政治立场？是不是在自己站稳政治立场的同时，面对其他人一些错误的观点，敢于批判和斗争？

之所以提出这些问题，是因为有些同志的思想认识比较模糊。例如，我们现在提倡家风建设，有的地方有那么多好的典型不去弘扬，非得去挖掘一些恶霸地主的家风。这些恶霸地主最本质的特征是剥削人民。他们的千顷良田、万贯家财不是靠勤劳致富得来的，而是靠强取豪夺、大斗进小斗出剥削人民得来的。如果恶霸地主都能成为正面典型来进行挖掘和宣传，那么，我们党当初领着人民群众闹革命，还有什么合理性？！

① 习近平：《在全国组织工作会议上的讲话》，人民出版社 2018 年版，第 19 页。

这不是典型的历史虚无主义吗？！但是有的同志没有意识到这是个问题。选干部，一定要选能够坚持党的领导、坚持正确政治立场、坚持社会主义方向的干部。否则，我们就不是培养接班人，而是培养掘墓人了。

党员干部一定要提高理论素养，增强政治定力，坚定理想信念，决不能在政治上出问题。政治立场出了问题，这是致命的问题。为了准确识别干部的政治立场、政治方向，2017 年，烟台市在全国率先出台了《关于干部意识形态能力考察的意见（试行）》，2018 年又进一步制定了细则，对政治上不合格的干部坚决"一票否决"。在这个问题上，我们必须旗帜鲜明，必须坚定不移，组织部门就是要替党把好这个关。

二要有纪律定力。习近平总书记强调："无数案例证明，党员'破法'，无不始于'破纪'。只有把纪律挺在前面，坚持纪严于法、纪在法前，才能克服'违纪只是小节、违法才去处理'的不正常状况，用纪律管住全体党员。"① 正如习近平总书记所说，违反党的纪律，是腐败的发端，而违反纪律又往往是从破坏规矩开始的。比如，有的同志热衷于搞团团伙伙、结党营私、拉帮结派，今天搞个同学会，明天弄个同乡会，小圈子里的兄弟时不时聚一聚，互相关照，互通款曲，表面上看是人之常情，实际上是为自己日后的利益做铺垫；有的干部乱评乱议、口无遮拦，甚至对中央的大政方针、重要决策，对党的领袖也敢随意调侃、胡说八道；有的干部随意脱离岗位，不请假不汇报，东跑西颠，不知去向；有的干部无视再三提醒，随意泄露党组织正在酝酿的内部信息。如果纪律规矩不树起来，就会酿成大错。

三要有防腐定力。党的十八大以来，党中央和各级纪检部门进一步加大惩治腐败的力度，查处了一大批案件，一大批干部落马。尤其是在开展巡察以后，每一轮巡察都会发现很多问题线索，反腐形势不容乐观。

---

① 习近平：《在第十八届中央纪律检查委员会第六次全体会议上的讲话》，人民出版社 2016 年版，第 17—18 页。

年轻干部是后起之秀，在单位里是骨干，受人尊重；在家里是顶梁柱，父母因为我们而荣耀，家属因为我们而自豪，子女因为我们而骄傲。如果把持不住触犯了法律，虽然犯错的是自己，但伤害的却是整个家庭。孩子在同学面前抬不起头，家属在同事面前直不起腰，父母伤心欲绝，后果不堪设想。年轻干部有前途，别人对你有预期，更容易成为被“围猎”的对象。大家一定要强化防腐定力，自重、自省、自律，慎独、慎微、慎初，千万不要事到临头，追悔莫及。

二、年轻干部一定要有能力

有能力，是成为一个优秀年轻干部的必要条件。有能力不一定优秀，但是没有能力肯定不优秀。组织部门评价一个干部是不是有能力，主要看两个方面：

一是看是不是有“一技之长”，就是专业能力怎么样，有没有一两样过硬的本领。比如，有的同志材料写得好，是单位公认的笔杆子，文字能力就是你的一技之长；有的同志是会计，记账是最好的，那么财务能力就是你的一技之长。有了一技之长，在单位就有一席之地。目前，我们在城市规划、财政金融、招商引资方面的人才非常紧缺，如果这个时候能拿出业绩、拿出水平，能做好这个工作，那么，你就有竞争力。

二是看能不能博采众长，就是看内功怎么样，综合素质怎么样。有的领导干部不管组织上把他放在哪个岗位上，都能快速上手、迅速胜任，就是靠的这种综合素质。具备了过硬的综合素质，不管遇到什么困难，组织首先会想起你；然后不管安排给你什么样的工作，你都能干好，这样的干部想不出众都很难。

要提升能力，我认为要从 4 个方面下功夫：

一要强化学习能力。学习能力是一个干部最根本、最重要的能力。

一个人所掌握的知识很重要，但更重要的是学习能力，因为任何知识，都是我们用来调动其他未知知识的一种黏着物。意思就是说，我们已有的知识，是为了钓一条大鱼而准备的那条小鱼，或者是为了滚一个大雪球而最初捏起来的那个小雪球。如果我们现在已经掌握的知识是金子的话，那么学习能力就是一个点石成金的手指。所以，搞教育培训，在增加知识量的同时，更重要的是要提高学习能力。

要提高学习能力，首先要解决两个问题：一个是学习态度，另一个是学习方法。关于学习态度，有的同志还存在误区。比如，有的同志感觉工作太忙，没有时间去学习。这个观点就是把学习和工作完全分开了。其实，学习的过程就是工作的过程，工作的过程也是学习的过程，二者是“你中有我、我中有你”紧密结合的。又如，有的同志觉得自己有高学历，不用学也能应付过去，这完全是一种盲目的优越感。因为我们现在正处在一个信息爆炸的时代，科技进步日新月异，知识更新让人目不暇接。高学历是年轻干部的优势，但是如果只满足于已有的学历，故步自封、就此止步，则不可避免地要落伍，甚至被淘汰。相反，有些人没有受过系统教育，但是水平很高，就是因为他有学习的能力。所以，在学习问题上，谁都没有资格说自己的能力和水平已经足够用了，不再需要学习了。这样的认识本身就是无知。

关于学习方法，主要有 4 种：第一，学习显性知识。就是要向书本学，多读书、读好书、读有益的书，这是最直接的学习方式。第二，向实践学。毛泽东同志说：“读书是学习，使用也是学习，而且是更重要的学习。”① 实践确实是一本纷繁深奥的“百科全书”，我们要想在各种矛盾中创造性地开展工作，最佳的捷径就是深入实际，在实践当中学，这样学到的本领才是最管用、最能解决实际问题的秘诀。第三，向过去的经

①《毛泽东选集》第 1 卷，人民出版社 1991 年版，第 174 页。

验学。我经常跟组织部的同志讲，有一种成功叫“无意义的成功”，有一种失败叫“有价值的失败”。所谓“有价值的失败”，就是那种能让你澄清认识、产生顿悟、增强智慧的失败。“无意义的成功”就是指虽然已经“万事大吉”了，但是整个人还是浑浑噩噩、误打误撞，并不知道成功是因为什么，这种成功不能给未来提供经验。战争年代，我们的部队每次战斗之后，都要组织“战斗总结讲评”，发扬军事民主，对战斗进行总结反思，也包括评定伤亡和立功。反思和总结的过程就是一个学习提高的过程，如果我们能够经常反思一件事的得失、一天的得失、一个时期的得失，那么，我们的进步肯定会比别人快。第四，向身边的人学习。一个好领导就是一所好学校。其实，不光好领导是好学校，我们身边的每个人都可以是一所好学校，就看你去不去学、会不会学。孔子说：“三人行，必有我师焉，择其善者而从之，其不善者而改之。”别人做得好的地方，我们就要分析好在哪里、为什么好，进而学习别人的优点，这些都是学习。

二要强化思考能力。一个优秀的人和一个一般的人，区别就在于思考的深度。台湾大学有一座很著名的钟叫“傅钟”，每天就敲 21 下，为什么建傅钟、为什么敲 21 下？因为台湾大学原校长傅斯年说过一句话：“一天只有 21 个小时，剩下的 3 个小时是用来沉思的。”从认识论的角度看，如果只学习不思考，认识的过程是没有完结的。所以思考相当重要，只有勤于思考，才能对现实问题作出理性判断和科学回答，形成新想法、新思路、新办法，用于指导实践。

思考要主动。我在工作中接触的一些年轻人，脑子懒，不主动想事，推一推就动一动，交代一件事就干一件事，不交代的话从来不会主动思考、谋划分管工作，从来不会主动想干点什么才能让这项工作有所提升，更不用说站在更高的角度、全局的高度给领导提出合理化建议了，这样干工作肯定是不行的。

思考要勤奋。一件事，想一遍是一个效果；想三遍，把各种可能性都考虑到了，把各种漏洞都补上了，把各种预案都想清楚了，肯定是另外一个效果。

思考要系统。我们在工作、学习中会接触到大量的信息，有的同志缺乏系统性，每天就游荡在散乱的信息中，脑子里只有独立的信息点，不从整体上把握认识和汇总提炼。这就好像在我们面前有一堆零件，却组不成一个产品，这样我们的工作就实现不了其功能和价值。因此，思考要主动、要勤奋、要系统。

有两个方法可以检验思考的程度：一个是说，另一个是写。“说”，就是用最通俗、最简明的语言，向不熟悉这门知识的人讲解，能讲清楚，能让人听懂，这就是本事；如果还能讲得引人入胜，那么，水平就更高了。这个“说”看起来是一个口才问题，但是说到底是能不能从整体上把握一门知识，把别人的思想变成自己的思想、自己的语言、自己的体系讲出来的问题，这是很重要的检验标准。另一个是“写”，这是一个更高层次的检验标准，因为我们要把自己的理解和认识体会，结合经验，写成文章，我们对这门知识的把握运用，肯定又往前迈进了一大步。在写作的过程中，我们认识上存在的一些模糊点，还有一些未知领域肯定会暴露出来。我们一边写一边会发现，还有这个点需要继续挖掘，这就需要我们放下笔再去学习，再去思考，直到真正理解了，文章才能继续写下去，所以写作是可以加深认识的。在机关，文字水平高的人通常进步得快，因为文字水平不仅体现了驾驭文字的能力，更体现了比较高的思维水平。说和写，是年轻干部最需要加强锻炼的能力，大家都要做提笔能写、张口能说的干部。

三要强化操作能力。学习不是目的，思考也不是目的，最终的目的是指导实践，是应用。空谈误国，实干兴邦，实干才是最关键的。我们学习新知识、增长新本领，最终目的是要创造新业绩。如果只是停留在学和思的层面上，缺乏“行”这个环节，那就会成为“语言的巨人、行动的矮子”。知识再丰富、想法再高明，不能和实际工作结合，也就不能发挥作用，就是空中楼阁。沉睡的资产再多，也不如快速流动的小资金有效。在实践中运用知识的过程，就是一个“盘活知识”的过程。实践是检验真理的唯一标准，事实上实践也是检验能力的唯一标准，学得再多、想得再好，不实践，都是水中花、镜中月。

四要强化领导能力。领导能力是一个很综合的能力，其包含很多的专项能力。

认识能力。领导的认识能力要强于别人，要见人所未见、言人所未言。毛泽东同志曾说：“坐在指挥台上，如果什么也看不见，就不能叫领导。坐在指挥台上，只看见地平线上已经出现的大量的普遍的东西，那是平平常常的，也不能算领导。只有当着还没有出现大量的明显的东西的时候，当桅杆顶刚刚露出的时候，就能看出这是要发展成为大量的普遍的东西，并能掌握住它，这才叫领导。”[①] 能在地平线上出现一个桅杆顶时，就知道马上就要出现一个大量普遍的东西，这就是认识能力。

迅速抓住问题本质的能力。例如，有的领导干部听完汇报之后，三言两语就能把这个事的要点概括出来，这是一种迅速抓住问题本质的能力。反过来，有的领导干部不得要领，说了半天不知道要说什么，这就很难成为一个胜任的领导干部。

把握大局的能力。任何工作都是一个局部，但如果没有全局观念，肯定做不好局部的工作。古人说：“不谋万世者，不足谋一时；不谋全局者，不足以谋一域。”如果你不是一个考虑全局问题的人，不能把自己的工作放到全局找合适的位置，那么，你的工作肯定做不好。任何一个领导都要跳出局部，都要有把握全局的能力。每一个年轻干部，都要做

---

①《毛泽东文集》第 3 卷，人民出版社 1996 年版，第 394—395 页。

一个全才和全局之才。什么叫“全才”？就是各方面的能力都具备。有的干部知识比较广博，各个领域知识都懂一点，那就是“一字形”干部；在这个基础上，专业知识研究得比较深，那就是“T字形”干部；在这个基础上，如果又能冒尖又能创新，那就是“十字形”干部。领导干部要当全才，就是要当“十字形”的干部。什么叫“全局之才”？“全局之才”就是胸中要有全局，能够把自己的工作放到全局来衡量、放到全局来认识、放到全局来推动。每个人对自己的岗位有荣誉感，这是好的，但不能因为对自己的工作有荣誉感，就认为其他所有的工作都要给自己的工作让路，这就是缺乏全局观念的表现。

管理能力。领导的基本实践就是管理，如何有效管理、科学管理，是一门很大的学问，有一门课程叫“管理学”。实际上，党小组组长管几个党员，也是管理，能当好这个党小组组长也不容易。当科长，管好科里的几个人，同样也不容易。

三、年轻干部一定要有魅力

“魅力”是指人格魅力，不是说长得漂亮，而是指道德品行。如果说能力是让年轻干部脱颖而出的“针尖”，那么，道德品行就是支持你走得更远的“针柄”。能力上有不足，还能补充提高；但是品德上有问题，那就无可救药了。

一要涵养政治品德。其最核心的就是对党忠诚。我们党自成立以来，入党誓词曾几经变化，但唯一不变的一条就是“对党忠诚，永不叛党”。习近平总书记指出：“我们挑选优秀年轻干部，千条万条，第一条就是看是否对党忠诚；我们培养优秀年轻干部，千条万条，第一条就是教育他们对党忠诚，坚决防止政治上的两面人。”[①] 年轻干部一定要把自

① 习近平：《在全国组织工作会议上的讲话》，人民出版社2018年版，第28页。

己的命运和党的命运联系在一起，只有这样路才能不走偏。

二要涵养社会公德。我们在岗位上有职务高低之分，但是在生活中都是普通人，都要遵守社会规则、公序良俗。领导干部只能比普通人做得更好，因为你是领导，就要起表率作用。2018 年 12 月 2 日，在广西壮族自治区南宁市，一名干部违章被交警拦住之后，气焰十分嚣张，跟交警说："你们局长都是我的手下。"这样的人毫无社会公德，而且他走在路上能违章，在工作岗位上也会违纪。领导干部在单位里边是"领头羊"，在社会上就得当"领航员"，一举一动备受关注，一定要有在聚光灯底下的审慎，要有作表率的责任，从点滴小事做起，让自己的模范行动带动更多的人。

三要涵养职业道德。职业道德就是责任心。一个有责任心的人，不管被放在什么岗位上，都能让人放心，因为他对自己的工作经常"放不下心"。这是辩证的，你让别人对你放心，自己首先得对你的工作有一种"放不下心"的意识。有一个故事：一个保姆请了 7 天假，她走了之后，该户主人就发现家里的垃圾桶里边套了 7 层塑料袋，保证每天一个，等 7 个用完了，她就正好回来了。这说明保姆虽然人离开了，但是她的责任没有放下，提前完成了，这是一名保姆的职业道德。对年轻干部来说，更应该有这种觉悟。但在实际工作中，我们经常看到有些年轻干部分内的事不上心，分外的事不关心，当一天和尚撞一天钟，上班应付，写的材料前一段和后一段都矛盾，一件事追问其三句一定答不上来；有的年轻干部八小时以外找不到人，因为他要过自己的生活，不能让领导"打扰"；有的年轻干部对工作挑三拣四，不愿去那种权力不大、工作很忙、天天加班的岗位。对工作没有责任心，对职业没有敬畏心，该出力的时候不出力，到提拔的时候又嫌提拔得慢了，整天怨天尤人。这样的工作态度，怎么让人用你？所以，年轻干部要努力做到不让任何一项工作在我手里延误，不让任何一份文件在我手里积压，不让任何一件请办事项在我手里耽搁，不让任何一个过错在我这里发生。这些不是大事，但是点点滴滴的小事却能涵养职业道德，打造自己“靠谱、可信、可用”的品牌。

四要涵养家庭美德。经营不好家庭，就成就不了事业，“后院”失火，“前院”一定起火。如果一个人对家人不好，那么，他还能对谁好？家风不正，作风岂能正？海阳市城北村改革开放以来一直走集体化道路，村集体凝聚力非常强。村党支部书记说，他们村里选村干部，一定是要往上查三代的，要看他的爸爸、他的爷爷为人怎么样，祖辈不讲道理、家风不正的人，是不能进村“两委”领导班子的。村党支部书记还说，通过查家风，保证了村“两委”领导班子的人品都非常好。而且村党支部书记也不像有的村那样，非要把班传给自己的孩子，村集体里没有他自己的孩子和亲属。因为选村里家风好、口碑好的人当带头人，所以这个村集体 40 多年没分家，发展得非常好。因此，年轻干部一定要塑造良好的家风，让自己有安心工作的“大后方”，也给社会增加一个安定的“小细胞”。

四、年轻干部一定要有活力

活力是年轻干部的基本属性。毛泽东同志说：“世界是你们的，也是我们的，但归根结底是你们的。你们青年人朝气蓬勃，正在兴旺时期，好像早晨八九点钟的太阳。希望寄托在你们身上。”[①] 八九点钟的太阳是什么样的？就是朝气蓬勃、英姿勃发，有一种按捺不住、跃跃欲试的力量，这才是年轻干部应该拥有的精神状态。但是现在有些年轻干部，生理年龄不大，心理年龄很大。有的暮气沉沉，一些“80 后”女性自称

①《建国以来毛泽东文稿》第 6 册，中央文献出版社 1992 年版，第 650 页。

“老阿姨”，“90后”自叹“人到中年”，活生生地把“早晨八九点钟的太阳”过成了“日薄西山”的样子；还有的年轻人直接就是“佛系”青年，万事不争，四平八稳。如果这样的状态成了年轻干部的主流，那么，培养年轻干部的意义何在？你的言谈举止、行事作风比老同志还迟缓，又不如老同志经验丰富，那组织凭什么用你？！年轻人就要有一个年轻人的样子。

一是思想上要有活力。年轻干部要敢想敢干敢创新，墨守成规是典型的误区。有的年轻干部开展工作不是对照习近平总书记的讲话精神，不是对照党的十八大之后的新要求去改变工作思路、创新工作方法，而是说“过去都是这么干的”。到了今天，思想还仍然停留在之前，工作怎么可能干好？怎么可能有超前性、预见性？怎么可能符合中央的要求？最近环保出了问题，处理了一些干部，一个很重要的因素就是总是强调历史，跟不上新的要求，甚至面对《焦点访谈》节目的记者采访时，还强调环保要给发展让路，这个思想得落后到多么匪夷所思的程度！所以说，年轻干部首先思想上要跟得上形势，要有活力。

二是工作上要有活力。心理学家曾经做过一个实验：把一个宾馆的服务员随机分成两组，对其中一组说：你现在干的工作就跟健身一样，整理一次床单消耗多少卡路里，拖一次地消耗多少卡路里等，然后每天还让他们记录“健身”的效果；另外一组作为参照组，照常工作。仅仅就是这样一句话、一个小小的认识转变，实验组的服务员不仅工作效率明显提升，各项身体指标居然也有了优化提升。这就是所谓的“成长型思维”。当我们把工作当成一种修炼、一种机遇，每天就会“跳着踢踏舞去上班”；要是把它当成个负担，当成不得不干的事情，那么，就和有些年轻人说的“上班如上坟”一样。

三是生活上要有活力。生活和工作不是截然对立的，它们不是敌人。现在，年轻人容易走两个极端：一个极端就是只有工作没有生活；另一个极端就是不会生活、不懂生活，把“吃吃喝喝”“游戏人生”视为生活，一有时间不是去喝酒就是躺在床上玩手机。这种生活没有意义。年轻干部要养成健康向上的生活情趣、生活习惯、生活方式，把积极的生活态度映射到积极的工作状态上。

五、年轻干部一定要有魄力

什么是魄力？就是干别人不敢干，成别人不敢成，这就是魄力！年轻干部是干部群体中的生力军和最活跃的因子，就是要敢闯敢冒险，见第一就抢，见红旗就扛。但是我们现在有些年轻干部恰恰相反，有的做事思前想后、瞻前顾后，畏首畏尾、缩手缩脚，不坚决、不果敢、不痛快，作个决策问这个问那个，就是不敢“拍板”；有的是遇到难题绕道走、遇到大事倒着走，不敢担当，不想出头，一点没有年轻人的样子。

一要立志做大事。“当立心做大事，不可立心做大官”，是孙中山先生的名言。其实，他的原话比这两句话要丰富很多。1923 年他在岭南大学发表演说时说：“古今人物之名望的高大，不是在他所做的官大，是在他所做的事业成功。如果一件事业能够成功，便能够享大名。所以我劝诸君立志，是要做大事，不可要做大官！”可见，孙中山的原意，是说“大事”不在于事情本身大小，而在于你是不是有魄力把它干成干好。山西右玉县的“右玉精神”是怎么培育出来的？就是因为右玉县历届县委、县政府都持之以恒地干一件事情——植树造林。他们经过几十年持续不断的努力，让右玉县的森林覆盖率从不到 0.3% 提高到现在的 54%。植树造林算不算件大事呢？肯定是件大事，因为它惠及子孙。但是，右玉县历届领导没有去搞“新官上任三把火”，没有提新口号，没有搞新主张，而是一以贯之干下来，需不需要魄力？肯定需要。是不是只有打破过去的，完全另立一套才叫有魄力？肯定不是。能一锤接着一锤敲、一张蓝图画到底，能这样坚持，本身就是魄力！尤其是在“大跃进”时期，右玉县还能坚持种树，这更是一种魄力。所以，越要成就大事，就越要克服阻力，越要有超强的眼光和魄力。

二要立志破难事。我们在工作中会遇到很多的难事，有的是长期积累的，有的是历史遗留的，有的是体制机制造成的。这些事如果不去解决，不会凭空消失，只会越拖越严重。就像很多群众上访，是因为房产证办不出来，办不出来可能有很多历史原因，一些领导就绕着走了，结果当时本来是可以办的事，现在都办不了了，而且是越拖越严重。这样一拖再拖，能拖到什么时候？干几年再交给下一任去拖，让老百姓怎么办？难事不会随着时间的流逝而消失，我们既然在这个岗位上，就一定把存在的难题解决掉。毛泽东同志说：“什么叫工作，工作就是斗争。那些地方有困难、有问题，就需要我们去解决。我们是为着解决困难去工作、去斗争的。越是困难的地方越是要去，这才是好同志。”[①]习近平总书记指出，改革再难也要向前推进，惟其艰难才更显其勇毅。年轻干部要励志当攻城拔寨的突击队，用“青春之气”破“难解之题”，主动到攻坚克难的一线去磨炼成长。如果在最能吃苦的时候选择安逸，将来可以享受安逸的时候一定会更吃苦。

三要立志做新事。新事物是美好的，为什么立志才能做？为什么做新事还需要魄力？首先，创新意味着改变、意味着付出，不如按部就班省事。其次，创新意味着有风险、有失败。据说，60%的初创公司会在成立一年之后倒闭，虽然最后剩下的一些“独角兽”企业很风光，但是背后其实是有更多倒下来的公司。创新肯定有风险，但是我们处在一个崭新的时代，一个日新月异的、充满变革的时代，创新有可能会失败，但不创新肯定要失败。所以，必须创新，而且要持续创新。年轻干部在

---

①《毛泽东选集》第4卷，人民出版社1991年版，第1161页。

创新的过程中，承担着重要的使命。我们不妨看看“大国重器”研发团队的平均年龄：首艘国产航母设计团队的平均年龄是 36 岁，量子科学研究团队的平均年龄不足 35 岁，北斗卫星研发团队的平均年龄 33 岁，“中国天眼”“天宫一号”“长征五号”，这些高精尖领域研发团队的平均年龄，都是 30 岁左右，C919 大型客机研究团队更年轻，平均年龄不到 28 岁。年轻人最有潜力搞创新、做新事，所以一定要有立志做新事的勇气和锐气，有“初生牛犊不怕虎”的劲头，敢于“吃螃蟹”，敢于突破旧框框，大胆提出新思路、新举措，把创新精神贯穿工作始终。

六、年轻干部一定要有毅力

干部成长的规律决定了干部培养要有足够的时间，不仅要着眼当前，还要着眼长远；不仅要看一时，还要看平时。有的年轻干部有冲劲，但是三分钟热度，常立志而不立长志，今天想干这个，明天想干那个，结果一事无成；有的缺乏恒心，“三天打鱼，两天晒网”，做事断断续续、磨磨蹭蹭；有的缺乏耐心，坐不住、不安分，总想着上蹿下跳换岗位。年轻干部还是要培养坚持、坚守、坚忍的品性。

一要敢于坚持。以著名民营企业华为集团为例，华为能有今天的成就，第一是始终坚守民族品牌。有资料显示，华为是世界 500 强企业中唯一一家没有上市圈钱的公司，美国曾试图以降低关税为诱饵入股华为，让华为放弃中方全资的背景，但被任正非直接拒绝；第二是华为始终坚持搞研发，即便在看不到收益的情况下，仍连续投入超过 5000 亿元研发芯片。正因为这种坚持，华为才有了跟美国叫板的底气。经历艰难困苦，是走向辉煌的必经之路，但只要我们在正确的道路上前进，就一定能取得最终的胜利。年轻干部都要践行习近平总书记提出的“钉钉子”精神，对认准的事情、定下的目标，要一锤接着一锤敲、一点接着一点干，不达目的不罢休，不打胜仗不收兵。

二要善于坚守。年轻干部要有“板凳宁坐十年冷”的劲头，不能朝三暮四、乱换频道。在《习近平的七年知青岁月》这本书中，可以清楚地看到七年的知青岁月，在塑造大国领袖过程中起到的巨大作用。习近平总书记说：“我人生第一步所学到的都是在梁家河获得。不要小看梁家河，这是有大学问的地方。”[①] 事实上，每个人都有自己的“梁家河”，每一个岗位都可以成为自己的“梁家河”。不管你从哪里来，有什么学历，只要坚守岗位，融入工作、心无旁骛，增长本领，最终都会有成长有收获。

三要长于坚韧。现在有个词叫“逆商”，又叫“挫折商”，指的是一个人抵抗逆境和挫折的能力。工作当中不可能没有失败、没有挫折，关键是要挺得住，百折不挠、屡败屡战。史铁生在《我与地坛》一文里谈过这个话题：他 21 岁时失去双腿，屡屡想要寻死，后来终于有一天想明白了，死是一件必然的事，反正要来，不如看看现在能做点什么。年轻人的路很长，每个人都要经常想想：我能干点什么？我还能再干点什么？只要百折不挠，就会越来越强。风会吹灭蜡烛，却会使大火越烧越旺。希望年轻干部都做一团烈火，不断燃烧。

七、年轻干部一定要有压力

习近平总书记强调：“人在事上练，刀在石上磨。”[②] 铁人王进喜有一句名言：“井无压力不出油，人无压力轻飘飘。”遗憾的是，并不是所有的年轻干部都明白这个道理。有的同志属于“温室型”干部，只能小心呵护，不能历经风雨，一离开温室大棚就蔫了，一到基层和艰苦地区就

① 《习近平讲故事：梁家河的变化是中国进步的缩影》，《人民日报海外版》2017 年 7 月 27 日。
② 习近平：《在全国组织工作会议上的讲话》，人民出版社 2018 年版，第 32 页。

怂了；有的年轻干部属于“玻璃型”干部，心理脆弱，一摔打就碎了，一遇到挫折心理就崩溃了。这样的干部难堪大用。年轻干部面对压力，正确的做法应该是这样：

一是责任面前要上前一步。现在不少年轻干部都希望找个“钱多事少离家近、位高权重责任轻”的岗位，这是不切实际的想法。胶东农村有句老话说得好：“好驴闲三年，驮不上二两散糠。”如果只想挑轻担子，不想挑重担子，长此以往肯定就飘了，肯定难成大器。这就好像锻炼肌肉一样，如果不经过一种酸痛，肌肉是不会长结实的。年轻干部一定要敢于担当责任，勇于担当重任，只有这样才能不断担当新的责任和更大的责任。

二是艰苦面前要欣然一点。有个故事：山上建了一座庙，庙里有一尊雕刻精美的佛像，善男信女沿着一级级石阶走到山顶，在佛像前顶礼膜拜。时间久了，铺在山路上的石阶开始抱怨：“大家同样是石头，凭什么我被人踩来踩去，你却被人供在殿堂？”佛像笑了笑，说：“当年，你只挨6刀，便成为一方石阶，而我是经历了千刀万凿之后，才有了现在的模样。”习近平总书记说：“越是有培养前途的年轻干部，越要放到艰苦环境中去，越要派到改革和发展的第一线去，让他们在实践锻炼中增强党性、改进作风、磨炼意志、陶冶情操、提升境界、增长才干。”① 在组织上下交流任职的时候，一些市直干部符合条件，可以到乡镇去任职，但是他们就是不报名。不报名的原因无非有两个：一是不想到基层去吃苦；二是没有自信，不敢到基层去面对和处理复杂的问题，不敢揽这个“瓷器活”。如果连自己都没有这个自信，怎么能得到组织的信任呢？中央和省委、市委对坚持基层一线选人用人的导向是坚定不移的，如果想有更大的成长和进步，就要到基层去、到艰苦的地方去，经受锻炼、更

① 习近平：《以改革创新精神做好培养选拔年轻干部工作——在全国培养年轻干部工作座谈会上的讲话》，《人民日报》2009年3月31日。

快成长。

三是顺境面前要警醒一分。孟子说:“生于忧患，死于安乐。”在舒适的环境中肯定成长不出好干部。如果有一段时间，你感觉自己的工作顺风顺水、没有什么压力的时候，那就要在心里打个问号了，看看自己是不是安于现状了、是不是按部就班了。因为以现在的发展形势，想干事、想作为，没有挑战是不可能的。《人民日报》上有篇文章，题为《在“左右为难”中成长成熟》，里面引用了一句民谣“做天难做二月天，蚕要暖和麦要寒”，说的是年轻人只有经常遇到像“二月天”一样让你“左右为难”、压力倍增的事，才能更快地成长、成熟。所以，在有压力、有难题的时候不用焦虑；在顺利、轻松的时候才真正应该警醒。

［本文是作者2018年12月14日在烟台市委党校（烟台行政学院）第31期中青年干部培训班上的党课报告］

坐着小板凳讲党课

党的十八大之后，中央部署过党的群众路线教育实践活动和“三严三实”专题教育，这都是针对县处级以上党员领导干部存在的问题而组织的教育，是全面从严治党的重要举措。通过全面从严治党，党风、政风、社会风气都得到了根本转变。在这个基础上，组织“两学一做”学习教育，就是向基层延伸，面向全体党员的教育。

“两学一做”，就是学党章党规、学系列讲话，做合格党员。

学党章党规，能让我们知道规矩是什么，纪律是怎样要求的；学系列讲话，能让我们了解中央的精神和各个方面的决策部署。如果这些我们学不好、弄不懂，我们的思想认识就会跟不上步伐，行动就会落在后面。

“做”，就是做“讲政治、有信念，讲规矩、有纪律，讲道德、有品行，讲奉献、有作为”的合格党员。之所以中央强调“做合格党员”，是因为有些党员不合格。例如，有的党员连基本的纪律和规矩都不懂，说话办事没有个党员的样子，什么话都敢说，什么事都敢做；有的平常忙着做买卖，不参加党支部组织的学习，但村“两委”选举的时候就跑回来了；有的私搭乱建，违建被拆了就带头上访；有的参与迷信活动和宗教活动；等等。因此，中央要求每名党员都要经常用“四讲四有”的标准来反思自己、要求自己。

我们可以问问自己：当初为什么要入党？是因为相信党，愿意跟党走，为党工作，还是为了将来当村干部有用，或者是找工作有用？

我们还可以问问自己：当初我们入党的时候，面对党旗作出庄严承诺，宣誓承诺的那几条现在我们是不是还做得到？当初入党时候的激动、神圣、自豪之情，现在还有没有？是不是时间长了，都忘记了？

我们还可以问问自己：我们作为党员，为村里发展作了什么贡献？平时的表现是不是让人一看就跟普通百姓不一样？党员家庭的家风是不是比普通百姓家庭的家风好？我是不是关键时刻冲得上去？

我们有必要把党章拿出来，好好读读，好好想想，好好对照一下，看能不能对得起“党员”的称号。

第一条是要讲政治、有信念。

莱阳是革命老区，历史上有许多感人的事迹。比如，龙旺庄街道西陡山村党员唐和恩，1948 年带头报名参加淮海战役支援前线的小车队，从莱阳开始给部队运送物资。部队打到哪里，小车队就跟到哪里，辗转各个战场，历时 5 个多月，行程 5000 多里。走这条运输线时，唐和恩几乎是光着脚推车，脚上的血泡连着血泡，即便如此他也始终没有放弃。

他把自己走过的每一个地名，都刻在了随身带的一根小竹竿上，一米多长的竹竿刻下了 3 个省 88 个城市和村庄的名称。新中国成立后，这根竹竿被定为国家一级文物，保存在中国人民革命军事博物馆内。我们看到这根竹竿，就体会到信念的力量。类似的故事还有很多。

在革命年代，入党是随时会掉脑袋的，但是我们的前辈义无反顾。现在是和平年代，生活条件好多了，不需要我们像革命先烈那样去牺牲，但是理想信念不能丢。

一说到讲政治、有信念，有的同志可能感觉这就是唱高调，有的同志甚至都不好意思说自己信仰马克思主义。作为共产党人，为什么我们不敢旗帜鲜明地宣传我们的主义？为什么有些党员会羞于启齿？甚至还有些党员口无遮拦，说话随便，和中央唱反调，这能算是真正的共产党员吗？

在“两学一做”学习教育活动中，有些地方倡导大家抄党章，我觉得很有必要。如果不是作秀而是用心体会的话，抄一遍确实有抄一遍的收获。佛教徒抄经书、念经，是一种修行，可以一生反复地抄，每天定时地念。党章对党员来说，就是最根本的遵循，应该牢牢记住和努力做到。大家在农村，每天起早贪黑、辛勤忙碌，可能没有多少时间专门坐下来学习。但是作为一名党员，“三会一课”总要参加吧？通过组织生活，好好读一遍党章党规和习近平总书记系列重要讲话总能做到吧？在村头街尾多给群众说说党的好政策，让村里老百姓看着党员就是比群众有觉悟，这不难做到吧？

第二条是要讲规矩、守纪律。

党的十八大以来，中央强调全面从严治党。“全面”，就是一个党员都不落。只有每个党员都讲规矩、守纪律，才能全面落实从严治党的要求。《中国共产党纪律处分条例》明确了违反政治纪律、组织纪律、廉洁纪律、群众纪律、工作纪律和生活纪律 6 个方面的纪律，应当受到处理的情形。2015 年，烟台市纪委查处的农村党员 590 人，其中绝大多数都涉及经济问题。2016 年，烟台市纪委重点整治和查处镇村干部的不正之风和腐败问题，第一批就给予党政纪处分 28 人。这两年，莱阳市先后有 3 名村党支部书记、村委会主任因经济问题受到处理。咱们村经济条件比较好，通过流转土地，村集体收入每年能达到七八十万元。有钱是好事，但在使用上，千万不能违纪违法。村里的钱该怎么用？就得按"四议两公开"来用。只要公开透明，就不会有问题。只要把钱往兜里装，就有露馅的一天，到那时候一切都完了。

对党员来说，党纪严于国法。很多国法不管的事，党纪要管。2013 年，中央电视台《焦点访谈》栏目曾报道，北京朝阳区清河营村干部马某某，在中央出台八项规定、三令五申严禁铺张浪费的情况下，顶风而上，为儿子连摆 3 天婚宴，花费数十万元，被纪委查处并免职。这件事，从法律上来说，马林祥不构成违法犯罪。如果只是一个普通公民，可能只是铺张浪费、大手大脚；但他是一名党员干部，就要考虑社会影响，就要受党规党纪约束。

有些同志可能觉得，这些纪律都是管干部的，与党员没关系。其实，对党员的纪律约束一点也不少。比如，是不是按时交纳党费，是不是参加"三会一课"不缺席，是不是能不说落后话，是不是不贪小便宜，是不是能完成党组织分配的任务等等。这些都是对每一个党员的基本纪律要求。

第三条是要讲道德、有品行。

党员要做道德模范。好党员首先得是个好人，靠自己做好人来带动群众做好人。咱们村连续 6 年被评选为先进文明典型，村党支部书记还被评为全国"敬老之星"，这就带了个好头。这种评选活动，对于提倡树立文明乡风有很好的带动作用，应该长期坚持下去。村党支部还给每名党员都制作了一个"党员之家"的门牌，这个做法也很好，这不仅是种荣誉，还是一种压力。挂上这个牌子，一家人都得掂量掂量，咱是不是得给别人做榜样？咱是不是就不能有大吃大喝、讲究排场、邻里不和、不养老人的情况发生？这就会促进我们的家风建设。如果党员把全家带动起来，党员户把亲戚朋友带动起来，那么，村风民风一定会有大的改变。

邻里间要互帮互助。大家可能都听过“六尺巷”的故事。“千里家书只为墙，让他三尺又何妨。万里长城今犹在，不见当年秦始皇。”邻里街坊，低头不见抬头见。你让我一尺，我让你一丈。不管是一对夫妻还是一个大家庭，不管是处理邻里关系还是同事关系，和谐之道无非三个字：“不计较”。特别是作为党员，更不能和群众去计较。既要处理好自己的邻里关系，也要在群众因为宅基地、排水沟、田边地角等闹出纠纷的时候，主动帮助群众调解、缓和关系。现在咱们村很多青壮年都在外工作，村里留下的老人、小孩比较多，更需要邻里之间多扶持、多帮忙，搞好团结。有个寓言故事讲的是地狱与天堂的区别：在地狱里众人围着大桌子吃饭，他们手上都只有一米长的筷子，用这样的筷子，夹到食物根本没办法放到自己嘴里，于是人人挨饿，个个愁眉苦脸；可是在天堂里，众人也围着大桌子吃饭，手里的筷子同样很长很长，但是他们夹着食物放进对方的嘴里，于是人人能吃饱，个个开心。这个故事告诉我们：互帮互助就是天堂，自私自利就是地狱。做到互帮互助，我们就离共产主义更近了一步。

要自觉抵制不良风气。现在生活富裕了，但是有些地方把党的建设、精神文明建设忽略了。比如，有的党员对村里的赌博现象见怪不怪，有的党员对村民烧香拜佛、搞封建迷信活动，不但不制止反而参与其中，更可怕的是有的甚至信邪教。我认为，产生这些问题的原因主要有两个：一是农村群众精神生活不够丰富，容易相信这些东西；二是村党支部政治功能不够强，没有将群众有效地组织团结起来。对这些问题，村里的党员、干部要重视起来，及时教育和引导群众抵制邪教，不受其蛊惑。如果我们真的能够发挥支部和党员的作用，能够干部包片、党员包户，恐怕就不会有邪教的蔓延。

第四条是要讲奉献、有作为。

以前，我国比较贫困的时候，村里搞建设，遇到困难都是党员带头上，成立党员突击队冲在前面，缺吃少穿也没怨言，许多老党员身上留下了残疾。现在，有的村召集党员开会、组织学习反而要发误工费，否则有的党员就不来，这是很不正常的现象。

当然，我们也有很多好的典型。比如，团旺镇光山村党支部书记刚上任时村集体收入基本为零，村民人均年收入还不足5000元。为了改变村庄贫穷落后的面貌，他不惜将自家500平方米的厂房无偿借给客商使用一年，给村里带来了400万元的投资项目和近300万元的年收入。村集体强了，他又自己出资建温室蔬菜大棚，免费租给农户试种并包赔损失，引导不少村民走上了靠种植、养殖致富的新路。这样的村党支部书记、党员还有很多，他们致富后，把受苦受累挣来的钱用于发展集体事业。党员就是要有奉献的意识，多做好人好事，不能遇到什么事先考虑自身的利益，要把群众的、集体的利益放在前面，这样群众才能对你服气。

村"两委"干部是最基层的干部，村里的大事小事、老老少少都要管。管得好，群众不仅夸干部，还夸共产党、夸政府；管得不好，群众不仅骂干部，还骂党和政府。所以，村干部一头连着党委和政府，一头连着群众，虽然官不大，但位置重要。我曾经问一位同志，你认为在村里干工作、处理事什么最重要？他讲，就是要"一碗水端平"，村里这么小，什么事群众都看在眼里，不公道就难以服众。我觉得很有道理。只要凡事出以公心，很多事情都好办；反之，就会引发矛盾，造成不稳定。比如，推选低保户、发惠民补贴，如果优亲厚友、有偏有向，让不该吃低保的吃了低保，让七大姑八大姨多占点果园、荒山、宅基地，老百姓心里肯定不服，不服就会生乱，这样的例子很多。村干部都是土生土长的村里人，卸任后绝大多数还要在村里生活。从这点上来讲，我们在处理事上更要公道正派，不能因为办事不公正引起非议，被老百姓戳一辈子脊梁骨。

党员要学会带领群众共同致富。说起共产主义，有些同志可能觉得很遥远，是个看不到的目标。其实，共产主义有三个最本质的特征，其中之一就是物质极大丰富。带着老百姓实现共同富裕，就是在建设共产主义。老一辈的党员都还记得，在社会主义建设时期，很多村都是自己筹资，依靠手挖肩挑车推，修水库、打梯田、战天斗地，干成了很多放在今天想都不敢想的事情。虽然时代变了，但这种精神不能丢。特别在发展生产和经济方面，我们也要拿出当年的劲头，敢闯敢干敢试，不断闯出致富新路子。比如，莱阳市有些村搞电子商务，借助微信卖苹果、卖梨、卖樱桃，不仅销路好，而且价格高，这就是新知识、新技能所带来的商机。党支部要注意组织大家学习新知识新技术，找准发展门路。自己富了不算富，带领群众共同富裕才算富。咱们村有597户，除了外出务工的人，大多数人在村里务农。党员干部在自己致富的同时，要多帮资金、帮技术、帮信息、帮项目，带领群众共同致富。特别是村“两委”成员，要搞好团结，把大家捏合到一块，团结一心创新创业，苦干实干，挑好这副担子。其他党员要支持村“两委”的工作，与村“两委”一条心，积极承担村“两委”安排的任务，敢于挑大梁、打头阵，能出钱的出钱、该出力的出力，真正发挥党员的作用，为群众作出好样子。只要村里每个党员都能发挥好作用，我们村就一定会发展得更好。

（本文是作者2016年6月26日在莱阳市纪格庄村给基层党员讲的党课记录）

党员干部怎样做到“不忘初心、牢记使命”

当前，全党正在深入开展“不忘初心、牢记使命”主题教育，烟台市的主题教育也即将展开，这是党内政治生活中的一件大事。

一、为什么要开展“不忘初心、牢记使命”主题教育

对于这个问题，习近平总书记在中央召开的“不忘初心、牢记使命”主题教育工作会议上已经给出了非常明确的答案，就是“四个迫切需要”：第一，是用习近平新时代中国特色社会主义思想武装全党的迫切需要，因为我们的理论创新前进了一步，用最新理论对全党进行武装就要跟进一步；第二，是推进新时代党的建设的迫切需要，因为我们党存在的思想不纯、政治不纯、组织不纯、作风不纯等突出问题未得到根本解决，“四风”等问题依然突出，要通过这次主题教育直奔问题、坚决整治；第三，是保持党同人民群众血肉联系的迫切需要，要通过这次教育引导党员干部把群众观点根植于思想中、落实到行动上，着力解决群众最关心最现实的利益问题；第四，是实现党的十九大确定的目标任务的迫切需要，要通过这次教育引导党员干部发扬革命传统和优良作风，团结带领人民把党的十九大绘就的宏伟蓝图一步一步变成美好现实。习近平总书记的重要讲话，是我们开展好主题教育的根本遵循和基本指针，对此我们要深刻领会、认真贯彻。

通过习近平总书记的讲话，我们可以感受到，这次主题教育非常重

要，意义十分重大。但在调研中我们也发现，有些同志仍然对本次主题教育不够理解。比如，有的同志有学习教育“足够了”的松懈情绪，认为现在已经是“两学一做”学习教育常态化制度化了，集体学习每月都搞，与党的十八大前相比，政治学习的氛围已经很浓了，掌握的知识也已经够多了，还有必要搞主题教育吗？对这个问题，借用毛泽东同志1949年“进京赶考”的比喻来说明：“两学一做”常态化制度化就好比日常学习，而这次主题教育就像我们在遇到新知识点时的强化学习、考试前的集中学习。

要答好新时代的答卷，既需要日常坚持不懈地学习，也需要高强度集中式地学习，只有这样才能取得好的效果。所以，每当重大历史关头，我们党都要通过集中学习教育加强理论武装、统一全党思想、凝聚全党力量，这是党的一个优良传统。还有的同志有“无所谓”的厌战思想，觉得抓思想教育看不见、摸不着，效果不明显，成绩不直观，不如上个项目、抓个工程实在。有这样想法的同志，恰恰是学习没有入脑入心、没有认识到初心的巨大作用。

比如，习近平总书记要求转方式、调结构，有的同志就是因为不能理解“以人民为中心”的发展思想，“转”得不主动、不彻底，出现了一些地方把外省淘汰了的落后产能作为“招商引资重大成果”引到山东这种乱象。又如，中央一直倡导生态优先、绿色发展的理念，但有的同志因为不能理解这是关系到中华民族永续发展的大事，下不了壮士断腕的决心，反应迟、行动慢，造成了被动。这些问题，究其根本，就是初心和使命出现了偏差。所以，中央下决心要在“不忘初心、牢记使命”主题教育上花气力、下功夫，以解决党员干部思想深处的问题，解决“为什么人”的问题。

二、如何认识党的初心使命

在党的十九大报告中，习近平总书记开宗明义："中国共产党人的初心和使命，就是为中国人民谋幸福，为中华民族谋复兴。"这个初心和使命一直没有变，这也是推动我们党不断从胜利走向胜利的力量源泉。

同时，对党员个人来说，入党时的初心与入党动机，并不完全一样。因此，需要有一个不断接受党的教育、不断向党的初心靠拢、校准的过程。我想，至少要从以下 3 个方面来认识党的初心和使命：

第一，从为人民服务的宗旨上来认识。

作为用马克思主义武装起来的政党，中国共产党自诞生之日起就深深根植于人民群众之中，把为劳苦大众谋利益作为自己的初心和使命。1941 年 11 月 6 日，毛泽东同志在陕甘宁边区参议会的演说中指出："共产党是为民族、为人民谋利益的政党，它本身决无私利可图。"①1945 年，他在党的七大上所作的政治报告中又指出："全心全意地为人民服务，一刻也不脱离群众；一切从人民的利益出发，而不是从个人或小集团的利益出发；向人民负责和向党的领导机关负责的一致性；这些就是我们的出发点。"② 从党的七大开始，"全心全意为人民服务"作为中国共产党的根本宗旨被写入党章。

回顾百年历史，我们党之所以能从一无所有到夺取政权，从建党时的 50 多名党员发展成为一个有着 9500 多万名党员的世界大党，能从小到大、从弱到强，不断发展壮大，得益于广大人民群众的拥护和支持。解放战争初期，我们党和国民党的力量对比悬殊，国民党有 430 万军队，人民军队只有 120 万人；而且，国民党在日本投降后，接管了日军留下

①《毛泽东选集》第 3 卷，人民出版社 1991 年版，第 809 页。
② 同上书，第 1095 页。

的大批武器，美国也给了它很大支持，所以国民党是海陆空装备齐全，当时我们党不仅没有海军和空军，而且陆军的装备非常差。虽然军事力量对比悬殊，可我们党背后有人民群众。在三大战役中，共计有 880 多万民工参与人民军队的后勤保障，为人民军队提供了大量的物资。陈毅同志饱含感情地说："淮海战役的胜利是人民群众用小推车推出来的。"如果加上支前人民群众的数量，人民军队的力量实际上大大超过了国民党的力量。历史证明，没有群众的支持，我们什么事也干不成。为什么群众会支持我们党？归根到底是因为我们党一切为了群众。

习近平总书记强调："全心全意为人民服务，是我们党一切行动的根本出发点和落脚点，是我们党区别于其他一切政党的根本标志。"[①] 从这个维度上对标、校准，每名党员就要把为民情怀作为标配。无论职位高低、权力大小，有了干事的平台，就得替群众干事，替群众说话。

近期，我们组织开展了"双报到"的工作，目的就是让党员干部重拾初心，能够加深和群众的感情，能够接受群众的教育。大家一定要主动深入基层、融入群众，及时地感知社区居民的烦心事、操心事、揪心事，一件一件地解决，真正在"全心全意为人民服务"的过程中，发挥自己的光和热。

第二，从自我革命的品格上来认识。

勇于自我革命，是我们党最鲜明的品格，也是最大的优势。自我革命的品格源自党的初心，也有力地保障了我们党使命的达成。

从八七会议、古田会议、遵义会议到延安整风，从党的十一届三中全会重新确立实事求是的思想路线，到党的十八大以后前所未有的反腐，我们党就是通过一次一次的自我革命，及时消除了党内存在的突出问题，从而更好地适应了时代发展的潮流、不断满足人民对美好生活的期待。

---

①《习近平谈治国理政》第 1 卷，外文出版社 2018 年版，第 28 页。

任何一个政党都不可能不犯错，马克思主义政党的先进性和纯洁性也不是一劳永逸、一成不变的。共产党之所以伟大，不在于它不犯错误，而在于它追求的是真理、遵循的是规律、代表的是最广大人民的根本利益。就像毛泽东同志曾经指出的："因为我们是为人民服务的，所以，我们如果有缺点，就不怕别人批评指出。不管是什么人，谁向我们指出都行。只要你说得对，我们就改正。你说的办法对人民有好处，我们就照你的办。"① 这是我们党勇于自我革命的源头。

我们党强调要用好批评和自我批评的武器，就是党自我革命政治品格具体体现。习近平总书记说："批评和自我批评是清除党内政治灰尘和政治微生物的有力武器。"②"我们党为什么能够在现代中国各种政治力量的反复较量中脱颖而出？为什么能够始终走在时代前列、成为中国人民和中华民族的主心骨？根本原因在于我们党始终保持了自我革命精神，保持了承认并改正错误的勇气，一次次拿起手术刀来革除自身的病症，一次次靠自己解决了自身问题。"③

勇于自我革命，我们要善于发现工作中存在的问题。真正对你好的人，一定是告诉你什么地方做得还不够好的人，告诉你"脸上有块灰，你要赶紧把它擦掉"，这是对你真正的好。如果像皇帝的新衣一样，别人都知道你有这个毛病，但都不告诉你，那样的领导干部是非常可悲的。

当然，革别人的命容易，革自己的命却难。勇于自我革命，就是要动自己的"奶酪"，哪怕是革除"毒瘤"，尽管对身体有益，革的时候也难免会疼。现在，有的干部缺乏自我革命的素养，有的不愿意"揭自己的老底"，任由思想上的疾病缓慢滋生，甚至逃避过错、遮盖缺点；有的不想"跟自己过不去"，常拿一些不痛不痒的问题代替源头病症，捂

① 《毛泽东文集》第 3 卷，人民出版社 1991 年版，第 1004 页。

② 习近平：《在党的群众路线教育实践活动第一批总结暨第二批部署会议上的讲话》，《党建研究》2014 年第 2 期。

③ 习近平：《论坚持全面深化改革》，中央文献出版社 2018 年版，第 326 页。

着思想滑坡、意识萎靡的根本痛点。凡此种种，看上去“无病无灾”，事实上已经是初心日渐淡忘、使命难以达成，迟早会在新长征路上掉队。这些问题，我们都要在“不忘初心、牢记使命”主题教育当中加以改正。

第三，从艰苦奋斗的传统上来认识。

我们党诞生在中华民族内忧外患、社会危机空前深重的年代，这样的环境本身就造就了我们党永不退缩、勇于奋斗的革命底色。可以说，一部党史，就是为人民幸福不畏牺牲、为民族复兴不断奋斗的历史。长征途中，中央红军跨过了 24 条大河、翻越了 18 座大山，进行了 380 多次战斗，攻占了 700 多座县城。从 1921 年建党到 1949 年新中国成立，有名有姓的烈士就有 370 多万人，而新中国成立时全国的党员一共 300 万人。放眼世界历史，没有哪一个政党像中国共产党这样，为践行初心使命，付出过如此惨烈的牺牲、作出过如此艰难的奋斗。

可以说，勇于奋斗是融进我们党骨子里的基因。这个基因，决定了党在面临国民党白色恐怖的时候，没有选择妥协、投降，而是坚持斗争；决定了党在面临日军侵华的时候，没有选择缴械投降，而是抗战到底；决定了党在被霸权封锁的时候，没有选择改弦易辙，而是自力更生。

党的奋斗史印证了一句话：“那些摧毁不了你的，只会让你变得更加强大。”这句话放在我们党的身上也非常合适，放在每名党员身上也非常合适。对今天的党员干部来说，现在面临的已经不再是枪林弹雨、流血牺牲，但是这种斗争精神、奋斗基因不能减弱。有的同志可能觉得，平时的工作比较辛苦，想喘口气、歇歇脚；有的同志可能觉得，对待工作不需要呕心沥血，凑合应付就可以。应该说，每个人都有一个舒适区，即我们自己游刃有余、安逸舒服的地带。一位作家作过一个比喻：“抛舍不下这份舒适惬意的温暖，就像寒冬早晨不敢钻出热乎乎的被窝。”但是，我们是党员，是党的干部，党的初心和使命决定了我们在工作上不允许存在舒适区；我们面临的发展环境，也不允许我们待在舒适区里。

对那些不愿奋斗的同志来说，如果你想继续待在舒适区，不去奋斗、不去努力，那你注定不会走远、走好，因为容易走的路都是下坡路。如果你想对组织凑合、对事业凑合，那么组织也不会重用你。对那些乐于奋斗的同志来说，只有上坡路才充满挑战，只有上了坡才能领略“一览众山小”的境界，才能看到“无限风光在险峰”的胜景。富兰克林说：“有的人 25 岁就已经‘死’了，只是到 75 岁才埋。”为什么这么说？因为有人在 25 岁开始，就在日复一日的重复中失去前行的方向，失去奋斗的勇气。希望大家不要做这样的干部，而是始终做到“不忘初心、牢记使命”，始终以我们的“不舒服”，去换取群众幸福，以我们的奋斗，换取社会的发展。因为，我们既然选择了远方，就只能风雨兼程。

三、以永远奋斗的姿态“不忘初心、牢记使命”

习近平总书记指出，只有不忘初心、牢记使命、永远奋斗，才能让中国共产党永远年轻。在初心和使命面前，我们别无选择，只能永远奋斗。只有永远奋斗，才能不忘初心、实践初心；只有永远奋斗，才能完成使命、不辱使命。

我们一旦丢了奋斗的精神、奋进的姿态，往往也就丢了初心、淡忘了所承担的使命。习近平总书记讲过一个故事：一位作家到一个老干部家里采访老红军的故事，这个老干部给他讲爬雪山、过草地的经历，讲到怎么吃草根、吃树皮，怎样九死一生，在动情的地方潸然泪下。就在这个时候，警卫员端了一碗汤说：“首长，该喝参汤了。”老干部喝了一口说：“凉了。”然后，警卫员就把这碗参汤倒了。这位经历了长征、九死一生的老红军，不可能没有初心，但是他自己包括他身边的人忘了奋斗、不再奋斗，于是就发生了这样的变化。那么，我们应该怎么样永远奋斗呢？我想，起码要做到三点：

一要在“对党忠诚”上永远奋斗。“对党忠诚，积极工作，为共产主义奋斗终身”，这是每个党员入党宣誓的时候进行的庄严承诺；“对党忠诚老实，言行一致”是党章中规定的党员必须履行的义务。

党的一大有十几位代表，他们中间有的牺牲了，有的脱党了，甚至有的成了汉奸、叛徒，到1949年开国大典时，登上天安门城楼的只有毛泽东和董必武两个人。同一个起点，不同的结局。因此，决定党员能“走多远”、能不能守住初心，最根本的一条就是对党是否忠诚。贺龙同志的女儿贺捷生写过一篇文章叫《父亲的忠诚》，追忆了贺龙入党的历程：南昌起义时，贺龙虽然担任总指挥，但还不是党员。起义失败后，共产党到了处境最艰难、革命最低潮的时刻，贺龙完全可以选择跟着国民党升官发财。但是他没有走这条路，而是在这时要求加入共产党。入党宣誓时，党代表问他：“你要如实回答你的动产、不动产、现金还有多少？”贺龙说：“我什么都没有了。”党代表又问：“你的社会关系呢？”贺龙说：“参加革命之后都不来往了。”在我们党需要党员“共苦”的时候，他义无反顾地抛弃高官厚禄、荣华富贵加入共产党。现在，我们党已经执政70年了，组织上给了我们平台、给了我们职务，我们更多是在和党“同甘”。这时候如果还不能对党忠诚，那就不仅是背离了初心，甚至是背离了做人的根本。

周恩来同志说过：“世界上最聪明的人是最老实的人。”在党内，每一名党员都应该忠诚老实，因为投机耍滑只是小聪明，忠诚老实才是大聪明。党员干部践行初心使命，就要用老实人的标准来要求自己，说老实话、实在话，说对组织和群众负责的话；不说假话、恭维话、损人利己的话、上推下卸的话。如果连说实话都做不到，组织还怎么能相信你的忠诚？我们要办老实事，肯出力、不惜力，在工作上不拈轻怕重、不斤斤计较、不掺杂私心、不夹带私货，更不要带着功利心去工作。就像习近平总书记说的：“要用知重负重、攻坚克难的实际行动，诠释对党的忠诚、对人民的赤诚。”[①]

二要在“自身干净”上永远奋斗。在坚守初心、完成使命的奋斗路上，党员干部可能会遇到形形色色的诱惑、纷繁复杂的干扰，需要我们不断净化思想、净化内心。思想走在行动之前，就像闪电走在雷鸣之前；思想上净化了，行动上才能不犯错误。

从正确的认识到正确的行动，都要有第一步，走好第一步至关重要。习近平总书记说：“如果第一粒扣子扣错了，剩余的扣子都会扣错。人生的扣子从一开始就要扣好。”[②]很多落马的贪官在忏悔的时候，基本上都提到他们第一次腐败的经历。因为面对第一次诱惑，往往是思想斗争最激烈的时候。如果第一次诱惑的思想防线守不住，就会一发不可收拾。

明代文学家、哲学家王廷相讲过一个故事：有一天，他坐轿子进城，正好下大雨，给他抬轿子的轿夫穿了一双新鞋，一开始还小心翼翼地避着水走路，怕把新鞋弄脏了。进城之后，路上泥越来越多，轿夫一不小心，踩到了一个泥坑里。然后，他就高一脚低一脚地随便走，不再顾惜他的新鞋了。领导干部，因为放松警醒，导致迈错第一步而“一去不复返”的例子比比皆是，这些例子值得我们深思。有的同志可能心存侥幸，觉得一两次不会出问题，但违规违纪是个无底洞，甚至是黑洞，小问题会逐渐演变成大麻烦，最后使人万劫不复。鲁迅说，雷峰塔是怎么倒掉的？就是今天你拿一块砖没事，明天他拿一块砖也没事，最后塔就轰然倒掉了。虽然倒下来是顷刻之间的事，但这个过程是渐进的。有些事，总觉得不是心腹大患，总觉得不能给自己带来很大的危害，但是恰恰是危亡之渐！所以，要想践行初心使命，底线就是要严于律己、守住底线，坚决不做以权谋私、腐化变质的贪官。

三要在“担当作为”上永远奋斗。世界上最远的距离不是天涯和海

---

①《在常学常新中加强理论修养　在知行合一中主动担当作为》，《人民日报》2019 年 3 月 2 日。

②《习近平谈治国理政》第 1 卷，外文出版社 2018 年版，第 172 页。

角，而是“想到”和“得到”，因为它们中间隔着一个“做到”。“做到”，就是担当作为、就是永远奋斗。延安整风时期，毛泽东同志曾用庙里神像给官僚主义者画了一幅像：一声不响，二目无光，三餐不食，四肢无力，五官不正，六亲不认，七窍不通，八面威风，九坐不动，十分无用。他说，除了“三餐不食”一点外，官僚主义者的其他方面都像神像。这幅画像生动形象，同志们不妨照照这个镜子，看看这里面有没有自己的影子。

担当作为是组织的要求。中共山东省委多次强调，对不担当不作为的，不换思想就换人，不负责就问责，不担当就挪位，不作为就撤职。这充分反映出党组织对干部担当作为的渴望、呼吁和期待。当前，烟台市委、市政府提出了“保三争二抢第一”的奋斗目标，每一个岗位、每一个人都要有干则一流、勇扛红旗的精气神。党组织给了我们干事的舞台、干事的平台，我们就要承担应尽的职责、展现应有的作为、完成组织赋予我们的任务。天底下没有只当官不担责、只出彩不出力、只风光不遭罪的美事。

担当作为是我们必须肩负的历史重任。一代人有一代人的使命，一个时代有一个时代的印记。我们这一代人既然肩负着历史赋予我们的重任，就要在历史上写下我们的答卷。面对难得的历史机遇，每一名党员干部都义不容辞、责无旁贷。只有勇于担当、敢于作为、永远奋斗，才能不辱使命、不负人民的期望。

［本文是作者2019年9月2日在烟台市委党校（烟台行政学院）2019年秋季开学典礼上的讲话］

专业干部怎样做到“又红又专”

山东省医疗器械和药品包装检验研究院（山东省医疗器械产品质量检验中心）在新冠肺炎疫情防控中发挥了重要作用，受到党中央、国务院的表彰，是全省乃至全国药监系统的一面旗帜。2021 年 3 月，院党委书记给我出了一道命题作文题，希望我去讲讲“又红又专”这个话题。我长期从事组织工作，谈得较多的是“德才兼备、以德为先”这类问题。“又红又专”这个话题，我虽然耳熟能详，但是没有深入思考过。

2021 年 4 月 19 日，习近平总书记在清华大学考察时，专门强调了清华大学“又红又专、全面发展”的教书育人特色。我结合学习习近平总书记的讲话，翻阅了很多资料，作了一些思考。我感到，对专业技术人员来说，很有必要思考“又红又专”这个问题。

一、为什么有必要重提“又红又专”

“又红又专”是 20 世纪五六十年代的高频词，一段时间以来提得不多了，甚至有人不赞成这个提法，这样的认识是偏颇的。“又红又专”作为一种经典的“二分法”，既有深厚的历史渊源，又有很强的现实意义，很有必要对它重新认识、重新体会。

第一，从党的历史看，党对“又红又专”的要求是一以贯之的。

“又红又专”一词，最早是毛泽东同志提出来的。1957 年，他针对一些知识青年只钻研业务，缺失政治意识，对政治、前途和理想都不看重的现象，在党的八届三中全会上鲜明提出了“又红又专”的思想。他说：“政治和业务是对立统一的，政治是主要的，是第一位的，一定要反对不问政治的倾向；但是，专搞政治，不懂技术，不懂业务，也不行。我们的同志，无论搞工业的，搞农业的，搞商业的，搞文教的，都要学一点技术和业务……我们各行各业的干部都要努力精通技术和业务，使自己成为内行，又红又专。”①

早在革命战争年代，毛泽东同志就多次指出，要反对单纯军事观点。什么是单纯军事观点？他指出，就是“以为红军的任务和白军相仿佛，只是单纯地打仗的……在组织上，把红军的政治工作机关隶属于军事工作机关”②。从创建人民军队起，毛泽东同志就在思考如何解决这个问题，所以有了“三湾改编”，把支部建在连上，确立了党对军队的绝对领导，实现了“党指挥枪”而不是“枪指挥党”，我们的军队才得以永葆人民军队的本色。进入社会主义建设时期，他又始终如一地反对“唯生产力论”，认为虽然生产力决定了生产关系，但并不能认为生产力发展了，就能自然而然地解决一切问题。这些思想和“又红又专”思想，其实是一脉相承的。

毛泽东同志提出“又红又专”思想之后，在20世纪五六十年代引起热烈反响。当时，以清华大学为代表的高校全面贯彻“又红又专”思想，培养了一大批人才。1980年3月，邓小平同志在中央军委常委扩大会议上说：“今天上午我看了清华大学一个报告。清华大学提出一个很重要的问题，就是学生从到学校第一天起，就要对他们进行政治思想工作……清华大学的经验，应当引起全国注意。又红又专，那个红是绝对不能丢的。”③

---

①《毛泽东文集》第7卷，人民出版社1999年版，第309页。

②《毛泽东选集》第1卷，人民出版社1991年版，第86页。

③《邓小平军事文集》第3卷，军事科学出版社、中央文献出版社2004年版，第173—174页。

进入新时代，习近平总书记在2016年致清华大学建校105周年的贺信中以及2021年在清华大学考察时的讲话，都强调了清华大学“又红又专、全面发展”的人才培养特色。

从这些历史中不难看出，“又红又专”一直是我们党坚持和提倡的思想。时至今日，“又红又专”并没有过时，一直在路上。

第二，从全球大势看，当前急切呼唤“又红又专”。

当前，世界形势风云变幻，我们正面临世界百年未有之大变局。当下的中国，既迎来了千载难逢的发展机遇，也面临着前所未有的巨大挑战。国家迫切需要一大批专业技术人才和知识分子，以强烈的爱国情怀和奋斗精神，奋发图强、为国效力，突破我国在核心技术上的瓶颈，打破西方的技术垄断和政治打压。专业技术人才要用自己的技术为民族复兴添砖加瓦，要把“红”体现在爱国奉献上，把“专”体现在提升国家科技的核心竞争力上。在这样的全球大势下，又怎么能说“又红又专”没有时代意义呢?

第三，从药监工作的实际看，只有“又红又专”，才能推动事业行稳致远。

药品作为治病救人的特殊商品，其质量直接关系到群众的身体健康和生命安全，是人命关天的大事，这就决定了药品安全是民生工程的属性。药品又与每个家庭、每个人的生活紧密相连，是广大人民群众的必需品，是衡量群众的幸福感、获得感强不强的重要指标，这就决定了药品安全是民心工程的属性。民生、民心和安全联系在一起，就是最大的政治。这要求我们决不能把药监工作当成一项普通的业务工作，而必须当成一项严肃的政治任务来对待。

同时，药品监管又需要很强的专业能力。2021年5月，国务院办公厅发布《关于全面加强药品监管能力建设的实施意见》，强调要系统总结这次抗击新冠肺炎疫情的经验做法，健全完善突发重特大公共卫生事件中检验检测、监测评价等工作机制，全面加强药品监管能力建设。这不仅体现了党中央对药品监管的高度重视，也为药监事业的发展提供了难得的机遇，是我们提升能力的一次有利契机。

我们提出了“安全提升”等三大工程和“药械创新”等三大计划，医疗器械监管和服务医疗器械产业高质量发展的双重任务都在加重。这就迫切需要我们建设一支“又红又专”的高素质专业化的检测队伍，坚定信仰信念，增强做好检测事业的责任感、使命感，尽快补短板、强弱项、提能力，努力打造“国际一流、国内领先”的检测机构，为监管和产业发展提供更加有力的支撑。

二、如何做到“又红又专”

“又红又专”虽然只有 4 个字，但里面有认识论、方法论的深刻内涵，只有辩证地、系统地看它，才能使其更有效地指导我们的工作。

第一，要处理好政治与业务的关系，树立正确的世界观。努力方向是在政治上夯实“专”的基础、在业务上把准“红”的方向。

习近平总书记告诫我们：“只有从政治上分析问题才能看清本质，只有从政治上解决问题才能抓住根本。”[①] 这就要求我们用政治引领促进业务提升，用业务发展彰显政治担当。

一方面，在业务上要把准“红”的方向。“又红又专”首先要解决的问题是政治与业务的辩证关系。但是在现实中，不少同志的认识是模糊的。有的同志以“业务干部”自居，认为自己就是“吃业务饭的”，觉得业务能力至上，只要业务好，就不愁政治待遇。有的同志甚至把二者对立起来，把党内政治生活当作负担，认为抓党建浪费时间、耽误干

① 习近平:《增强推进党的政治建设的自觉性和坚定性》,《求是》2019 年第 14 期。

业务。这些观点是不对的。

我们都知道南辕北辙的故事：方向正确，马跑得越快，越能早到目的地；但方向错了，马跑得越快，反而会离目的地越远。从这个角度看，政治是管大方向的，是决定性的，政治和业务既不是对立的，也不是业务高于政治的，甚至连两者并立的观点都失之偏颇。正如习近平总书记强调的："在干部干好工作所需的各种能力中，政治能力是第一位的。"①

清华大学前校长蒋南翔曾经比喻说，从清华到天安门，天安门是目标，是方向。方向是头等重要的，是政治。去天安门只能朝东南方向走，不能往北走，那样就走到清河去了。但光方向对头还到不了天安门，必须实地走才行，否则方向再对，不走还是永远到不了天安门。而且走路的时间比辨方向的时间要多一些，这就有一个学好业务的问题，是专的问题，所以红专要结合，要又红又专。

毛泽东同志曾告诫一些干部说："不注意思想和政治，成天忙于事务，那会成为迷失方向的经济家和技术家，很危险。"② 习近平总书记也强调："如果理想信念不坚定，不相信马克思主义，不相信中国特色社会主义，政治上不合格，经不起风浪，这样的干部能耐再大也不是我们党需要的好干部。"③ 很多前车之鉴告诉我们，一些专业能力非常强的干部出问题，从根本上讲，就是没有站在政治的高度看药监工作，淡化了政治意识，漠视纪律规矩。我们如果离开政治讲业务，就如同蒙着眼睛走路，不但极易偏离正确方向，更是会跌跟头的。

另一方面，政治上也要有"专"的基础。就像毛泽东同志讲的，专搞政治不懂业务也不行。离开业务讲政治，就成了"口头革命派""空头政治家"。

①《年轻干部要提高解决实际问题能力　想干事能干事干成事》，新华网 2020 年 10 月 10 日。
②《毛泽东文集》第 7 卷，人民出版社 1999 年版，第 351 页。
③《习近平谈治国理政》第 1 卷，外文出版社 2018 年版，第 413 页。

就个人而言，讲政治，一定是知行合一的。只有在正确的政治方向指引下，以坚定的信念、崇高的觉悟、无私的奉献、精湛的技术，把业务干到极致，才是讲政治。“干一行爱一行、专一行精一行”，这是讲政治的题中应有之义。有一家民营企业发展得特别好，它的一个非常重要的经验就是“把业务骨干培养成党员，把党员培养成业务骨干”。党员既然是先锋队，就应该使自己在本领域的业务能力要比其他人精湛。

就单位而言，讲政治，一定是抓党建与抓业务紧密结合的。绝不能把“党建”简单理解成“党务”，把开几个会、组织几次学习研讨当成讲政治、抓党建，这种认识是非常肤浅的、是低层次的。我们要抓的党建，或者说符合全国文明单位标准的党建，一定是能够充分凝聚全院干部职工的党建，一定是能够带动工作质量全面提升的党建，一定是能够推动我们继续在全国领先的党建。

没有离开业务的政治，也没有离开政治的业务。政治可以保证业务的正确方向，可以促进业务能力的提升，业务也是政治的载体和表现。

第二，要处理好哲学和科学技术的关系，树立正确的方法论。努力方向是用马克思主义哲学理论指导科学技术研究实践。

习近平总书记指出，要把马克思主义哲学作为自己的看家本领。在各种哲学思想中，马克思主义哲学科学地揭示了自然、社会和人类思维发展的一般规律，为人类认识世界和改造世界，提供了最根本的科学世界观和方法论，是革命的哲学、红色的哲学。

1955 年 1 月 15 日，毛泽东同志主持会议讨论发展原子能事业问题。钱三强应邀参加会议，讲述核物理学的研究发展概况。当他讲到核原理的时候，毛泽东同志插话说，原子核是由中子和质子组成的，那质子、中子又是什么东西组成的呢？钱三强一下子回答不上来，因为按照当时的最新研究成果，质子、中子就已经是构成原子的基本粒子了，也就是最小的、不可分的。但是毛泽东同志说，按照辩证唯物主义的观点，物质是无限可分的，基本粒子也是无限可分的，因为一分为二，对立统一。

后来，毛泽东同志在多个场合向不同的人阐述过“物质无限可分”的思想。他虽然不是物理学家，但他运用哲学观点思考问题开阔了物理学的思路和视野。1965 年，我国物理学家根据毛泽东同志“物质无限可分”的哲学观点，提出了“层子模型”，对于物理学界探索物质微观结构具有重要意义。1977 年夏，在美国夏威夷召开的第七届粒子物理学讨论会上，美国物理学家、1979 年诺贝尔物理学奖获得者谢尔登·格拉肖提议，将构成物质的所有这些假设的组成部分命名为“毛粒子”。他说，这样做是为了纪念已故的毛泽东同志，因为他一贯主张自然界有更深的统一。1978 年 9 月，格拉肖在回答日本《科学朝日》杂志记者提问时，进一步说明了自己提议用“毛粒子”为基本粒子命名的理由：“因为它与中国毛泽东主席有联系。按照他的哲学思想，自然界有无限的层次，在这些层次内一个比一个更小的东西无穷地存在着。”

这充分说明了哲学对于自然科学研究的指导意义，也说明了马克思主义哲学是科学的世界观和方法论，辩证唯物主义是我们观察世界、认识问题、指导实践、推动工作的有力武器。

在科研中，哲学可以帮助我们提高分析、比较和思维加工的能力，可以让我们更准确地把握这个对象与其他对象之间的关系，认清科研对象的本质属性，实现对科学概念的正确把握，进而形成成熟的科学理论。所以，钱学森说过：“没有科学的哲学是跛子，没有哲学的科学是瞎子。”

蒋南翔也深刻地认识到这一点。他亲自给清华大学教授上哲学课，组织他们学习《实践论》《矛盾论》，因为“两论”是唯物辩证法的经典。不得不说，这些哲学思想对提高清华大学的研究能力发挥了很大作用。

毛泽东同志曾提出，要“让哲学从哲学家的课堂上和书本里解放出来，变为群众手里的尖锐武器”。[①] 当年，许多的普通工人、农民、知识

---

①《毛泽东文集》第 8 卷，人民出版社 1999 年版，第 323 页。

分子和部队官兵，努力学哲学用哲学，都学出了味道，尝到了甜头。比如，20 世纪 60 年代，石油工人会战大庆油田时，面对着种种矛盾和重重困难，如何打开局面？时任石油部长余秋里组织全体会战队伍学习《实践论》和《矛盾论》，用“两论”的立场、观点、方法来组织大会战，把别人的经验都学到手，但又不迷信别人的经验，不迷信书本，勇于实践，发扬敢想、敢说、敢干的风格，终于闯出了自己的路子，赢得了石油大会战的胜利，一举甩掉了“中国贫油”的帽子。所以有人说，大庆油田是靠“两论”起家的，是用哲学指导社会实践和科学实践的典范。

现在，我们各级干部文化程度都很高，但一个人水平的高低并不仅仅取决于其文化程度的高低，更取决于其思维方法和工作方法，就是如何思考问题、如何开展工作。哲学素质是一个干部的重要素质。毛泽东同志曾说，我们的眼力不够，必须借助望远镜和显微镜。马克思主义哲学，就是我们的“望远镜”和“显微镜”，能使我们看得远些，看得深些。

现在，我们更多地强调自主创新。而从无到有的创新，就需要对事物的本质规律有更深刻的把握，需要用科学的方法论构建新的框架，所以我们专业技术人员尤其需要哲学思维，否则不可能有大的突破。

我们要像习近平总书记要求的那样，增强创新意识，敢于走前人没有走过的路，敢于抢占国内国际创新的制高点，把握创新特点，遵循创新规律，既奇思妙想、“无中生有”，努力追求原始创新，又兼收并蓄、博采众长，善于进行集成创新和引进消化吸收再创新；既能甘于“十年磨一剑”，开展战略性创新攻关，又对接现实需求，及时开展应急性创新攻关；既尊重个人创造，发挥尖兵作用，又注重集体攻关，发挥合作优势。

在工作中，我们要避免唯理论和唯经验的倾向，破除静止孤立的形而上学的观点，坚持实事求是的科学态度，既大胆假设，又小心求证，努力争取有创造性和突破性的成果。我们要学会用矛盾的观点分析问题，善于抓住主要矛盾，解决突出问题，不断补齐短板。我们要用发展的观点审视问题，考虑随着形势的变化、条件的转化，检测结果、标准和方法是不是严谨、客观、准确，是不是需要及时修正。我们要用联系的观点，参照、对比、援引其他领域的检验方法、检测标准，使检测工作更加灵活，思路更加开阔。如果某项指标检测不合格，还要举一反三、深想一层，是不是其他批次也有问题，是不是所有的同类产品都会有这样的问题，如何就这些问题提出有针对性的监管建议。只有这样工作才会有主动性，才能给监管提供更有力的支撑。

马克思主义哲学是具有强大生命力的哲学，唯物辩证法是指导科学研究和实践的正确的方法论。从技术实践的角度看，我们要想在“专”上持续领先，就必须有科学的、“红色”的哲学作指导；我们在实践中形成的正确认识又可以丰富哲学理论。

第三，要处理好组织和个人的关系，树立正确的名利观。努力方向是个人在组织的怀抱里，组织在个人的意识里。

习近平总书记指出：“每个党员特别是领导干部都要强化党的意识和组织观念，自觉做到思想上认同组织、政治上依靠组织、工作上服从组织、感情上信赖组织。”[①] 组织和个人不是对立的关系，而是相辅相成、互相成就的关系。

首先，敬畏组织、依靠组织、服从组织，因为组织是我们的集体，是我们安身立命的依托。一滴水怎么才能不干涸？答案是：融入大海。单独的一滴水，既经不起阳光的暴晒，又无法抵挡狂风的侵袭，唯有融入广阔的海洋，才能永不干涸。反过来看，只要无数的水滴团结在一起，就能汇成汪洋大海。

---

① 习近平：《在全国组织工作会议上的讲话》，人民出版社 2018 年版，第 12 页。

组织之于干部，犹如阳光、雨露、沃土之于草木。一个干部的成长，固然离不开个人的勤奋努力，但同样要靠组织的培养和同志的帮助。工作给人尊严，岗位给人舞台，组织给人机遇，集体给人温暖。任何一个岗位，哪怕是再小的岗位，也都不是非你莫属的。得到它，我们应该庆幸和珍惜。离开了组织，纵有三头六臂也无用武之地；背离了组织，无论怎样高的荣耀也会化为乌有。铁人王进喜有句名言："讲进步不要忘了党，讲本领不要忘了群众，讲成绩不要忘了大多数，讲缺点不要忘了自己，讲现在不要割断历史。"认清了这一点，当组织需要与个人利益产生冲突的时候，甚至当受到委屈和误解的时候，我们就能作出正确的选择。

毛泽东同志一生中曾遭遇过多次打击和挫折，但是他始终如一的做法就是"照顾全局，相忍为党"。

1927 年 10 月，毛泽东同志率军来到井冈山，开辟了我们党第一个农村革命根据地。但是，他的这一符合实际的决策，却遭到当时中央的批评和指责，他的政治局候补委员和湖南省委委员的职务被撤销。由于通信不便，井冈山上一时还误传他"被开除党籍"，使他一度成为"党外人士"。对于这种不公平待遇，他首先考虑的不是个人得失，而是着眼于革命事业的大局，宁可委屈个人，也要遵守组织纪律。

1932 年 10 月，中共苏区中央局在宁都会议上批判毛泽东正确的军事方针，撤销了他的红一方面军总政委的职务，使他被迫离开自己熟悉的军事指挥岗位，去做地方工作。这对毛泽东来说是一个沉重打击，但是他表示：一是少数服从多数；二是仍然愿意积极对待党的工作，尽力作出自己的贡献。他向为他送别的周恩来表示："前方军事急需，何时电召便何时来。"①

①《毛泽东年谱（1893—1949）（修订本）》上卷，中央文献出版社 2013 年版，第 390 页。

在“靠边站”的岁月里，毛泽东同志从未放弃自己的正确主张。宁都会议后，许多会议他不能出席，但只要让他参会，他就要在会上极力阐述自己的观点。他坚信自己的观点、路线是正确的，终将得到绝大多数人的拥护和支持。

在地方工作的两年中，毛泽东同志认认真真地领导了中央苏区的经济建设、土地革命等工作，为支援革命战争作出了贡献；他扎扎实实读了两年书，用马克思、列宁的著作丰富自己的精神世界，后来写出《矛盾论》《实践论》这样的著作；他到农村作了两年调查研究，写了大量文章，这些都成为指导中央苏区工作的纲领性文件。他虽身处逆境之中，但没有撂挑子、怨天尤人，而是不管干什么工作，都竭尽全力去做，在为革命奉献的同时，也使自己的智慧和才干得到了进一步的增长。老一辈革命家为我们树立了榜样。

1956 年 9 月，毛泽东同志在回顾那段逆境时说：“对于那些冤枉和委屈，对于那些不适当的处罚和错误的处置，比如把自己打成什么‘机会主义’，撤销自己的职务，调离自己的职务等等，可以有两种态度。一种态度是从此消极，很气愤，不满意；另一种态度是把它看作一种有益的教育，当作一种锻炼。”1962 年 1 月，他在扩大的中央工作会议上又说：“一个人为什么只能上升不能下降呢？为什么只能做这个地方的工作而不能调到别个地方去呢？我认为这种下降和调动，不论正确与否，都是有益处的，可以锻炼革命意志，可以调查和研究许多新鲜情况，增加有益的知识。我自己就有这一方面的经验，得到很大的益处。”我们学党史，要注重学老一辈革命家的这种精神、境界和方法。

其次，在组织面前，个人的“专”，绝对不是讨价还价的资本，而是拼搏奉献的专长。个人服从组织、少数服从多数、下级组织服从上级组织、全党服从中央，是最基本的组织原则。

如果说个人非要得到些回报的话，那就是我们的拼搏奉献会换来一个更加坚强有力的集体，会换来一个更加美丽的祖国。只有这样，个人才会随之水涨船高，彰显人生价值。这是对我们最大的奖赏和回报。正如毛泽东同志的一句词句所表达的那样："待到山花烂漫时，她在丛中笑。"

最后，处理好组织和个人的关系，树立正确的名利观，不仅是事业的需要，更是人生幸福之所在。我很喜欢"心底无私天地宽"这句话。只有把自己看得小小的，天地才会变得大大的；站在高山上俯视大地，地上的沟沟坎坎都可以忽略。乌蒙山虽然磅礴，但是在红军脚下就像"泥丸"，这是何等宏大的气魄！这样的气魄来自哪里呢？就来自共产党人心里装着天下苍生，唯独没有自己的境界。

回首党史，中国最初的马克思主义传播者和实践者、最早的一批共产党人，其中一些人是家庭条件优越、受过良好教育的人。他们如果只为自己过好日子，只为升官发财，当时最佳的选择应该是参加北洋军阀政府。在白色恐怖下，他们加入共产党能为个人捞到什么好处呢？没有个人的好处，只有牺牲，除了牺牲还是牺牲。但是他们都放弃了追求世俗眼中的"幸福"，义无反顾地投身救国救民的革命之中。

看看党史，曾有那么多革命者，年纪轻轻就牺牲了，很多人甚至连姓名都没有留下。我经常想，只看物质享受，我们今天生活的每一天，哪怕是最痛苦的一天，也比那些革命烈士活得最舒服的那一天舒服。和他们的付出相比，我们作出的这点成绩，付出的这点牺牲，算得了什么呢？和他们相比，我们还有什么不知足呢？所以，我们看到张富清老人居功不自傲，深藏功与名。他总是说："当年和我并肩战斗的那些战友，许多都牺牲了，他们根本没有机会向组织提任何要求。比起他们，我今天吃的住的已经很好了。我有什么资格把战功拿出来显摆呢？又有什么资格向组织提要求呢？"与战功赫赫的张富清相比，我们这些生活在和平年代的人，更是没有什么资格居功自傲。

当然，我们也为人父母、为人子女，也有生活追求，也希望给他们更好的生活。我们也有工作焦虑，也希望有更好的职称职务待遇。这很正常，是人之常情，有追求是好事，因为不想当将军的士兵不是好的士兵。作为一级组织，我们也有责任给每个人合适的平台，而不是让千里马去耕田，让老黄牛去驰骋。但是作为个人，如果斤斤计较名利，那么，无论人生境界还是个人幸福感，都是低层次的。

个人只有融入组织才有力量，个人的贡献只有化成组织的发展才显崇高，心怀大我、放下小我，人才会更幸福。

第四，要处理好群众和精英的关系，树立正确的人民观。努力方向是大力弘扬与群众相结合的、为国为民的“红”，坚决摒弃脱离群众、歧视群众的伪精英的“专”。

习近平总书记指出：“我国广大知识分子是社会的精英、国家的栋梁、人民的骄傲，也是国家的宝贵财富。”[①] 同时，习近平总书记又指出：“劳动模范是民族的精英、人民的楷模，是共和国的功臣。”[②] 可见，所谓“精英”，就是人民群众中那些能力、见识、素养等各方面超过大多数人的、对社会发展有重要影响和引领作用的人。现在，有些人曲解了“精英”的含义，以为精英是一种身份地位，以为读过几本书就觉得高人一等，自视为“贵族”，而把群众看作没文化、没见识、没身份的群体，不屑于与群众为伍，脱离群众甚至把自己和群众对立起来。这是完全错误的认识。

唯心主义者秉持精英史观，认为历史是由少数精英人物创造的，人民群众只是群氓。而马克思主义者则坚持唯物史观，认为人民是历史的创造者，所以才会有群众观点，才会走群众路线。习近平总书记强调

---

①《我国广大知识分子要主动担当积极作为　为国家富强民族振兴人民幸福多作贡献》，《人民日报》2017 年 3 月 5 日。

② 习近平：《在全国劳动模范和先进工作者表彰大会上的讲话》，人民出版社 2020 年版，第 2 页。

"江山就是人民，人民就是江山"[①]，就是唯物史观的具体体现。一切为了群众，一切依靠群众，向来是党做好工作的重要法宝。同样，我们党也是依靠群众支持和拥护，才不断发展壮大，取得政权的。

1939 年 5 月，毛泽东同志在《五四运动》一文中说："在中国的民主革命运动中，知识分子是首先觉悟的成分。辛亥革命和五四运动都明显地表现了这一点，而五四运动时期的知识分子则比辛亥革命时期的知识分子更广大和更觉悟。然而知识分子如果不和工农民众相结合，则将一事无成。革命的或不革命的或反革命的知识分子的最后分界，看其是否愿意并且实行和工农民众相结合。"[②]

毛泽东同志基于这种群众史观，一生都拒绝认同近代以来形成的精英教育。他认为，教育是整个社会实践的一部分，不应该被精英化。他始终在努力打通社会与学校之间的隔阂，20 世纪 20 年代，他亲自办过自修大学和夜校；1952 年国家实行的院系调整，以及新中国的学校增加务农务工课，包括后来的知识青年上山下乡，都是他试图打通这个隔阂的尝试，也是让知识分子和工农群众相结合的尝试，这是一个伟人的高瞻远瞩。

作为专业技术人员，学问再大，也要虚怀若谷，以群众为师。在这方面，钱学森给我们作出了表率。他 1958 年编写的《工程控制论》一书，被奉为业界经典。1963 年，钱学森已经是国宝级大科学家，担任国防部五院的院长。这时候，北京工业学院（今北京理工大学）有个年轻学生读了这本书，觉得里面有一段推理过程不对，就给钱学森写了一封信，在信中阐述了自己的观点。这位学生发信之后，心里也觉得有些唐突，毕竟两人的身份、地位差距甚远。没想到，钱学森很快就回信了，坦率地承认自己的推导确实有误，表示一定会在再版的时候改过来。同

① 习近平:《在党史学习教育动员大会上的讲话》，人民出版社 2021 年版，第 15 页。
②《毛泽东选集》第 3 卷，人民出版社 1991 年版，第 559 页。

时，他还把这两封信发表在自己创办的学术刊物上，鼓励更多年轻人向这位学生学习。这个学生的名字叫祁载康，后来他成长为我国著名的飞行器制造专家。

我们能不能有这样的胸襟？能不能听得进小人物的意见？习近平总书记说：“广大知识分子要坚持国家至上、民族至上、人民至上，始终胸怀大局、心有大我。”① 钱学森就是这样的人。海纳百川，有容乃大；孤芳自赏，大器难成。

作为专业技术人员，学问再大，也要为民服务，与群众为友。时代楷模李保国生前是河北农业大学教授、博士生导师。他一生坚持“从科研中来，到群众中去”，把太行山区的生态治理和科技富民当成毕生追求。他每年深入基层 200 多天，让 140 万亩荒山披绿，带领 10 万农民脱贫致富，被称为“太行山上的新愚公”。李保国在 35 年的职业生涯中，始终心系群众、为人民服务、为人民造福，始终围绕着群众的需求搞科研，是“把论文写在祖国大地上”的典范。习近平总书记评价他说，李保国同志堪称新时期共产党人的楷模、知识分子的优秀代表。

药监局和检验研究院等事业单位的同志大都是高学历，是高级知识分子。越是读书多、学问大，越要有意识地根植于群众当中，越要和群众“坐在一条板凳上”。毛泽东同志说：“群众是真正的英雄，而我们自己则往往是幼稚可笑的，不了解这一点，就不能得到起码的知识。”② 我们搞科研，不能闭门造车，要多和一线的企业、群众交流，看看他们有什么所需所盼和好招妙招。群众中蕴含了无穷的智慧和力量，有无穷创造，这是我们搞科研的源头活水。科研又要服务群众，要像习近平总书记所教导的那样：“坚持面向经济社会发展主战场、面向人民群众新需求，

① 习近平：《在知识分子、劳动模范、青年代表座谈会上的讲话》，人民出版社 2016 年版，第 6 页。
②《毛泽东选集》第 3 卷，人民出版社 1991 年版，第 790 页。

让创新成果更多更快造福社会、造福人民。”① 企业需求什么，我们就主攻什么；期待什么，我们就攻克什么，只有这样检测事业、科研工作才会更有生命力。

我们要始终热爱人民、尊重群众，聚合群众智慧，丰富完善我们的研究，同时把自己的专业能力、专业素养当成服务群众的工具，而不是高人一等、沾沾自喜的资本。

第五，要处理好管理与技术的关系，树立正确的人才观。努力方向是寓管理于技术之中，寓技术于管理之中，争做复合型人才。

管理与技术，好比是人的两条腿，单腿跳还是两腿走，决定了人前进的速度。如果两条腿不协调，可能将自己绊倒；只有相互协调，才能走得快、走得稳、走得远，尽快成才。

从个人角度讲，我们既要懂管理，也要懂技术；既要精通党建，也要精通综合管理，要成为一专多能的复合型人才。搞科研从来不可能单枪匹马去闯，需要带领一个团队协力完成。只有高超的专业水平，而没有管理团队的综合能力，是很难取得辉煌成就的。现在，很多两院院士或知名科学家同时兼任高校校长、党委书记，教学、科研两不误，就体现了他们很强的综合素质。所以，在检验研究院，从事管理工作的同志，一定要学一些检测业务知识。如果连技术指标、专业术语都弄不懂，工作就干不到点子上，甚至会闹笑话。同样，从事检测、标准和科研工作的同志，也要注重提升党务工作、综合工作的能力，做到不仅长于一技，还要一专多能。

当然，专业技术人员还是要格外注重“专”，这是我们的看家本领。我们要有专业精神，专一、专注、专心，有定力、不游移，不能这山望着那山高；要有专业作风，做到脚踏实地、注重细节、团结协作；要有

① 习近平:《在知识分子、劳动模范、青年座谈会上的讲话》，人民出版社 2016 年版，第 5 页。

专业能力，追求干一行精一行，想到穷尽，做到极致，努力到“无能为力”，拼搏到“感动自己”；要有专心钻研精神，懂得“不经九九八十一难，哪能取回真经”的道理；要有严谨细致的作风，具备精益求精的工匠精神，使每一项工作都严谨细致、讲规则、讲流程、讲规范，确保检测结果准确、专业和权威。

从单位层面看，我们要注意探索建立一种工作机制，将管理岗位、技术岗位有机融合，使之产生“化学反应”“连锁反应”，相互影响融合，而不是简单的“物理混合、排列”。

20 世纪 60 年代探索形成的“鞍钢宪法”，就是一套比较典型的管理经验。它的内容被概括为“两参一改三结合”，就是实行干部参加劳动，工人参加管理，改革不合理的规章制度，工人群众、领导干部和技术人员三结合。这就把管理者的管理理论、组织能力，技术人员的专业知识和工人的实际操作经验有机地结合起来，充分发挥各自优势特长，产生极大的工作合力。检验研究院作为一个整体，也要建立健全这样的机制，最大限度激励和调动不同岗位上的人的积极性、主动性和创造性，使之相互学习、相互支持、互相成就，营造出团结、向上、融洽的良好氛围，共同推进事业发展。如果干业务的看不上干管理的，干管理的看不上抓业务的，谁也不买谁的账，把自己困在一亩三分地上，就只能是原地画圈、龟速发展。

要管理与技术融合、“红”与“专”互促，实现共同提高。

（本文是作者 2021 年 4 月 1 日在山东省医疗器械和药品包装检验研究院讲的党课记录，收入本书时作了修订）

要正确对待异地交流

有同志提问：干部异地交流有那么多不便，组织上为什么还要让人交流呢？对这个问题，我从 4 个方面谈谈自己的看法。

一、从制度设计的角度看

异地为官，自古而然。在封建社会里，为防止官员结党营私，规定了地方官的属籍回避制度，三年一届任满轮换，即所谓的“仕宦避籍”制度。中国共产党是为人民服务的政党，除了人民的利益没有其他的利益，所以在制度设计上当然要以人民为中心。为了避免干部土生土长、利益交织、侵害群众利益，所以明确规定党政“一把手”、纪委书记、组织部长、公检法“一把手”这几个权力集中的职位必须异地任职。近年来，副市长、人大和政协的“一把手”，甚至是公安机关任职时间较长的副职，也逐渐开始了异地交流任职。干部异地交流的初衷，都是为了把班子选优配强，让干部避免受亲情、友情、关系网的束缚，更好地为人民服务。现在，异地交流任职已经成为常态。既然当干部，就要有异地交流的思想准备，“共产党员是块砖，哪里需要哪里搬。”

二、从成长锻炼的角度看

异地交流、多岗位锻炼，是对干部的培养锻炼。习近平同志在到中央工作以前，曾在河北、福建、浙江三省和上海市做过县、地、省和直辖市党政“一把手”。习近平同志在福建省工作期间，在 3 个市（地区）任过职。习近平总书记丰富的从政经验、高超的领导水平、对中国和世界的深刻把握、治大国若烹小鲜的从容，与这样的历练肯定是有关系的。

就我个人而言，经常会有领导关心地说：“你一个女同志这样抛家舍业真是不容易！”但我觉得，组织上让我干这个组织部长，那是多么大的信任啊！能说苦吗？当然不能！如果不是异地交流，我不可能有这么丰富的体验，不可能把济南的泉文化、莱芜的山文化、烟台的海文化融入自己的性格，不可能干成党支部领办合作社等大事，不可能有那么大的成就感、幸福感，不可能交到那么多可敬可爱的农民朋友和市民朋友，更不可能认识那么多优秀的领导和中国一流的专家学者。几年的异地交流任职下来，我的收获是巨大的，内心十分感激党组织给予我这么宝贵的锻炼机会。

三、从干部觉悟的角度看

谁没有家庭，谁没有父母和孩子，谁不渴望家庭团圆美满？但是总要有人负重前行，才能换来大家的岁月静好。江姐、赵一曼慷慨赴死的时候，难道不知道孩子需要妈妈吗？毛泽东同志送毛岸英上战场的时候，难道不知道战争的残酷吗？无数的战士吃苦流汗，甚至流血牺牲，却连名字都没有留下，他们为了什么？跟先烈先辈比一比，他们付出的是生命，我们付出的只是生活上的不便，这也值得叫苦吗？况且，异地交流的干部成千上万，我不是第一个也不是最后一个，谁家里没困难？个人的这点困难又算得了什么？把自己看得小了，天地就大了，困难也就小了。

习近平总书记和他的家庭为所有干部尤其是异地交流干部树立了

标杆和榜样。比如，2001年10月15日是习仲勋同志88岁生日，全家人为他举办寿宴，唯有时任福建省省长的习近平同志因公务而缺席。习近平同志抱愧地写了一封拜寿信。齐心同志在《忆仲勋》中谈道，习仲勋同志读完来信后非常理解，他向家人、子女和亲朋说："还是以工作为重，以国家大事为重。""为人民服务，就是对父母最大的孝！"[①]家庭的教育熏陶、家人的理解支持，使习近平同志义无反顾地做到了"我将无我，不负人民"。

四、从组织纪律的角度看

我们党是一个有高度纪律性的党，我们既然入了党，就得遵守党的纪律，服从党组织分配。挑肥拣瘦、拈轻怕重、提要求、讲条件、要待遇，算什么共产党员？《中国共产党纪律处分条例》第七十二条规定："拒不执行党组织的分配、调动、交流等决定的，给予警告、严重警告或者撤销党内职务处分。在特殊时期或者紧急状况下，拒不执行党组织决定的，给予留党察看或者开除党籍处分。"近期，云南省绥江县有两名党员干部因为拒绝提拔被处分，这都值得我们警醒。

当然，组织上要关心异地交流干部的身心健康，帮助他们解决实际困难，那又是另一回事了。但无论如何，个人都要服从组织，小道理要服从大道理。

（本文发表于2019年11月26日微信公众号"春在千门万户中"）

①《致父亲——习近平与父亲的家国情》，央视网2018年6月17日。

致青年朋友

今天是五四青年节。96 年前，一群满怀救国梦想的青年，为了祖国的富强，用青春和热血点燃了五四运动的熊熊烈火，铸就了以爱国、进步、民主、科学为主要内容的五四精神，其核心是爱国主义精神。从 96 年前思想文化的革新到今天的文化自觉、文化自信；从 96 年前的救亡图存、热血激荡，到今天的民族复兴、舍我其谁，一代代青年传承着五四精神，传承着振兴中华的接力棒。

今天，我们在这里集会举行活动，就是要激励全市广大青年弘扬五四精神，继承革命传统，努力把自己锻造成祖国的栋梁。借此机会，我想跟青年朋友们谈谈心，提几点小建议。

一、志存高远

有一部很火的青春电影叫作《小时代》。小时代、小人物、小享受、小苦恼，还有一点小孤独。这大概是当今许多人，包括不少年轻人的精神状态。用鲁迅先生 80 年前批评一些作家的话说，就是他们“不免咀嚼着身边的小小的悲欢，而且就看这小悲欢为全世界”。鲁迅不是这样的人，他说：“无数的人们，都和我有关。”意思是，他不是孤立的存在，而是作为群体存在。一个胸怀真正博大的人，能够体会到全人类的快乐和痛苦。别人的幸福是我的幸福，别人的痛苦也是我的痛苦。他认为，自己与他人、与社会是一个共同体，心怀天下，同歌同哭，而不是苟且于自己的小天地，只关注自身得失，只在意当下的悲喜。这正是鲁迅的伟大之处。

今天，我们正站在飞速前进的时代列车上。这是一个中华民族伟大复兴的大时代，这个时代终将选择那些志存高远、心怀天下的人。看远才能揽物于胸，大视野下可以看清小视野下看不清的乱象和迷惑，可以超越自己的小苦恼、小孤独。这就如同地上的小坑可以把你绊倒，而站在高山上俯视大地，那些坎坷沟壑都变得微乎其微一样。与大时代同行，与大事业共舞，肩负起推动历史发展的责任，时代和命运也必然不会辜负你们。

二、积淀素养

古代乐圣师旷说："少而好学，如日出之阳；壮而好学，如日中之光；老而好学，如秉烛之明。"年轻时期正是学习的好时候。

首先要学知识。粮食、蔬菜、肉类使人从孩子长成体魄健壮的成年人，而知识则使人变得聪明、有本事。所以人的一生，专门安排一个学生时期，集中地学习知识。也许多年之后你记住的只不过是一些随时用到的知识，以及你仍旧在钻研的那部分业务，然而，无论你从事什么职业，总有一些东西是无法忘记的——比如，你在求学生涯中所掌握的学习方法、所锻炼的归纳能力、所养成的学习习惯，甚至还有你待人接物时的心态……而这些都将成为你在这个世间从容生活的根基。

在学好课本知识的同时，要广泛地阅读、终生地阅读。天下事，多到不计其数，人不可能件件实践。好在我们可以读书，书里有不同时期、不同人物的经验，一册在手可以让我们走出斗室，上下五千年，纵横八万里，与古今圣贤交流。读书渐久，经验渐丰，则学问日渐精深，心灵日渐丰盈，素养日渐深厚，境界日渐高远，胸襟日渐博大，品德日渐高尚，你必然成为一个不同凡响的人。

三、磨砺自己

金一南在《心胜》中写道：1936 年底，中国陆军 220 万人，位居世界第一；日本陆军 25 万人，位居世界第八。半年以后，陆军数量居世界第一位的国家几乎亡于陆军数量居世界第八位的国家之手。1860 年，英法联军火烧圆明园用了 25000 人；1900 年，八国联军进攻北京用了不足 20000 人。八国联军进攻北京时，京畿一带的清军不下十几万，却被敌人一击而破。有人说，那是因为清军没有先进武器装备，所以无法战胜敌人。那么，如果清军有了先进武器装备，胜利就会唾手可得吗？甲午战争时，北洋水师有亚洲最具威力的定远舰、镇远舰，为什么北洋水师败得更惨？抗日战争爆发时，国民党陆军主力的装备是世界水平的装备，不也一样一溃千里？这些历史告诉我们：一支平素慕于虚荣而荒于训练、精于应付而疏于战备的军队，一支无危机感、无紧迫感的军队，一支不能枕戈待旦的军队，兵力再多、武器装备再好，也必然会失败。

反过来看，1947 年，解放军名将粟裕曾跟陈毅一起指挥莱芜战役。人们都知道粟裕的辉煌战绩，却鲜有人知道他为胜利所付出的心血。《心胜》中写道：粟裕终生不会打牌下棋，不会喝酒跳舞，一辈子最大的爱好就是观地形、看地图。胜利了，进城了，在繁华的大街上，别人逛商店看商品，他却琢磨这个街区怎样攻占，那个要点如何固守。在和平年代，每晚就寝前他都将衣服鞋袜仔细放好，确保一旦有事可以随手摸到；在晚年生命垂危时，他要靠别人帮助穿衣服，还一定要按照军人的要求，把衬衣、毛衣整整齐齐扎进裤腰。

除了胜利，一无所求；为了胜利，一无所惜，这是何等崇高的精神境界！拥有这种精神境界的军人，怎么能不打胜仗？胜利从来只偏爱经过千锤百炼的军队，青睐经过千锤百炼的军人。军人如此，各行各业的工作者也是如此，没有一个人的成功是偶然的。我们不管是在学校学习，还是在今后的工作岗位上，要想成功，就一定要舍得投入、舍得付出，不怕吃苦、不求安逸，磨砺自己、百炼成钢。

习近平总书记说："现在，青春是用来奋斗的；将来，青春是用来回忆的。"[①] 没有什么比行动更能体现对五四运动的纪念，也没有什么比奋斗更能延续先辈们的不朽精神。我相信，包括你们在内的新一代青年，一定不会辜负党和人民的期望，一定会用奋斗的青春，在中华民族伟大复兴中国梦的历史征程中留下光辉的一页！

最后，祝全市广大青年朋友节日快乐，学习进步，事业有成！

（本文是作者 2015 年 5 月 4 日在莱芜陈毅中学与学生们的交流发言）

书中日月长

打小就听老人们说，我小时候抓周抓的就是一本书，他们说我天生是个读书人。当然，这些都是无稽之谈，不足一笑。我之所以爱读书，完全是受家庭的影响。

从我记事起，爸爸只要在家，基本就是在读书写字。他照看孩子的方式是，把孩子抱在膝盖上，给孩子一本书自己翻着看，他则看他的书。妈妈经常会在我们玩闹时轻声说："爸爸在读书，我们去院子里玩。"这让我觉得读书是件很神圣的事。于是，我在认不全字的时候，就经常从

① 中共中央文献研究室编:《十八大以来重要文献选编》上，中央文献出版社 2014 年版，第 282 页。

书架上抽出一本书，念念有词，假装在读。

那时候，家里生活比较困难，每到月底，工资都不够开销，只能向单位储金会借点钱，发了工资再还上。即使这样，每月家里也要买书。我记得非常清楚，爸爸跟妈妈商量，看好一套《一千零一夜》，可以买来给孩子看。两个人一点一点算账，书多少钱，生活费多少钱，差多少，借多少，怎么还……以这样的劲头买书，使我们家伸手可及的地方都是书。从简易的小书架，到后来宽大书房里的大书橱，一摞一摞的书，每一个格子放里外两层还放不开，外面堆的也都是书。

我在这样的家庭氛围中长大，从小就酷爱读书。直到现在，我也是从来不化妆，很少添新衣，不逛商店逛书店。除了读书，几乎没有别的嗜好。

记得我七八岁时，父母总是说，长身体的时候要保证睡眠，要求我们晚上早睡觉。可是我看书入了迷，怎么也不舍得睡去。那时住平房，门外恰好有一盏路灯，能够透过门框上面的玻璃照进家里来。于是，我就等家里人都睡着之后，悄悄地爬起来，站在床上，举着书，借着门外的灯光继续读。后来，我有了自己的台灯，几乎夜夜用被子蒙在台灯上，偷偷读书到深夜，以致有一次把被子都烤煳了。至于走路看书撞到电线杆、上课在桌洞里看书被老师罚站这样的糗事，在我身上更是不胜枚举。

20 世纪 70 年代，专门的儿童读物比较少，家里订了《中国少年报》《儿童文学》。我每次收到书，都顾不上吃饭，就去先看书。但是这些书根本不够我看，多数时候只好从爸爸的书架上找大人的书看，所以我读书的类别较为庞杂。

我很小的时候就看了《闪闪的红星》《雷锋的故事》《卓娅和舒拉的故事》，再大些看了《钢铁是怎样炼成的》《牛虻》等等。这些书我都反复看了数遍，很多话能背下来。这类书奠定了我的思想基础，让我从很小的时候就立志要做一个对祖国、对人民有益的人。只要我的祖国能够富强，我的同胞能够幸福，哪怕历尽磨难，哪怕牺牲生命，我也在所不惜。我小小的心里跃跃欲试地期盼着“我以我血荐轩辕”的机会。这种英雄情结深深植根于我的生命中。这是对我影响最大的一类书。

古今中外的经典诗歌散文、碑帖印谱亦是我的大爱。这类书陶冶性情、滋润心灵。其实，古诗、毛泽东诗词，我是从会说话时就开始背的，十几岁后更是大量地阅读。书法篆刻则是从我幼年就开始积淀，成为渗透于我生命的至爱。虽然我后来已无暇捉刀挥毫，但对过眼的字、印，总要细细端详品味，见到好的碑帖印谱总要收藏。夏日的午后，如果让我读一章《归去来兮辞》，翻一册舒婷、席慕蓉的诗歌，赏一本碑帖印谱，就会觉得满心宁静，满口余香，觉得窗外的燥热喧嚣与我何干。

我始终认为，一方面，我们必须脚踏实地、步履坚实地向前走；另一方面，也必须放眼天宇，仰望星空，审视和关注自己的灵魂，关注现实尤其是功利之外的东西。这会让心灵更加丰润，让内心更加高贵，让目光更加高远。我们决不能把自己的精神世界委于尘土之中。

后来，我又爱上哲学。初中时，我读《庄子》如醉如痴，做梦都梦见与庄子对话，极其欣赏那种“独与天地精神往来而不敖倪于万物”的态度，散淡自由，无所顾忌；大学时，我潜心读《论语》《孟子》，深为其堂堂正气所折服，有了很强的自律意识，在性格中又多了儒家的东西。其实，古代优秀知识分子的人格中，基本都是儒道相结合的。他们有机会做事的时候，会以儒家的端正铁肩担道义，兼济天下；没有机会做事的时候，则以道家的淡然做好力所能及的每一件小事，独善其身。这些传统的思想造就了我性格的基础。

这一时期，我读得更多的是马克思主义，当然，也有卢梭、叔本华等人的著作。这让我对世界的本源、对人生的目标、幸福、理想信念，都有了系统和理性的思考。我甚至想过要写一本自己的哲学书。经过对各种哲学思想的参照对比，我坚定了马克思主义信仰，写了人生中第一份入党申请书。马克思主义著作成就了我的世界观、人生观、价值观，指引了我的人生方向，而我对哲学的热爱则一直持续至今。

我也喜欢历史和传记类的书。小学时，爸爸给我买了一套林汉达先生主编的《中国历史故事》，从春秋时期一直讲到东汉末年，系统而有趣，可惜林先生没编完就去世了。后来，又看各种演义小说，对历史事件和历史人物，有了比较多的了解。再后来，我学会了古文，就看《史记》《资治通鉴》，还买了不同版本的《中国通史》来读。与之相配合，还看了大量的人物传记。我印象最深的是尼克松写的《领袖们》，20 世纪 80 年代的译名叫《领导者》，记述了 20 世纪最重要的一些国家领导人，包括毛泽东同志和周恩来同志的事迹。尼克松从政治家的角度，记述了这两位中国伟人在重大历史关头如何作出抉择，怎样推动历史的发展。学史使人明智，以古鉴今，使人眼界更加宽广深邃。

此外，管理类、经济类以及政治类的书，是我必须要看的，因为这是经世济民、安身立命的基础，在工作中要用。这类书也很有意思，可以一边读，一边联系身边的社会生活实际，理论就变得生动起来。这样的读书会颇有收获。我虽然是学中文出身，但 2008 年以较高的分数，通过了全国高级统计师任职资格考试，还结合工作实际，撰写发表了多篇文章。

自从有了孩子之后，凡是孩子读的书，我都要先读。于是，我读了大量小时候没有条件读到的儿童读物，包括绘本、童话以及儿童题材的小说等等。有些书，看起来是儿童书，实际上包含着很深刻的道理、很真挚的情感，某些段落足以让我感动至落泪；还有些书，让我们在忍俊不禁之后，不由得去反思人性、反思我们的教育。所以，有的儿童读物不仅适合小朋友读，更适合成年人读。

有人说："在这个世界上，谁能够保持童心不泯，谁就是幸福的人。"但是经历了人生百态、世间冷暖，有多少人还能够拥有赤子之心？有多少人还能坚持最初的正直与简单、清澈与真纯？儿童书正可以让我们被岁月磨砺得有些粗糙坚硬的心灵变得细腻温柔，可以让我们像孩子一样在简单中体验幸福。这样的儿童书比现在流行的所谓“官场小说”更加养人养心。读儿童书的人，会有童话气质，相信美、创造美。他们相信人与人之间可以相亲相爱，并不总是尔虞我诈；在很多人为了物质利益打得头破血流时，他们会默默地为自己纯真的理想而奋斗；他们会用自己有限的力量，去改变世上的各种不如意，用自己的双手，创造美好的明天……

我喜欢读各种各样的书。有人说，一个人的书房，一个人看什么书，一个人拥有哪些书，其实就是一个人的全部。这话说得对。正是我读过的这些书，成就了现在的我。我认为，所谓读书人，不能仅仅是爱学习、有专业知识、受过高等教育的人，还应该是在书的浸润下变得温润、通透、明亮的人，应该是有梦想、有信念、有胆气、有胸襟、有大爱的人。唯有这样的人才能成为中华民族的脊梁。

我愿意读书，并且成为这样的人。

（本文是作者参加2011年山东省直机关工委组织的“我的读书故事”征文作品，后来收入山东人民出版社2011年出版的同名书籍）

四代党员的一百年

2021年，是中国共产党成立100周年，这是党的盛事，是人民的节日。中国的每个家庭、每个人，都有着和党风雨同行的难忘经历。此时此刻，不禁想起我家里的四代党员。

我的爷爷1921年12月出生于山东省乳山市水头村的一个贫农家庭，恰好与党同龄。他和旧中国无数的贫农一样，主要靠给地主打工维持生计，受剥削、受压迫、受屈辱，像牛马一样吃苦，像尘土一样卑微，生活里没有一丝亮色。他们中间也有人试图通过奋斗改变命运，闯关东、去北京，但又无一例外地带着失败回到故乡。挣扎而无望，似乎是那个乱世中每个人的宿命。他的父亲、叔伯、哥哥、侄女……家族中很多人，或因病无钱医治而早早去世，或因生活重压失去了活下去的勇气，爷爷在20岁出头的年纪，就经历了诸多的生离死别。这些苦难，使我的祖辈都愿意跟着共产党闹革命，努力建设一个人人平等的新世界。

胶东地区是我国最早传播马克思主义思想的地方之一。爷爷11岁时，第一次接触了中国共产党的地下党组织，粗浅地了解了共产主义思想，完成了最早的政治启蒙，这是他一生中重要的人生际遇。他19岁时，因参与印刷抗日书籍，被日伪军抓捕，在监狱里关押了31天。在一同被捕的30余人中，有8人被确认是共产党员，最终被杀害。其余的人经过营救，被赎出狱。这是爷爷又一次与共产党近距离接触。

过了几个月，爷爷听说乡公所要再次抓捕他，就逃亡到了朝鲜。那时候，他刚满20岁。伪乡长一伙没抓住爷爷，就把我的奶奶捉去关押审讯。其时，我的曾祖母病重卧床，我的父亲才出生几个月，全靠他姨家表姐照顾。到大年三十的晚上，奶奶才被放出，这时曾祖母已经去世了。

爷爷在朝鲜期间，依然受着老板和日本人的双重剥削和压迫，挨日本人的打，受老板的骂。冬天衣不蔽体，脚和鞋冻在一起，手都冻烂了。在那个旧时代，全世界无产者的命运都是相同的。

两年后，当他走投无路悄悄返回故乡的时候，共产党已经在这里建立了比较稳固的根据地。爷爷觉得一切都是新鲜的：新鲜的环境，新鲜的空气，大张旗鼓地宣传抗日，正在减租减息，穷人扬眉吐气，他同大家一样在政治上翻了身，第一次觉得这片土地是属于自己的。因为受压迫深重，所以觉醒得彻底。他积极参加农业生产，当年就被发展为共产党员。多年后，我到烟台任组织部长，在系统挖掘烟台革命史的时候才知道，那时候即使在解放区，党员身份也是不公开的。

爷爷用自己的亲身体验认识到，共产党、八路军是代表穷人、领导穷人闹翻身的，只要听党的话，跟党走，就没有错。这成了他一生的信念。于是，上级号召什么，他就响应什么；上级叫干什么，他就干什么。他参加农救会搞减租减息、登台演戏搞宣传、训练民兵、站岗放哨、动员参军，还到敌占区参加过一些地下工作，忙碌而愉快。解放战争时期，他带群众支前，运粮、修桥、运黄金，先是担任分队长，负责 100 多人的小车队的管理，后来又转到中队任事务长，参加了孟良崮战役、济南战役和淮海战役。

在整个解放战争期间，胶东根据地共出动群众 280 万人次，占全省民工的一半，而我的爷爷就是其中一员。那时候，胶东的男人都以上前线战斗和支前为荣。在建设胶东革命纪念馆的时候，我看到一张妇女担架队的老照片。因为男人都去了前线，一个个裹着小脚的妇女就承担了救护伤员的责任。对着这张照片，我不由得潸然泪下。那就是 1947 年前后我们家的状况，照片上抬担架的小脚妇女，就像是我的奶奶。

带队支前的爷爷，过得依然艰苦，但这是在为了建立一个新中国而吃苦，他觉得吃这样的苦有意义。他的自传里有这样的记录，他在运送军鞋的时候，鞋子破了，宁可光着脚，也不动军鞋，更不用说随时有轰炸、有同伴牺牲，他自己也负了伤。最终，历时一年多，爷爷圆满完成任务，被授予二等功。

那时，华东局提出了民工队的政治工作方针："把民工队当成学校办。"爷爷就在这个大学校里迅速成长起来。他带着民工返回乳山之后，因为工作能力突出，被分配在县财政科工作。1951 年下半年，他任县财政科科长，即新中国成立后乳山县的第一任财政局长。1952 年底，他被调到省政府工作，直到 1972 年 5 月在开会时突发脑出血去世，终年 50 岁。

爷爷从一个苦难农民的孩子成长为一名党员干部，成长为一个在省政府辅助决策和从事文字工作的人，这种脱胎换骨的变化，用他自己的话说就是“完全是党培养和教育的结果”。党让无数不如牛马的人，成为真正站起来的人，党又不断地吸纳群众中有觉悟的人，并对之加以培养，使他们成长为共产主义战士。这是我们党特别了不起的地方。

如果没有中国共产党这个穷人自己的组织，很多像我爷爷一样原本也是非常聪明、善于学习、善于思考、可塑性很强的人，最终只能在社会最底层挣扎一生，无声无息地在悲惨中离开这个世界。是共产党和共产主义改变了他们的一生，赋予了他们的人生全新的意义。

爷爷去世时，我才一岁半，是他唯一见过的孙辈。每年清明，父亲总要带着我们去英雄山为爷爷扫墓，给我们讲他的故事。这让我们从小就感受到，家族史也是国家史，一个家族的变迁折射的是国家和社会的变迁。没有共产党，就没有新中国，就没有我们的幸福生活。爱党爱国，忠于人民，成了深植于我内心的信念。

父亲 1941 年出生，1952 年就跟着爷爷进了城。因为爷爷在新中国成立前一直在外面闹革命，村里的老乡给了父亲诸多照顾。尤其是“还乡团”好几次抓抗日家属时，都是村里的老乡掩护了他们。所以，虽然父亲十几岁就到了济南，成长在机关大院里，但是他始终觉得自己是农民的孩子，始终不能忘了农民的疾苦。他从不认为自己的幸福是理所应得的，而是愿意帮助那些生活尚且困苦的人，希望让每个人都能过上安稳幸福的生活，这样他才安心。

正因为带着这种情感，父亲从没有为我们的事情托关系、找门路，可是对于社会上的陌生人，他却有求必应。他帮助别人解决工作、求学的困难，帮助陌生人申冤。他帮助过多少人，连他自己也记不清了。

有一次，妈妈跟他说起，有个学生兄妹 4 人，大的十四五岁，小的不到 10 岁，他们的父亲在外地工作且身体不好，母亲一个人带孩子，很不容易，所以想给他们一点资助。父亲听了，完全赞同，而且让妈妈把学生的父母的简要情况给他。一年之后，他竟然费尽周折，把学生的父亲调回了济南。学生一家人觉得能不断得到妈妈的资助已经感激不尽，怎么也想不到父亲与他们素昧平生，却帮他们办了这么一件改变一家人命运的事，于是更加感激涕零。在现在，甚至在当时那个时代，这种事都是很不可思议的，但父亲做过多次。他不求回报、尽其所能地帮助了很多人，能帮助别人改变命运是他最得意的事情，也是他唯一希望得到的结果。

他因为经常写文章为群众发声，所以时常有群众慕名找他反映问题。听到那些群众受到不公的遭遇，他总是极为愤慨，寝食无味，闷闷不乐。我的丈夫和我的妹妹都是学法律的，父亲总是要求他们无偿帮助群众修改申诉材料，指导他们按程序反映诉求。他对群众不忍心置之不理，只能全家总动员，多帮一点是一点。这些都让我深受教育，成为我把公务员作为职业的初衷。

父亲临终前两天，已经神志不清了，断断续续说着胡话。我使劲辨别，原来在他混乱的意识里，仍是有人找他申诉不公。他气息微弱地说："我太累了，撑不住了，你替我去帮帮人家。"我明白，这是他的心事，他到生命的最后一刻，也没有放下人民群众，他替百姓办事的心永远都不肯停歇。

父亲是 1964 年在大学里入党的，1966 年参加工作，2004 年退休，2014 年 8 月去世。如果他能活到今天，就有 57 年党龄了。即使 73 岁去世的时候，他的党龄也已经满 50 年了。

他从事过多个领域的领导工作，每一次职务变动，都靠一股钻劲和韧劲边干边学，对新的专业进行深入研究，很快就成为那个领域的专家。我常想，以父亲的勤奋刻苦和钻研精神，如果当初走学术之路，那他肯定会成为著作等身的学者。但父亲似乎更希望通过自己的职务行为，在更大范围内为老百姓做更多的事，所以他没有选择在象牙塔里搞纯粹的研究。

有一次，关于某个重大决策产生了争论。父亲发现后，运用自己积累的专业知识，及时向组织提出建议，并不断写材料阐述，最终促成了更加科学合理的决策。在这个过程中，也有熟悉他的同志劝他多一事不如少一事，但父亲就是这么一个很纯粹的人，身上有一种中国传统知识分子“虽千万人，吾往矣”的劲头。一事当前，他从不会考虑自己，总是更多地想着公平、正义和百姓。

父亲退休后，妈妈劝他修身养性，锻炼身体，别再读书写文章了。但读书的习惯已融入他的血液，所以他依然如故。他重读了《资本论》等马克思主义经典著作，力求用马克思主义基本立场、观点、方法，观察经济和社会发展中的热点、焦点问题，提出了很多鲜明的观点。他写了《应当认清资本的另一面——纪念马克思逝世 126 周年》，还写了《要认清市场经济的另一面》《世界金融危机与自由资本主义制度的衰落——兼析新自由主义对中国的影响》《否定、歪曲党的历史意欲何为》《坚持人民代表大会制度，不搞三权分立》《人们幸福感不强相关问题的思考》等一系列文章，彰显了一个共产党员的责任和良知。

父亲晚年在一篇文章中写道:“‘书生报国无长物，唯有手中笔如刀。’我今年 70 初度，理应以有限的绵薄之力奉献给社会。当有一天我要告别这个世界时，我也会坦然地回首平生：没有因为虚度年华而痛悔，没有因为碌碌无为而羞愧。我的整个生命和全部精力，都献给了党，献给了祖国和人民，献给了世界上最壮丽的事业！”

作为女儿，我为有这样的父亲而自豪。作为共产党员和公务员，我对父亲这样的人满怀敬意，也愿意跟父亲学做人做事。参加工作后，我获得过5次嘉奖奖励，4次三等功，3次二等功，被评为山东省第四届“省直机关十大杰出青年”、山东省直机关“我们身边的好榜样”，获得山东省省直机关“五一劳动奖章”。我们的家庭还被全国妇联评为第八届“全国五好文明家庭”。

2013年，我在42岁时被任命为山东省统计局副局长。2015年1月，在父亲去世4个月之后，我被派到莱芜市任组织部长，有了直接为群众做事的平台。我对自己的要求是：只要不是越权的事，只要是对群众有利的事，只要是对党的事业有利的事，就要充分运用手里的权力，把它干到极致。为党分忧、为民解难，让更多的群众因为我的工作而受益，让他们都过上好日子。

6年时间，我在两个市任组织部长，走遍了辖区所有的乡镇，去过几百个村。周末时，我经常自己开着车到村里，到老百姓家里坐坐，了解基层的实际情况，却很少回济南的家。我的手机里有很多基层干部和群众的手机号码，他们有困难可以随时给我打电话。我们在出台政策的时候，也总是愿意听听他们的意见。在这里，我遇到了一群有信仰的同事。大家想在一处，干在一起，并肩战斗。每个人都激情满怀，每个人都有无穷的智慧和创造力，没有克服不了的困难，没有干不成的事。来调研的领导都说，烟台组织系统的干部一聊起工作来眼睛里都是光。植根于这些可爱的同事和群众之中，我就像一棵树找到了最适合自己的沃土。

几年来，烟台市的人才工作在全省考核中始终名列第一，干部工作的群众满意率始终保持在97%以上。我们在全国率先探索实行了干部政治素质考察，《人民日报》整版对此进行了报道，我还到中组部组织干部学院介绍了经验。我们在全省率先出台了关心关爱基层干部的28条措施，相关做法也被《人民日报》报道，并在全省推广。我们还首创了干部队伍建设智慧云平台、干部队伍数据透视系统、干部人事档案智能化管控平台、无人档案库房管理系统，都获得了知识产权。

我们建成了完整的党建引领城市治理体系，城市党建成为烟台市亮丽的名片。在街道，深化街道管理体制改革，推进“街呼区应”平台建设，走在全省前列；在社区，整合集成区域内各类资源，协同为群众解难题、办实事的“资联网”做法，获评“全国城市基层党建创新优秀案例”。出台了全省首部党群服务中心地方标准，实施“红心物业”党建领航工程，居民对物业的投诉率同比下降21%。社区工作者职业体系改革做法被全省推广；在新经济组织和新社会组织，园区非公企业党建做法获评“2017—2018年度山东组织工作创新奖”，“产业链党建”“嵌入式党建”工作法、新兴领域“集聚区党建+社区式治理”、社会组织参与城市治理等经验在全省推广；在机关，单位和干部到社区“双报到”，认领项目、组团服务，建立机关“党员先锋队”参与重大任务、突发事件，在全省模范机关建设推进会上交流经验；在国企，探索“资本链上抓党建”、党建标准化质量体系等做法，涌现出万华集团等先进典型；在学校，推进“一校一品”党建品牌创建活动，先后培育了20个市级学校党建品牌，覆盖各个学段；在公立医院等其他行业，创新成立“医联体党建联盟”，建立全省首个上市公司党建联盟、首个化工企业党建联盟、首个快递行业联合党委、首个科技服务行业联合党委。

中组部将烟台市列为“全国城市基层党建示范市”。赵乐际同志到烟台调研时给予充分肯定，并在全国城市基层党建工作经验交流座谈会上点名表扬烟台市的做法。

在农村，我们通过党支部领办合作社，小切口解决了大问题。有学者认为，这是事关全局的重大改革突破，是习近平新时代中国特色社会主义思想指导下出现的新时代气象，是在党的领导下走乡村振兴新道路的宣言书，同新中国成立初期的农业合作化、改革开放初期的包产到户一样，是农村经营体制的“第三次革命”，具有开创性的历史意义。

我忘不了小时候，经常有农民进城要饭，父亲不仅有求必应，更是把他们叫进家门，和我们同桌吃饭，借机了解农村的情况。父亲总是跟我说，农民的幸福关系着国家的发展，一定要关注农民，珍惜农民。能到基层真正为农民做点事，是父亲的愿望，可惜他始终没有机会实现，而这成了我推行党支部领办合作社的情感基础。如果父亲看到我替他完成了心愿，找到了让群众共同富裕的好路子，他该多么高兴啊！

我们用极大的努力，系统挖掘、保存、整理胶东地区历史文化和红色文化资源，建成十几处党性教育基地，系统展示了胶东地区“古代兴盛—近代屈辱—革命建设—走向复兴”的完整脉络，以此教育党员、群众和青少年，铭记我们从哪里来，要到何处去，确保红色基因代代相传。

我总是有一种时不我待的紧迫感。我的祖父、父亲都已经去世了，老党员、老革命在逐渐凋零。如果我们这一代人再不站出来还原历史，正本清源，如果亲历者来不及把真实的历史保留下来，如果年轻一代被歪曲的历史所蒙蔽，那么，不仅我们党执政的合理性会遭到质疑，而且难免重蹈覆辙，使国家民族陷于危难。这是绝对不能允许的！我们就是要用扎实的工作，与历史虚无主义作坚决斗争。这是父亲未完成的遗志，也是我作为党员干部责无旁贷的职责。

我认为，自己作为家族中第三代共产党人，做到了在党爱党、在党为党、在党忧党、在党护党，算是没有愧对祖辈、父辈。

我有一对双胞胎儿子，与马克思同一天生日。他们出生后，我曾经很想要其中一个姓我的姓，好让父亲的学识风骨能有一个传承。父亲笑我迂腐，他说，咱们的姓氏有那么重要吗？养孩子都不是给自己养的，最终孩子们都是属于国家、属于社会的。我觉得父亲说得对。

我在院子里立了一根旗杆，每天早晨带领孩子们升国旗、唱国歌。儿子 3 岁的时候就会背诵“先天下之忧而忧，后天下之乐而乐”，就会感慨“天这么冷，老百姓在外面卖东西真不容易啊”。那时候，他们的理想就是希望能变成一座高楼，让天底下无家可归的人都住进来。

他们 18 岁的时候，想向党组织递交入党申请书，急切地希望成为我们家第四代共产党人。我一开始没有同意。我说，信仰是一辈子的事，你们要先想清楚为什么入党，要端正入党动机。我用小长假带他们去了我一手领着建设的胶东（烟台）党性教育基地的几个教学点，亲自给他们当解说员。我用春节和中秋两个团聚的节日，跟他们一起开了两次家庭民主生活会：一次开展批评和自我批评，一次开展表扬与自我表扬。我带他们在党性教育基地一起重温了入党誓词。假期周末，我经常带他们一起去农村调研，倾听农民的疾苦，帮村里解决困难。2020 年新冠肺炎疫情防控期间，他们有大半年的时间在家上网课。我们全家每周三个晚上，用视频连线的方式一起读《毛泽东选集》，读习近平总书记的最新讲话。每一次，由一个人当轮流值班班长，主持读原文和交流心得体会。而白天，他们则在学习之余到社区去做志愿者。

他们 19 岁时，几乎同时成了入党积极分子。2020 年 8 月和 10 月，他们先后加入了中国共产党，终于一起在建党百年前夕，在 20 岁的年纪，成为我家第四代共产党人。从此，他们不仅是我的儿子，也是我的同志。

习近平总书记说，红色基因是需要传承的。传承红色基因，需要不断锻造自己。爷爷那一代人为建立新中国流过血，父亲那一代人为建设新中国流过汗。现在，我们和我们的孩子都在继承遗志，接续奋斗。我想，位卑未敢忘忧国，为中国人民谋幸福，为中华民族谋复兴，这就是我们最重要的家风。

愿党的事业生生不息，愿我们的红色基因代代相传。

· 第五章 ·

让历史照亮未来

让历史照亮未来：关于旗帜道路

习近平总书记强调："要把红色资源利用好、把红色传统发扬好、把红色基因传承好。"①

烟台，既是我国近代北方最早开埠的城市之一，又是改革开放以来我国首批沿海开放城市；既是革命老区，又是改革发展先行区。100多年来，中国近现代史的每个历史时期，都有勇于牺牲、甘于奉献、善于创新的烟台人，走在前列。在这片红色热土上，曾经的那些为民先驱的人、那些先进先行的事，一次次打动、感染、激励、引领着我。所以，我们做了极大的努力，挖掘、保存、整理胶东历史文化和红色文化资源。

同时，随着老党员、老革命的日渐凋零，我有一种时不我待的紧迫感。"欲灭其国，先去其史。"新中国成立至今只有70多年，但历史虚无主义已经让很多人产生了模糊甚至错误的认识。比如，在"还原历史""寻找真相""重新评价"的幌子下，有的人否定领袖、否定革命，对缺点和失误无限放大，对功绩却选择性失明；有的人歪曲历史，抛弃时代背景，想当然地用今天的眼光去评价昨天的历史、苛求前人；有的人抹黑英雄，拿革命开玩笑，甚至把历史上的反动人物打扮成"历史的推动者"。这些都是非常值得我们警惕的。

烟台百年史的最大特点，就是与我们党的百年奋斗历史高度吻合、

---

①《贯彻全军政治工作会议精神　扎实推进依法治军从严治军》，《人民日报》2014年12月16日。

同向同频。回顾烟台百年历史，让我们更加清楚“从哪里来”，也让我们更加坚定“到哪里去”；学习烟台百年历史，能让我们更好地理解要“举什么旗、走什么路”的问题。

烟台的历史告诉我们，社会主义道路是时代的必然。中国共产党诞生前，烟台先后经历了被迫开埠、洋务运动和资产阶级革命等一系列重大事变，但最终都没能改变胶东人民受压迫、被奴役的命运。

1861 年，烟台因《天津条约》被迫开埠，成为中国北方最早的开埠城市。此后，资本主义列强涌进烟台，把持海关、掠夺财富、欺压百姓、贩卖华工，胶东人民处于水深火热之中。

1876 年，清政府洋务派希望“师夷长技以制夷”，在胶东建设了当时装备最先进的北洋水师，在烟台建了东、西炮台，进口了当时最先进的克虏伯大炮，但最终却是甲午战败、割地赔款，人民苦难更加深重。

1911 年，革命党人发动武昌起义，烟台作为同盟会北方八省的总部，在山东首先响应，是最早脱离清政府的城市。1912 年 8 月，孙中山先生曾在烟台发表演说，希望烟台人发展制造业，推动国家进步。但资产阶级革命失败了，带来了军阀混战、满目疮痍。

直到有了中国共产党，胶东的革命面貌才焕然一新。

抗战初期，胶东国民党军队听说日本人要攻占烟台，提前十几天弃城而逃。日本侵略者兵不血刃，长驱直入，占领了烟台。与之形成鲜明对比的是，胶东的共产党组织挺身而出，领导了天福山、玉皇顶等一系列起义，拉开了胶东武装抗日的序幕。雷神庙战斗，打响了胶东抗战第一枪，打破了“日军不可战胜”的神话，坚定了胶东人民抗战的决心，也让人民看到了共产党才是抗战可以依靠的领导力量，坚定跟党走。胶东抗日根据地，被毛泽东同志称为“抗日根据地模范区”。1945 年 8 月，党领导烟台人民取得抗战胜利，烟台成为北方解放最早、最大的沿海城市。

新中国成立 70 多年来，烟台和全国一样，在一穷二白的基础上建设社会主义。到 2019 年，烟台 GDP 总量比世界排名第 59 位的厄瓜多尔整个国家的 GDP 还要高。而且，从 1949 年算起，烟台 GDP 突破百亿用了 39 年，从百亿元突破千亿元用了 14 年，从千亿元跨越迈上 5000 亿元新台阶用了 10 年。烟台发展迅猛，势不可当，再不是当年那个屈辱的模样。

烟台的历史告诉我们，社会主义道路是先烈的追求。胶东的革命史，就是一部革命先烈前仆后继的牺牲史、奋斗史。1928—1938 年间，胶东牺牲了 6 位党组织主要负责人，他们大多是家庭条件优越、受过高等教育的人。比如，胶东第一任县委书记李伯颜，是 1926 年在上海暨南大学读书时入的党。根据《中国共产党历史》里的数据，1949 年中国全部人口中的文盲半文盲高达 90%。那时候能读到高小已经算是知识分子了，能读到大学都是家境优越、万里挑一的人，李伯颜就是这样一个大学生。又如，第一任中共烟台临时市委书记许端云，毕业于烟台的最高学府——益文学校；胶东特委书记理琪，出生在河南的一个大地主家庭，毕业于西北军无线电学校。

贫苦农民食不果腹、衣不蔽体，产生朴素的革命愿望不难理解，因为不革命就无法生存。但是像李伯颜这样最初的革命者、最初的马克思主义传播者和实践者，都是家庭条件优越，受过高等教育的人，他们如果为了自己过好日子，衣食无忧，最自然的选择是维护国民党统治，拥护资本主义道路。但是，他们却都义无反顾地投身革命。这是为什么？原因就是他们在接受了各种新思潮之后，经过理性的思考认识到，在那种积贫积弱的情况下，非马克思主义、非共产党无以救中国；正是因为认识到这条道路是正确的，所以才会在这条道上前仆后继、舍生忘死。这就是那一代共产党人的信仰。正如牺牲时年仅 32 岁的胶东特委第一任书记张静源所说："如果我死了，能立 2 尺高的小碑，写上'社会主义者张静源'，我就心满意足了。"

1945 年 8 月 15 日，日本宣布无条件投降的时候，英灵山胶东革命烈士陵园的抗日烈士纪念塔竣工了。在抗战胜利前两年，胶东人民就已经在着手建这个陵园。那个时候，虽然抗战还没有胜利，但我们的前辈坚信，这场战争中国必胜！我们有这种信心、有这种信仰——只要有共产党的领导就一定能胜利，只要坚持社会主义道路就一定能救中国。

烟台的历史告诉我们，社会主义道路是人民的选择。在解放战争时期，胶东地区的每个村庄都有党的基层组织，胶东人民向解放军先后输送 40 万兵员，出动支前民工 280 万人次，而同期胶东的总人口不到 1100 万。青壮年男子几乎都上了前线，家中的妇女救护伤员，抚养战士后代，胶东人民几乎是倾家干革命。

在社会主义革命和建设时期，烟台是全国最早对资本主义工商业实行公私合营，进行社会主义改造的地区之一。在胶东革命纪念馆里我们看到：新中国成立前民族资本在官僚资本挤压下难以发展，濒临破产；新中国成立后实行公私合营，这些企业才得以起死回生。民营企业家不是被强迫，而是因为看到了新的希望，所以都是敲锣打鼓地参加公私合营，参加社会主义改造。

改革开放时期，烟台在全国取得了很多“率先”“第一”的改革，都体现出烟台人民对党领导下的社会主义道路的理解、认同和支持。

烟台是整个中国的缩影。从烟台历史中我们可以看到，中华民族为了救亡图存进行了各种尝试，但都行不通，直到选择了共产党，选择了社会主义道路，才赢得了最终胜利、开启了崭新天地；在建设和改革时期，同样的山海区位，同样的胶东人民，只有在共产党的领导下，才实现了从站起来、富起来到强起来的历史性跨越。没有共产党就没有新中国，只有共产党才能救中国，只有社会主义才能发展中国。

旗帜引领方向，道路决定命运。烟台的历史雄辩地告诉我们，不管是过去、现在还是未来，我们都必须坚定地相信党的领导，必须坚定不移走社会主义道路。

（本文是作者2017年9月4日在烟台市委党校2017年秋季开学典礼上的讲话的一部分）

让历史照亮未来：关于走在前列

2018年3月8日，习近平总书记参加十三届全国人大一次会议山东代表团审议并发表讲话强调，山东要在全面建成小康社会进程中走在前列。对烟台而言，就是各项工作都必须走在全省前列，“保三争二抢第一”。

从历史上看，走在前列是烟台的传统。1920年，李大钊在北京成立全国第一个马克思学说研究会；同年春天，烟台海军学校学生郭寿生组织了马克思主义研究小组，烟台是全国最早传播马克思主义学说的地方。

革命战争时期，烟台诞生了山东省第一个党领导的县级抗日民主政权，诞生了被中央称赞为“伟大的成绩”的胶东抗日根据地，诞生了山东省内和北方沿海唯一保留到抗战时期的“中国工农红军胶东游击队”，如此等等，均闻名全国。

社会主义革命和建设时期，烟台是山东省最早解放和完成土地改革的地区，是新中国成立后全国第一个拥有发往北京列车的地级市，是全省第一个实现集中供水的城市。改革开放时期，烟台有更多的“之先”“之最”，比如，烟台是全国首批14个沿海开放城市之一，是目前山东省上市公司总数最多和规模以上工业总产值最高的地级市。烟台大学是全国第一所由地方组织群众捐款建立的大学，烟台保税港区是全国第一家以出口加工区和临近港口整合转型升级的保税港，烟台开发区1985年奠基当月就引进了全国首批开发区中第一家合资企业，通用东岳汽车公司的投产结束了山东不能生产轿车的历史，等等。

烟台拥有一个个“第一”“唯一”，在漫长的历史时期一直走在前列，不是偶然的，而是烟台人民拼出来、干出来的。

之所以能走在前列，是因为烟台始终展现着敢为人先的锐气。抗日战争时期，为了解决根据地的经济问题，胶东地区于1938年创办北海银行，这是我们党强有力的经济和金融斗争武器，是全国根据地三大银行中实力最为雄厚的银行，新中国成立后成为中国人民银行的三大基石之一；烟台人民创造性地在地道里建设西海地下医院，在日本侵略者眼皮子底下先后救治了2000多名伤病员，比沙家浜的故事更惊心动魄感人至深；烟台军民创造的地雷战，同样在抗战史上留下了浓墨重彩的一笔。烟台军民就是靠着这种敢为人先的锐气，在革命战争中探索出对敌斗争和发展经济、保障供给的好办法，创造了一个又一个奇迹，取得了一个又一个胜利。

之所以能走在前列，是因为烟台始终展现着蓬勃向上的朝气。社会主义建设时期，龙口市下丁家大队自强不息、战天斗地，劈山筑库、拦河筑坝，开展了一场以水为纲、山水田综合治理的大会战，把1400多亩旱地变成水浇地，成为全国农业战线的一面旗帜。下丁家人大干、苦干、拼命干的精神，载入史册。1958年动工的门楼水库，共有20000多名民工参与工程会战，涌现出“木兰夯”等很多先进群体。看那时候的老照片，哪怕天寒地冻，大家跳进冰水里施工，脸上都掩不住开心的笑容。现在，门楼水库仍然是烟台城区主要的水源地，建水库的精气神至今滋养着烟台人民。为满足工农业发展需要，在没有资金、没有设备、没有技术、没有原料的情况下，烟台人民发扬“没有条件创造条件也要上”的顽强作风，筹建烟台钢铁生产企业。后来，烟台又凝聚全地区

168家企业力量，建成烟台地区小型钢铁联合企业，在全国树立起一面“集中力量办大事”的旗帜。

之所以能走在前列，是因为烟台始终展现着锐意创新的勇气。20世纪八九十年代，烟台乡镇企业在全国竞争中异军突起，胶东模式成为与苏南模式、珠江模式齐名的先进模式。今天，烟台拥有全省最多的上市公司，拥有黄金、装备制造领域的一系列产业航母，拥有引领国有企业改革步伐的万华集团。2019年，在庆祝中华人民共和国成立70周年阅兵式上，烟台市建造的“蓝鲸一号”钻井平台作为山东彩车的重要元素，在天安门广场接受检阅，这都是烟台人民的光荣。烟台人民的改革精神、开拓精神必定会写在共和国的旗帜上。

近年来，烟台市抓住作为全省新旧动能转换“三核”之一、作为山东自贸区烟台片区的重大机遇，谋划推进了一大批重点工程、重点项目、重大事项。在这样一个爬坡过坎的关键时期，我们比任何时期都更需要激发勇立潮头、走在前列的精神。

烟台全市广大党员干部一定要在发展理念、动力、手段、途径上实现全面转变，发展思路着眼“走在前列”来谋划，发展布局围绕“走在前列”来展开，发展举措针对“走在前列”来制定，发展成果运用“走在前列”来检验。要进一步提升标准境界，拿出瞪起眼来干工作的劲头、一事当前舍我其谁的气魄、紧盯工作抓一件成一件的韧性，高点定位、高标追求，立说立行、雷厉风行。要把敢于担当、勇于作为当作自觉追求，遇到艰巨任务时，挺身而出、勇挑重担，千方百计抓好落实；碰到难题时，知难而进、迎难而上，想方设法攻坚克难；面对歪风邪气时，敢于斗争、较真碰硬，立场坚定予以回击。要学会用学习的眼光看别人、用挑剔的眼光看自己，努力做到想人所不敢想、做人所不会做、成人所不能成。要坚决破除“捂着乌纱帽做官”的慵懒思想，打消患得患失的权衡顾虑，把全部精力用到干事创业上来，实事求是、因地制宜，善抓机遇、主动作为，真刀真枪地解决具体问题，以务实的作风推进工作，以昂扬的精神攻破难关，推动烟台实现高质量发展。

烟台是一片红色的热土，烟台人身上流淌着英雄的热血。历史上，烟台一直引领风气、先行先进；新时代，我们也一定会勇立潮头、走在前列，交上属于我们的时代答卷，以此来告慰前辈，开创未来！

（本文是作者2017年9月4日在烟台市委党校2017年秋季开学典礼上的讲话，略有增删）

让历史照亮未来：关于历史使命

习近平总书记指出，中国共产党自成立之日起就把实现中华民族伟大复兴作为自己的历史使命，捍卫民族独立最坚定，维护民族利益最坚决，反抗外来侵略最勇敢。

近代以来，中华民族就面临两大历史任务：一是求得民族独立和人民解放，二是实现国家繁荣富强和人民共同富裕。这二者统一于中华民族伟大复兴的历史进程。对这段从屈辱走向复兴的历史，烟台百年革命史是很好的见证。

烟台山下的胶东革命纪念馆旧址是芝罘俱乐部，丧权辱国的中英《烟台条约》在这里签订，中日《马关条约》在这里换约。自《马关条约》换约生效起，先后有16个国家在烟台山上建立领事馆，成为近代以来我国积贫积弱、清政府丧权辱国的象征。

与之相对应的，在中国共产党领导下，我们取得了“阻止美军登陆”谈判胜利，进行了“杨禄奎事件”的宣判。这两件扬眉吐气的事，同样发生在芝罘俱乐部。

1945 年 8 月 24 日，八路军解放烟台，这里成为八路军解放的第一个北方沿海港口城市。美军为了帮助国民党抢占烟台，进而抢夺东北，打着盟军的旗号，于 9 月 29 日悍然将第七舰队的 5 艘军舰开到了烟台海域，要求在烟台登陆。烟台的军民在中共中央领导下，与美军展开了有理有力有节的斗争，最终粉碎了美军的登陆图谋，美舰被迫驶离烟台。“阻止美军登陆”，一改近代以来外国列强在我国沿海随意登陆的历史。这是在中国共产党领导下，我国近代外交史上取得的第一次重大胜利。美国作家史沫特莱在《伟大的道路》一书中写道：“美国人在烟台事件上低下了头。”

在“杨禄奎事件”中，杨禄奎是人力车夫，被联合国救济署职员史鲁域琪驾车撞死了。史鲁域琪最初十分嚣张，扬言在国统区撞死一个人力车夫，就像撞死一条狗一样。烟台市长姚仲明义正词严地说：“共产党不是国民党，解放区不是国统区，在共产党领导下，中国人民的利益必须得到保障！”最终，这一事件以肇事司机被公开审判、刊登“悔罪书”、支付巨额赔偿而结束。这一事件开创了自鸦片战争以来，中国地方法庭公开审判外国罪犯的先例。当时有国统区媒体报道说：“这要是发生在咱们这里，不要说是个人力车夫，就是个市长让美国人轧死了，也别想有这个待遇。”

《马关条约》签订 50 年后的 1945 年 8 月 24 日，解放军消灭日寇解放烟台，我们可爱的家乡终于回到人民手中。第二年，抗日烈士纪念碑在烟台山上建成，俯瞰日、德、英、美等国领事馆，“中国人民站起来了”的寓意不言自明。

历史证明，在从站起来到富起来、强起来的过程中，烟台人民从未缺席，一直走在历史发展的前列。

在社会主义革命和建设时期，烟台地区先后实现了粮食生产“过黄河、跨长江、超千斤”的历史跨越。从1954年到1980年，烟台地区即使在自然灾害时期，也始终处于粮食净调出状态，始终在支援全国人民。

为满足工农业发展需要，烟台人民建成闻名全国的“小钢联”，建成造钟厂、造锁厂、缝纫机厂、啤酒厂、棉纺厂等一大批知名企业，保证人民生产生活需要，“北极星”“三环锁”都曾经是烟台人民的骄傲。改革开放以来，烟台的乡镇企业异军突起，改革史上有了“胶东模式”的称号。烟台人民始终在民族复兴的道路上孜孜以求，探索创新，贡献力量。

每一代人都有每一代人的历史使命。今天，历史的接力棒交到了我们手中。正像习近平总书记强调的那样，现在我们比历史上任何时期都更接近中华民族伟大复兴的目标，比历史上任何时期都更有信心、有能力实现这个目标。

那么，民族复兴的宏大历史命题，和我们每一个人有什么关系？除了享受中华民族从站起来、富起来到强起来的成果，除了享受中华民族伟大复兴的荣光，我们还应该做些什么？这是每一个人都应该思考的问题，每一个人应该给出自己的答案。这个答案就是：“民族复兴，我的责任！”

假如我们只是一个普通教师，那就承担好“燃灯者”的责任，用自己的信仰之火，点燃学生的思想之灯。我们要培养共产主义的“接班人”，而不是“掘墓人”，我们不但要教知识、教方法、教本领，更要教理想、教品格、教信仰。

我经常想，教育的目的是什么？教育是为了什么？只有搞清楚教育的目的，才能找准正确的方向，才能选择正确的路径。毛泽东同志曾经说过：“我们的教育方针，应该使受教育者在德育、智育、体育几方面都得到发展，成为有社会主义觉悟的有文化的劳动者。”① 这里面有几个关

①《毛泽东文集》第7卷，人民出版社1999年版，第226页。

键点，一个是“德育、智育、体育几方面都得到发展”，德是排在第一位的；第二是“有社会主义觉悟”，第三是落脚点在“劳动者”。用这个标准来对照我们的教育，现在教育最大的问题是什么？我认为并不是孩子的学习压力大，而是很长一段时间，我们忽略了、淡化了对孩子的思想品德教育、理想信念教育，这是教育最大的问题。

习近平总书记在讲党建的时候说过:“如果我们党弱了、散了、垮了，其他政绩又有什么意义呢？”[①] 如果我们的孩子在全校可以考第一，但是没有信仰，没有能够超越一己私利的大关爱、大悲悯，没有社会责任感和担当精神，没有牺牲精神、奉献精神，而只是一个精致的利己主义者，那么，这样的高分有什么意义呢？

我们现在经常讲不忘初心，培养德智体全面发展的、有社会主义觉悟的劳动者，这就是教育的初心，是教育工作者应该始终坚守的目标。

假如我们只是一个普通的社区居民，那就承担好“主人翁”的责任。党的十九届四中全会专题研究了国家治理体系和治理能力现代化的问题，强调要坚持和完善共建共治共享的社会治理制度，建设人人有责、人人尽责、人人享有的社会治理共同体，突出强调“共建共治共享”和“人人参与”。社区怎么才能治理好？说一千道一万，社区居民是关键。一个完美的社区治理，每一个居民都应该是治理主体，每一个居民都应该参与其中，走群众路线，大家的事情大家办。

现在一些地方总结新冠肺炎疫情防控期间社区工作的经验和教训，其中一个主要的短板就是，有的社区是干部干、群众看，没有把社区群众有效发动、组织起来，在客观上社区工作力量不足的情况下，难免就会暴露出各种各样的问题。

---

① 习近平:《在党的群众路线教育实践活动总结大会上的讲话》,《人民日报》2014 年 10 月 9 日。

反过来，就像烟台市大海阳社区探索“社区的老人大家养，社区的孩子大家教，社区的狗大家管，社区的树大家种……”，每一个居民都参与其中，也都从中受益，这难道不是最有效的社区治理吗？

前段时间，我专门到一些社区作调研。作为中心城区的老小区，肯定有这样那样的困难，这都是各级党委政府要想方设法帮助解决的。但是作为社区，如果只是“等、靠、要”，甚至怨天尤人，那么，困难就永远都是困难。学过哲学的同志都知道，外因要通过内因起作用，没有主观能动性，再多再好的扶持也没有用。而如果我们从自己做起，从改变周围的小环境做起，我们收获的就会是美好的未来。我经常跟大家讲：与其诅咒黑暗，不如让自己发光。你自己发光了，你的周围就一定不会黑暗！同样，你站立的地方是中国，你是什么样，中国就是什么样；你是什么样，咱们的社区就是什么样。

假如我们只是个普通干部，那就要承担好“勤务员”的责任。现在，大部分机关党员干部都很忙，特别是越到基层越辛苦，不少同志起早贪黑，有的同志透支了身体，有的同志亏欠了亲情。但只要我们能用自己的辛苦指数换来群众的幸福指数，我们的付出就有价值；只要我们把自己交给群众，群众就会永远记得我们。

今天，组织给了我们干事的平台，历史给了我们大展拳脚的机遇，我们没有任何理由消极懈怠。再过十几、二十几年，当我们都离开了工作岗位，可以自豪地说：我把自己全部的精力都用在了为人民服务上。这样的人生才是真正有意义的人生，我们都应该为此而努力。

人海茫茫，我们每一个人都只是沧海一粟，是14亿分之一，看起来似乎微不足道，但是汇聚在一起就是民族复兴的柱石。一块砖头也许力量单薄，但亿万块砖砌在一起，那就是万里长城，是坚不可摧的铜墙铁壁。可是，如果你是一块不合格的砖，敌人一枪就能打穿，那你就是这个长城上的软肋。所以，每一个人都很重要，即使你在14亿人中并不起眼，但在你的岗位中却是唯一。我相信，每一个人每一分立足本职的辛勤努力，不仅将成就不平凡的自己，也将继续成就不平凡的中国，让民族复兴的伟大梦想变成现实。

（本文是作者 2019 年 11 月 5 日在烟台市芝罘区东山街道东花园社区给教师、社区居民和基层干部讲党课的一部分）

建设全国一流的党性教育基地

一、把握历史发展脉络

我们要坚持历史唯物主义的观点，根据当时的历史条件、国内外环境、主要矛盾的大背景，看待当时的人和事，而不能用今天的时代背景和物质条件来苛责前人。尤其是对待改革开放前和改革开放后两个历史时期，更要坚持这样一种定位。改革开放前后两个历史时期，本质上都是我们党领导人民进行社会主义建设的实践探索。改革开放前，为改革开放后提供了重要条件；改革开放后，是对改革开放前的坚持、改革、发展，我们决不能相互割裂、相互否定这两个时期。

我们还要坚持用历史的观点、实践的观点、辩证的观点，正确看待改革开放前后两个历史时期，把这两个历史时期放到历史发展的长河中，特别是放到党的百年奋斗史中去观察、去把握，既注重分析前一时期为后一个时期提供了什么，又注重分析后一时期从前一个时期扬弃或拨正了哪些内容，提供和增添了哪些内容。只有这样，才能正确认识各个历史时期在探索、开创、发展中国特色社会主义历程中独特的地位和作用，尊重历史而不歪曲或割断历史，实事求是而不拔高或苛求前人，自觉做到新民主主义革命胜利的成果决不能丢失、社会主义革命和建设的成就决不能否定、改革开放和社会主义现代化建设的方向决不能动摇。这个历史脉络应该贯穿主体馆建设始终。

二、要充分体现党性教育的目的

我们之所以要建这样一个主体馆展示百年的烟台，是因为烟台的百年史正好与党的百年史是吻合的，所以要通过烟台这个局部，来佐证党史国史。但是这个主体馆，跟一般的展览，如烟台党史展是不一样的，所以这个展览陈列不能是对历史过程的平铺直叙，而是要时刻扣紧党性教育的要求。它也不是立足于要让人们知道历史的脉络，而是要冲击人的思想和心灵。要通过基地的展示和解说，让大家知道，我们为什么走到了今天，为什么确立了今天的制度，要讲清楚前因后果，增强干部群众的“四个自信”。还要通过这个展示，让大家充分认识到党为什么是伟大的？是怎么为人民服务的？还要通过这个展示，让大家充分认识到烟台的“四先”充分体现了党的先进性、党员的奉献精神。刚才有同志讲到，主题到底是什么？“四先”是我们的主线，是一个时间序列。在启蒙时期，我们有先驱；在革命时期，我们有先锋；在建设时期，我们是先进；在改革时期，我们是先行、是先行者，总体上应该是这样一条主线。主题是什么？过去我们确定的主题是“奋勇争先、民族复兴”；进一步阐释，就是“奋斗为人民，保持先进性”，这是党性教育的主题。这在展馆当中始终是一个核心，应该自始至终围绕这个主题来展示，而不是面面俱到，主次不分，平铺直叙。

前段时间，我跟有关同志谈过三部电影：一部是《湄公河行动》，一部是《我的战争》，一部是 2014 年版的《智取威虎山》。三部电影都以英雄为主题，但是它们的教育效果是不一样的。《湄公河行动》拍得好，是因为它的主题非常明确，价值观非常完整，爱国主义在影片中体现得很明确。片中的主角高刚为什么要舍生忘死？因为他要替我们的公民讨回公道，不能让中国人在海外没有安全保障，这是他舍生忘死的初衷。同时，影片当中还交代，如果当地村民不跟毒枭配合，就会被砍断手脚，这样他的行动又带有一种人道主义的色彩。所以，他的整个行动轨迹就有了初衷，这种英雄就有了真实性，就能够打动人。艺术作品如果没有灵魂，就难以感动观众。

因此，主体馆的展览陈列要有这样一个核心，要有这样一个灵魂，要有这种价值观。就像刚才有同志讲的要展示人的思想。这个思想是人的动因。例如，胶东为什么能够建成抗日根据地？为什么党员那么多？为什么群众一心向党？为什么胶东能够始终走在前列？为什么在那么困难的情况下，胶东人民全力以赴抗美援朝？如此等等的问题，都是有其初衷的，既有历史背景，又有人的价值取向。尤其是改革开放这个部分，目前党性教育的痕迹少了些，灵魂性的东西少了一些。

三、要把事件当中蕴含的道理点出来

不能完全埋在里面靠大家悟，中间好像都是隔着一层窗户纸，还没戳破，这也是三部分大纲需要注意的问题。举个例子说，比如，经济建设，经济建设不仅是单纯的经济问题，也是政治问题、民生问题，而这一点也是我们党一以贯之的。又如，“供给侧结构性改革”虽然是个新词，但是其中体现的内涵，和改革开放之后，再往前追溯到毛泽东同志的《论十大关系》，甚至再往前追溯到新中国成立之初，党经济建设的目的都是一以贯之的。内涵是什么呢？就是为了解决落后生产力和人民群众日益增长的物质文化需要之间的矛盾。这种对供给侧改革的认识与国外的供给派学说是不一样的，而是作为我们党的政策一以贯之的。这个政策说明了什么？说明共产党在各个历史时期都是先进生产力的代表，都是为了人民发展经济，都有这样一个初衷。

新中国成立前涉及经济，新中国成立后也涉及经济，改革后更涉及经济，这些历史都可以和“奋斗为人民”结合在一起。尤其是新中国刚成立时，西方有一个论调说：共产党只会革命，不会建设。事实上，我们通过今天的展示可以看到，新中国仅仅成立3年，就已经把旧社会的乱象完全清除，为实施“五年计划”牢牢打下基础。这些历史充分说明，党是先进生产力的代表，是能给人民以幸福生活、给国家以稳定发展的一个先进组织。这样通过讲经济也能说明“我是谁”。

同样，我们发展经济，搞建设，依靠谁？在这个展览陈列中也要体现清楚。在20世纪五六十年代，我们国家一穷二白，物质资料也很匮乏。我们能够采取的措施，就是最大限度地发挥人的主观能动性，依靠人的力量，发动群众搞建设，这是由当时中国国情所决定的，也是当时为什么制定那样政策的原因。通过我们的展示，能让大家看出来，当时为什么山西有“大寨”，为什么胶东有“下丁家”，它们的合理性在哪里？发展经济我们没有资金，没有物质条件，人力是最大的财富。通过人，什么奇迹都可以创造出来。没有资金，我们用集体的力量；没有洋设备，我们就靠土办法上马；没有专家，我们靠群众的智慧，很多下乡知识青年，自学成才成为专家，所以创造了那么多业绩。包括我们的“农机大会战”，“过长江大会战”，采取会战的形式，都是有历史原因的，是当时的必然选择，这就解决了“依靠谁”的问题。

那么“为了谁”？为了群众的生活。这个“为了谁”，在卫生医疗领域体现得更明显。一切为了人民健康，这是卫生事业的一个根本宗旨。同时，我们建立了与西方完全不同的医疗体系，它的特点是靠大量赤脚医生。在当时的四级体系中，赤脚医生是中国特色，也是国际社会充分认可并过来学习的一种模式。从根本上说，这都是群众性爱国卫生运动的重要组成部分，是依靠人民建立的体系。

这样一分析，为了谁，依靠谁，都非常清晰。其他的包括“防护林、修水库”等，都很好地体现了这一点。这段历史不仅要让人知其然，还要让人知其所以然。光靠自己悟是不够的，还要精心提炼。刚才有同志提议把思考题变成启示录，在启示录里告诉大家我们为什么这么做，为什么成功了，这还是很有必要的。

四、要讲好有代表性的烟台故事

国内的各个教育基地，最能够打动人、教育人和感染人的就是讲好故事，所以还是要有丰富的人和事。这个问题是我始终在说的，既要有宏观叙事，又要有具体细节，要挖掘动人的点，以点代表面，来打动人。历史有三种写法：一种是《史记》类别的纪传体，另一种是《资治通鉴》类别的编年体，还有一种是王树增《解放战争》《长征》为代表的体例，既有历史脉络，又有很多历史细节。比如，我们大纲中写运送黄金13万两，很容易写得平铺直叙。这时候，如果有一个老战士口述当时有一支敢死队送黄金，一下子就容易让人记住。包括改革、开放、创新这些章节，都可以用一个人的故事做依托或者做例证。当然故事是细节，是个特写镜头，我们不是要把展览变成一个成语故事集那样的简单罗列，这是要注意的问题。但是要有故事，故事是很好的例证。

五、要善于挖掘历史、印证现实，与今天相呼应

史学界有一句话：“一切历史都是当代史。”很多人不认同这个观点，认为这是一种实用主义的历史观，这件事情我们要一分为二地看。如果

我们考虑到建党性教育基地的目的是为了针对党员干部中存在的现实问题进行教育，就可能会理解这句话另一面的意思。我们传承党的历史，继承党的传统，加强当前教育，要借古喻今。要站在今天时代的高度，总结历史，阐释历史，让受教育的干部群众通过学习，感受到习近平总书记提的各项要求，在烟台不同历史时期一直有传承，在烟台的今天有积极的回应。即使从北京来的客人，在参观之后，他记住的不仅是烟台的历史，而是要让他意识到，习近平总书记提出的关于理想信念的要求、关于好干部的要求、关于新发展理念的要求，在烟台既有历史经验，又有现实意义，符合中国的实际，必须贯彻落实，而烟台正是习近平总书记倡导的这些思想的一个缩影，要达到这样一个效果。所以，从这个角度讲，很多内容要跟现在我们倡导的精神有一个呼应。比如，"修水库、学大寨"，就充分体现了艰苦奋斗是成事之基，以及依靠群众力量。又如，改革开放体现的是实事求是、敢闯新路，这是兴业之本。另外，我们作的很多决策，是走群众路线，经过调查研究作出的决策，等等。

六、要进一步优化压缩删减

目前，新中国成立以后的史料少，图片搜集针对性不强，缺乏代表性，这个问题还要进一步弥补，继续搜集。展板可以多，图片要丰富，不能只弄些文字；但是具体的讲解要系统，不能太零碎、不能太空洞。与党性教育无关的要敢于往下砍。图片可以多，但是讲的时候要有所侧重。特别是改革开放部分内容多，需要选取其中最核心的东西予以深入挖掘。比如，烟台开发区是我国首批成立的开发区之一，一直到今天还仍然保持先进性，不一定面面俱到，但是一个点可以把它说得更透彻。还要尽量兼顾各个县（市、区）和各个领域，争取让他们在展室当中能够有一席之地，当然也要看他们史料征集的情况。如果提供的史料价值不高、用处不大，在征集史料的时候要提前说清楚。

［本文是作者2016年11月28日在胶东（烟台）党性教育基地建设座谈会上的讲话和2017年1月在胶东（烟台）党性教育基地研讨会上讲话的一部分］

让党性光辉在胶东红色文化陈列馆闪耀

我们用短短106天时间，就把一座荒草丛生、断壁残垣的烂尾楼，打造成养马岛上富有时代气息的红色地标，体现了只争朝夕的“烟台速度”、化腐朽为神奇的“烟台智慧”，以及一往无前、敢打必胜的“烟台力量”。

一、展馆建设的特点

回顾一年多来的工作，特别是最近100多天的时间，我们达到了看似达不到的目标，完成了看似完不成的任务，办成了看似办不成的事情，建成了高质量地标式的党性教育基地。展馆建设呈现出三方面的特点：

第一，高点定位，谋篇布局。谋划陈列馆之初，我们就提出“一流标准、烟台特色”的要求，围绕全省领先、全国一流，站在全国全省找坐标、定目标，勇于争第一、创唯一，干则必成、干则一流。基地办的同志抬高标杆、自我加压，敢于向国内一流党性教育展馆看齐。我们循着习近平总书记视察的足迹，先后赴“复兴之路”大型展览、上海中共一大会址、南湖革命纪念馆、庆祝改革开放40周年大型展览、中国人民革命军事博物馆、侵华日军南京大屠杀遇难同胞纪念馆学习考察，瞄准全国最顶尖的展馆，运用全国最领先的设计理念和技术，谋划场馆建设。把“不忘初心、勇立潮头”作为主题主线贯穿始终，凸显“烟台近代史是中国近代史的缩影，烟台既是革命老区又是沿海经济发达城市”的特色定位，以“站在今天看历史、立足过去看未来”的独特视角，讲好胶东红色故事，弘扬胶东红色文化。特别是增加了胶东近代屈辱抗争史和中国特色社会主义新时代两个部分，通过鲜明的对比，真实呈现了中华民族从屈辱到复兴，中国革命从苦难到辉煌的历程。有位领导同志参观后评价说：“正是因为有了苦难的近代史，人民群众没法生活，才有了中国共产党。胶东人民在中国共产党的领导下，为了幸福前仆后继、不怕牺牲，最能体现我们的初心，也最值得敬仰。在党的领导下，烟台人民发扬优良传统，新时代的烟台一定更美好！”

第二，精益求精，注重质量。秉承工匠精神，用绣花功夫，打造精品工程，是建设陈列馆的共识和行动。我们聘请全国资深展览陈列专家、党的一大会址、雷锋纪念馆、毛主席纪念堂等全国重大题材的总策划俞乐滨老师担任基地建设顾问，全程参与陈列馆的建设；聘请全国顶尖的展览陈列团队——由李树柏老师带队的鲁迅美术学院艺术工程总公司设计施工，大到每一个展项，小到每一个艺术品，都拿出最精干的力量来创作，特别是在全景画、油画、雕塑等关键环节上，坚持“不是专家不进馆、不是名作不上墙”原则，体现了对陈列馆建设高度负责的态度。我们邀请“复兴之路”、改革开放40周年展览陈列主创人员和中央政研室、中央党校、中组部、国家博物馆、中国人民革命军事博物馆的专家，对展览陈列内容和形式反复论证、不断提升，他们有的亲自撰写序言，有的逐字逐句修改大纲。《习近平谈治国理政》外文版的翻译团队审核把关了展馆全部的英文内容。

陈列馆建筑设计凸显了胶东百年厚重的历史，契合了党性教育主题，体现了中国共产党领导下的烟台“不忘初心、勇立潮头”的奋斗姿态。在周边环境改造上，每一个细节都体现了用心干事、用情干事的态度。在陈列馆建设过程中，从来没有听大家说“已经很好了”“已经尽全力了”，听到最多的是“再努力一把”“还可以做得更好”。实践证明，只有拿出百尺竿头，更上层楼的劲头，才会创造经得起历史和时间检验的精品工程。

第三，高效运转，抢抓工期。烟台市委将陈列馆建设列入“三重”工作，每月督导、每季度通报。参与陈列馆建设的每一个单位、每一名同志，肩负的责任都很重。越是在关键时刻，越能体现队伍的战斗力。大家立说立行、雷厉风行，围绕市委对陈列馆建设的各项部署要求，第一时间贯彻，第一时间执行，卡准时间节点，卡实工作要求，今日事今日毕，明日事今日计。基地建设协调推进小组的成员单位，牢固树立“一盘棋”的思想，各司其职、各负其责，协同作战、担当作为。在资产划拨、项目招投标、采购、建设各个环节，烟台市政府办、财政局、牟平区委区政府、城发集团、住建局等相关部门单位和有关同志坚持按章办事、特事特办、一路绿灯，充分体现了大局观念和效率意识。烟台供电公司集中力量、调配物资，仅用 10 天的时间，就将陈列馆前的供电线路埋到地下，保证了馆前广场的整洁美观。在项目攻坚的关键时刻，各个施工队 300 多名工人吃住在工地，昼夜奋战抢工期，大家互相鼓励、互相感染、携手战斗。特别是鲁迅美术学院的同志们，从早上 7 点干到晚上 11 点，困了就在施工现场打个盹，醒了继续战斗。李树柏老师说过：“3 个多月的时间干这么大体量、这么高标准的展馆，在鲁迅美术学院的历史上还从来没有过。”这句话一点也不虚，因为在烟台历史上，这也是没有过的。在纪念馆揭牌的前几天，无论是陈列馆内，还是陈列馆外，都发生了质的变化，一天一个样，一个小时一个样。

二、闪耀在建设中的革命精神

回顾一年多来的工作，特别是最近100多天的奋斗历程，我们深切地感受到，这是一场与时间赛跑、向自我挑战的战斗。在这场战斗中，我们一起同甘共苦、风雨同舟，一起担负责任、承受压力，一起殚精竭虑、拼搏努力，一起加班熬夜、通宵达旦。我们一边梳理英雄的事迹，一边受教育、受激励；一边打造“不忘初心、牢记使命”主题教育阵地，一边创造“不忘初心、牢记使命”的生动案例！

第一，在这场战斗中，大家充分体现了顾全大局、听从安排的革命精神。胶东儿女历来听党的话、跟党走。参与建设的单位和同志坚持从全局的高度想问题、办事情，把心思和行动集中到市委这项重点工作上。牟平区委、区政府拿出养马岛最大体量的建筑，在区级利益上作出了牺牲，先后有4名区委常委具体对接协调有关事宜；市财政局千方百计筹措展览陈列资金并及时拨付；城发集团展现了国有企业的责任与担当，积极主动地承接这个项目，想方设法筹措建设资金。这些强有力的资金和资源保障，为陈列馆建设的顺利推进奠定了坚实基础。市住建局分管领导担任项目推进组组长，没有丝毫的犹豫推脱，全市基地建设深化提升工作会议后，第一时间召集组内会议，细化任务分工，明确时间节点，倒排工期开展工作；推进过程中，他们积极主动、不等不靠，先后5次现场办公协调解决问题，能拍板的当场拍板，不能拍板的拿出切实可行的方案。大纲撰写组的衣文敏老师已经退休多年，接到任务后，好像又回到激情燃烧的岁月，扑下身子、埋头苦干，一篇篇翻阅研究历史资料、一张张挑选图片撰写大纲，非常难能可贵。有的同志的工作在展馆建设过程中发生变动，仍然承担大纲撰写和史料征集两个组的工作，远赴广东、北京、山西、济南等地挖掘史实、收集史料，为陈列馆建设作出了积极贡献。

第二，在这场战斗中，大家充分体现了敢闯敢试、大胆创新的革命精神。展馆建设是开放式、创造性、没有上限的工作。大家秉承“开创先河、做就做到最好、干就干到极致”的工作理念，突破传统展览陈列内容、展览陈列手法的束缚，大胆推陈出新。我们果断加大中国特色社会主义新时代建设的比重，按照“四个全面”战略布局、“五位一体”总体布局，科学设置展览陈列内容，与庆祝新中国成立70周年系列活动内容不谋而合，用我们的实际行动增强了“四个意识”，坚定了“四个自信”，做到了“两个维护”。我们运用最先进的沉浸式、体验式展览陈列方式，把胶东100多年勇立潮头的特质展示出来，形成了富有张力、特色鲜明的教学基地。陈列馆设置17个党性研学点，每个研学点都采用不同的声光电技术，运用不同的方式展示，在展馆内每走一段时间都有眼前一亮的感觉，始终保持现场教学的新鲜感和冲击力，充分调动参观培训人员的积极性。特别是“马石山十勇士”党性研学点，在全国首次使用大型多媒体多幕幻影演艺系统，呈现了胶东八路军战士舍命救百姓的感人场景。飞跃烟台400里仙境海岸研学点，由北京和伦敦奥运会、上海世博会影视核心创作团队制作，不管是场地面积还是制作标准，在全国都是超一流水准。在平面展览陈列上，无论是党性教育“红板”创意还是展板制作工艺的使用，在全国都是首次，在全国展览陈列界引起了示范效应。

第三，在这场战斗中，大家充分体现了不畏艰难、敢于担当的革命精神。陈列馆建设经常会遇到困难和问题，有的时候是工作面非常大，统筹不好就完不成任务；有的时候是需要多方协调，沟通不到位就会影响质量甚至留下隐患。面对困难和问题，大家始终保持敢打硬仗、能打胜仗的心态，用攻山头、炸碉堡的劲头冲上去，合力攻坚啃下一块又一块硬骨头。在工作打不开局面的情况下，烟台市委组织部分管副部长和胶东（烟台）党性教育基地管理办公室副主任到中组部、中央党校、省委组织部等上级部门登门请教、寻求支持。在生态环境保护督查越来越严的情况下，市自然资源和规划局据理力争、反复协调，分管领导多次赴省专题请示汇报，赢得了省厅支持，同意把烂尾工程改为党性教育基地；负责城市规划的同志和牟平规划分局的同志对项目规划调整方案认真审核把关；市生态环境局及时跟进协调省厅办理环评手续，为我们这个项目拿下了许可证、吃下了“定心丸”。

陈列馆建筑面积1.6万平方米，其中正式展陈面积5800平方米，临时展览陈列面积1200多平方米，广场面积1.5万平方米，由于荒废10多年破败不堪。为了满足展览陈列需要，城发集团统筹协调各施工队、各工作面，一边设计一边施工边调整，科学谋划、压茬推进，集团分管领导和负责项目管理的同志，靠上去抓落实，发现问题马上整改。市住建局、市自然资源和规划局分别派出1名同志常驻工地，充分发挥主观能动性，大事及时上报，小事自主解决。牵头成立项目临时党支部，充分发挥党员的先锋模范作用，让党旗高高飘扬在项目建设一线。在抵御“利奇马”台风时，临时党支部的全体党员战斗在防汛抗灾第一线，堵塞陈列馆漏点，排除积水，确保项目安然无恙地度过台风。牟平区配套市里成立了协调推进专班，牟平区委组织部分管同志担任联络员，在棘手问题面前不怕麻烦、不推不拖、大胆负责，先后召开6次协调会，在企业注册、环保排污、环境整治、信访稳定等方面发挥了重要作用。

第四，在这场战斗中，大家充分体现了吃苦耐劳、舍我其谁的革命精神。无论是革命战争年代还是和平建设时期，在困难和问题前面，胶东共产党员都会大喊一声：“我是党员我先上！”陈列馆体量大、工期紧，专班人手也非常紧张，大家既相互配合又独当一面。俞乐滨老师多次感慨地说，他从事过很多展览陈列项目，平面设计、史料征集、大纲撰写等方面工作都有10多人的专业力量负责，而我们仅有一两名同志，确实让他很佩服。大纲撰写组的同志，前后历时 6 个多月，以“白加黑”“五加二”“连轴转”的超常规方式快节奏推进，一直干到腊月二十九，正月初六又集中上班投入工作。项目最后的 106 天，组织部基地办与鲁迅美术学院的同志合署办公，以连续 3 个多月加班到后半夜的不屈毅力和顽强精神，共同完成了展览陈列设计、布展，睡的是最便宜的房间，吃的是工友的工地餐，真正是打成了一片、沉到了一线。史料征集是一件具体烦琐的事情，也是基地建设的基础性工作。负责这项工作的同志，一方面，组织力量四处寻访求证，另一方面，“挖地三尺”找寻实物。博物馆的 2 名同志每天早晨五点半出门，到全市各档案馆、博物馆、古玩市场、旧仓库以及收藏家，挨家挨户地跑，中午饿了就啃一口面包，累了就在马路边上歇一歇。目前，展览陈列的实物已经超过 1600 件，达到博物馆的级别，其中 37% 的实物是首次展出。

陈列馆的声光电技术运用多，大小视频达到 120 多个，是我们的优势和特点。专班负责制作视频的同志，一边当导演，一边当剧务，一边当编辑。为了拍摄反映昆嵛山夫妻护林员的纪录片《爱在大山深处》，他们开着私家车，扛着摄像机，带着无人机，和被采访人跋山涉水、同吃同住同劳动，拿出了感人的作品。陈列馆讲解的任务既新又重，这支“90 后”年轻讲解团队，从一开始就参与大纲撰写、立面设计，夜以继日地跟着一起战斗，全面熟悉历史和展览陈列，后期要面对 2 万多字的讲解词、高强度的模拟训练，直到揭牌前一天，很多讲解词还在不断调整。他们硬是在这种困难的情况下达到了应对自如的水平，得到了广泛好评。

第五，在这场战斗中，大家充分体现了不讲困难、不讲条件、不计得失、甘于奉献的革命精神。鲁迅美术学院的很多年轻同志自 6 月以来就没有回过沈阳。大纲撰写组的 2 名高校和高职高专老师，放弃寒假时间和手头工作投入我们的战斗，没有向组织提任何要求。专班有 2 名同志是夫妻，双胞胎女儿要参加高考，他们一忙起来就顾不上孩子，两个孩子只能自己照顾自己。基地办的一名同志，负责综合协调、文字材料，夫妻两地分居一年半多，春节以后就回了两次家，连五一、中秋等小长假都是在单位度过的，加班时得了重感冒，发烧披着被子在会议室写材料。在平面排版的关键时期，专班的 2 名同志先是在沈阳待了半个月，返回烟台后直接住进养马岛 20 多天，连续 40 多天没有回家看一眼，只能趁着工作间隙，跟家人视频聊天说几句话。其中 1 名同志到基地办工作时，孩子才 2 个月大，到现在已经 1 岁多，只有由家属一个人照顾，视频聊天多了，家里人逗孩子找爸爸时，孩子就会去抓手机。有的同志离家近在咫尺，但是白加黑连轴转作视频，就是回不了家，有一次直接晕倒在工作岗位上。为了不耽误制片，挂了四五天吊瓶，甚至一边打着吊瓶一边坚持制片，一天也没休息。有的同志母亲身患绝症卧床不起，作为独生子女，白天征集史料文物，晚上回去伺候老人，在展馆建设最忙最累的 106 天，一个柔弱的小姑娘硬是把自己磨成了“女汉子”。

回顾一年多来的工作，特别是最近这 100 多天的奋斗历程，感人的事迹还有很多，真的是不胜枚举。我们每时每刻都被感染着、激励着，可以说，榜样就在我们身边，“不忘初心、牢记使命”就在我们的岗位上。我们将会倍加珍惜并永远记住各位同志的奉献。陈列馆是养马岛上的地标，那么，每个人的业绩都刻在这个地标上，每个人都可以很自豪地回去跟家里人、跟孩子说，这个馆是我的作品！

（本文是作者 2019 年 10 月 14 日在胶东红色文化陈列馆建设总结会议上的讲话）

· 第六章 ·

打铁必须自身硬

抓工作要讲究方法

毛泽东同志在《关心群众生活，注意工作方法》中说："我们不但要提出任务，而且要解决完成任务的方法问题。我们的任务是过河，但是没有桥或没有船就不能过。不解决桥或船的问题，过河就是一句空话。不解决方法问题，任务也只是瞎说一顿。"① 工作方法至关重要，一个合格的领导，不仅要压任务，更要教方法，教同志们做过河的"桥或船"。只有思想统一、方向统一、力量统一，众人划桨开大船，才能取得一个又一个胜利。

一、要以问题为导向

习近平总书记说："问题是时代的声音，人心是最大的政治。推进党和国家各项工作，必须坚持问题导向，倾听人民呼声。"② 现在很多同志的最大问题就是天天只把"问题导向"挂在嘴上，却没有放在心上。或者讳疾忌医，不愿意听大家提意见、挑毛病；或者一意孤行，把群众期盼解决的问题放在一边，按自己拍脑袋作出的主张办。这都是不对的做法。

从工作的角度讲，问题是努力的方向，整个改革都是从发现问题到解决问题、从发现新的问题到解决新的问题的过程中，实现螺旋式上升

---

①《毛泽东选集》第 1 卷，人民出版社 1991 年版，第 139 页。

② 习近平:《在全国政协新年茶话会上的讲话》,《人民日报》2015 年 1 月 1 日。

的。问题导向既是一个重要的认识论，也是一个重要的方法论。发现了问题尚且不一定能解决问题，如果不能发现问题，就更谈不上解决问题。因此，如果工作找不到突破口怎么办？走出去听群众的意见，听大家的呼声。最集中的意见就是我们最迫切需要解决的问题，就是主要矛盾和矛盾的主要方面，就是我们工作的着力点。

从自身的角度讲，对一个人最大的关心，不是整天说他好。光说好没有用，这就好像“皇帝的新衣”，眼看着你被别人耻笑而不提醒，这绝不是爱护，真正的关心是说你哪个地方不好。所以我们不要一听别人说我们的问题就坐不住了，就像刺猬一样竖起全身的刺，马上辩解“我没有问题”。不要有网络帖子说我们不好就赶紧删掉它，不要觉得别人给我们提意见就是对我们有看法。真正对我们好的人，是能给我们提意见，能帮着我们改进工作的人。甚至别人不说，我们自己也应该主动思考自身存在的问题和不足，不断加以改进，只有这样才能进步。我们党作为一个执政党，都需要民主党派跟我们做诤友，那么，我们更应该欢迎大家指出问题。

毛泽东同志在《为人民服务》中说：“因为我们是为人民服务的，所以，我们如果有缺点，就不怕别人批评指出。不管是什么人，谁向我们指出都行。只要你说得对，我们就改正。你说的办法对人民有好处，我们就照你的办。”[①] 这是一名共产党员应有的胸怀和境界。即使做不到闻过则喜，也应该闻过则改，而不能闻过则怨、则恼、则怒。

我是喜欢有问题点在当面的人，但是一定对事不对人。工作做得不好会当面批评，改了都是好同志。今后组织系统指出问题可能会成为常态，这一点希望大家理解，也欢迎同志们多给市委组织部提意见，我们相互做诤友。

---

①《毛泽东选集》第 3 卷，人民出版社 1991 年版，第 1004 页。

二、要以创新为动力

习近平总书记说：创新是民族进步的灵魂，是一个国家兴旺发达的不竭源泉。党的十八届五中全会更是把创新摆到发展全局的核心位置上，位列新发展理念之首。创新要注意处理好 4 个关系。

一是创新与解决问题的关系。为什么要不断创新？因为形势是不断变化的，问题是不断产生的，用老办法解决新问题，穿旧鞋走新路，肯定行不通。现在的组织工作相比以往发生了很大变化，比如，随着经济社会快速发展、城镇化快速推进，新的经济社会组织、城市社区党建等问题逐渐显露。如果用抓农村党建的方式抓城市社区党建，肯定行不通；用传统党建方式管理新领域党建，也肯定行不通。新问题逼着我们必须有新举措，而遇到问题敢于试水蹚路，主动为全国全省提供经验，这就是创新的意义。

二是创新与脚踏实地的关系。创新的目的不是为了好看，不是为了评比，是为了解决问题。因此，一定要脚踏实地、力求实效、创可复制可推广之新，而不能摆花架子、搞形式主义，口惠而实不至；不能标新立异、吸引眼球、制造热点，为创新而创新。花拳绣腿、华而不实的所谓“创新”，有百害而无一利。

三是创新与继承借鉴的关系。不要搞新官上任三把火，重打锣鼓另开张。对本地和外地已有的好经验好做法要继承发扬、学习借鉴、深化提升、普及推广，要在现有基础上继往开来，实现更高层次、更高水平的创新，而不是为了显示自己高明，抛开过去的一切，闷着头另搞一套。那不是实事求是的态度，必须予以反对。

四是创新与稳中求进的关系。习近平总书记指出，稳中求进是治国理政的重要原则。所谓“治国理政的重要原则”，就是说，这不仅是对做好经济工作的要求，也是对全局工作、各领域工作的要求。各项工作要坚持既积极又稳妥的原则，在保持党员干部思想稳定、各项政策措施稳妥、基层组织力量稳固的基础上，推进改革创新。那种超越客观条件不切实际的运动式、激进式改革创新，万万要不得。

三、要以规范为保障

习近平总书记经常说，事必有法，然后可成。党的十八届六中全会更是实现了制度治党的飞跃。这启示我们，要提高法治思维，针对工作中发现的问题和风险点，要在创新的基础上，完善制度，确立规范，堵塞漏洞，提升工作，推进落实。

制度规范最鲜明的特征，一是预设性，提前定好规则，画好底线，让人清晰地知道该干什么、该怎么干、不这样干的后果是什么，眉目清晰，有所遵循，避免灰色地带和一事一议。二是公平性，制度面前人人平等、概莫能外。就像这次换届，众口难调，我们靠规则在先，管住了所有人和每个步骤。因此，建立规范十分重要。

制度需要不断完善。古人说："世易时移，变法宜矣。"党的十八大以来，中央推出了治党治国的一系列重大举措，赋予了组织工作新的历史特点和时代要求。这就要求我们在已有规范制度的基础上，对照党的十八大以来的新部署、新政策，对照习近平总书记系列讲话的新精神、新要求，逐条梳理，该新建的新建，该调整的调整，该废除的废除。用10年前的制度管今天的事，就像一个青年人还穿着小时候的衣服，那一定会捉襟见肘。

我们要推进工作依据的制度化、工作内容的精细化、工作流程的规范化，对组织工作的每一个细枝末节都进行制度规范。要养成遇事找法律、找制度的习惯，使各项决策合法、措施合规，减少随意性和盲目性。

要以职能科室或单项业务为对象，细化分解目标任务和评价标准，增强操作性，避免大而化之。在具体推进措施上，要制定详细流程，明确方法步骤，使各项工作有据可依、有规可循。

四、要以落实为关键

习近平总书记批示，要求我们重温毛泽东同志的《党委会的工作方法》。这篇文章中有很著名的一段话:“党委对主要工作不但一定要‘抓’，而且一定要‘抓紧’。什么东西只有抓得很紧，毫不放松，才能抓住。抓而不紧，等于不抓。伸着巴掌，当然什么也抓不住。就是把手握起来，但是不握紧，样子像抓，还是抓不住东西。我们有些同志，也抓主要工作，但是抓而不紧，所以工作还是不能做好。不抓不行，抓而不紧也不行。”①

事实上，人和人的差距、工作和工作的差距，最终就体现在抓落实上。世界上最遥远的距离，莫过于从“想到”到“得到”，因为两者之间隔着“做到”。工作部署和工作成果之间隔着工作落实，落实不到位，再对的思路、再好的政策、再严的规范都是水中月、镜中花。

习近平总书记强调，要扑下身子，狠抓落实。抓落实是工作要求，也是政治要求。工作要求不难理解。为什么说是政治要求？因为，任何一项工作部署都是由组织决定的。组织的决定，党员干部必须无条件执行，不能讨价还价，更不能抗命不从，这就是讲党性。如果我说我的，你做你的，这算不算无组织无纪律？如果只是上行下效喊口号，没有实实在在的行动，说归说做归做，那算不算自行其是、阳奉阴违？如果只是满足于一般性布置，不能靠上去抓，不能把任务传导到末梢，光打雷

① 《毛泽东选集》第 4 卷，人民出版社 1991 年版，第 1442 页。

不下雨，那算不算作风漂浮、不严不实？所以，我们一定要从讲政治的高度来认识抓落实，抓一件成一件，不见结果决不收兵。

（本文是作者2017年2月14日在烟台市组织部长会议上讲话的一部分）

组织部长要作全市干部的表率

组工干部是管干部的干部、管党员的党员，所以组工干部就应该是全市干部的表率。而组织部长作为组工干部的带头人，更应该是表率中的表率。

一、要作政治清醒的表率

组织路线是为政治路线服务的。因此，对组织部长来说，政治的清醒至关重要。

无论遇到什么困难、什么风浪，都要同党中央保持高度一致，忠于党，忠于祖国，忠于人民。政治纪律放松、理想信念动摇，必然导致责任缺失、价值虚无、底线失守。我们要确保党和国家的领导权牢牢掌握在忠于马克思主义的人手里，自己首先要做忠诚的马克思主义者。要坚定理想信念，坚定政治立场、坚定政治方向，增强政治敏锐性和鉴别力，为党的事业把好用人关。要把个人的命运与党的事业联系起来，站在全局和讲政治的高度思考问题。要时刻关注中央在提倡什么、在号召什么、在部署什么、在强调什么，我们的工作、指导思想就要及时有所体现。

如果不能及时跟进，只顾低头拉车，不顾抬头看路，那么很有可能发生南辕北辙的错误，马越好、跑得越快、用力越多，反而离正确的目标越远，这是非常危险的。

党的十八大之后，我们党提出了很多管党治国的新思路新举措，大家都有了解、有感受。但是作为党委部门尤其是组织部门，仅满足于一般的了解和感受是远远不够的。要驾驭工作，要增强工作的针对性、超前性和创造性，必须专注地学习党的大政方针，学习习近平总书记的一系列重要讲话。有了宏观视野，再结合实际加以运用，境界就不一样了。

二、要作公道正派的表率

公道正派是组织工作的生命线，是组织部长的立身之本、履职之要、正气之源。道理不言自明。

第一，要出以公心，选贤任能。全面地了解干部，公正地评价干部，准确地推荐干部，合理地使用干部，把党的干部政策落到实处，把《党政领导干部选拔任用工作条例》等各项规定落到实处，把从严从实的要求落在实处，在当地营造风清气正的良好政治生态。

第二，要甘当人梯，成就他人。不要搞自我设计，走捷径打个人的小算盘；不要嫉贤妒能，看到别人进步了就心理失衡；不要老想着“近水楼台先得月”，利用岗位便利架天线、建专梯。要有求贤若渴的境界和胸怀。

第三，要一视同仁，不拉小圈子。不用说拜把子，连同学会、同乡会都不要参加。或许你只是碍于面子吃顿饭，并不会因此丧失原则，但是众口铄金。如果外界认为你有个小圈子，那一定会丢了大圈子。亲近了少数人，就会疏远了多数人。所以还是要谨言慎行，慎重交友，对自己要求更严一些。在推荐干部和评先树优时也要格外注意，遇到自己的同乡或者曾经的同事，得掂量掂量这个人选会不会有什么非议，只有这样才能树立起自己的形象。

第四，要襟怀坦荡，光明磊落。不要搞暗箱操作或者潜规则。当前，不正之风虽然得到有效遏制，但仍然存在说情打招呼、跑官要官的现象。面对干扰和压力，我认为坚持原则是唯一正确的选择。大道至简，复杂的问题简单处理是种智慧。你把各种打招呼当成事，掂量来掂量去，就会束手束脚，举步维艰。你不把他当回事，他行，不打招呼也行；他不行，打招呼也不行，那就会毫无烦恼。事实上，你只要把当事人不行的理由说清楚，大家都能理解，谁都不会难为你。难为你的只是自己的那点私心。

三、要作敢于担当的表率

敢于担当是习近平总书记提出的好干部标准之一。要选好干部，自己首先要做好干部。

在遇到艰巨任务时，要挺身而出，主动承担，千方百计地干好；在碰到难题时，要知难而进、迎难而上，想方设法处理好，不能敷衍塞责，遇到矛盾绕道走、看到困难往后躲；在遇到问题时主动负起责任，积极稳妥地解决，不能上推下卸、回避矛盾、上交矛盾，更不能有了成绩表功卖好、有了矛盾问题诿过于人；在面对歪风邪气时，要敢于斗争、较真碰硬，不怕得罪人，不当老好人；在敢于担当的干部因为触动了一些人的“奶酪”而受到误解和非议时，还要旗帜鲜明地支持、保护、褒奖担当者，为那些敢于担当的干部撑腰鼓劲。在推进工作时，要有瞪起眼来干工作的劲头，有敢于亮剑的勇气，有不甘落后的热血，有一事当前、舍我其谁的气概。承担的每一项工作，都要高标准、严要求，精雕细琢，精益求精，不能应付了事，只求过得去、不求过得硬。要从大处着眼、小处着手，不能当甩手掌柜。要抓住具体事，抓住不放、一抓到底。这都是担当的题中应有之义。

烟台组工干部都要有一种嗷嗷叫的小老虎精神，在我们的字典里没有“困难”二字。我们要以自己的主动担当、积极作为，带动全市党员干部干事创业、攻坚克难，形成你追我赶、争创一流的氛围，汇聚改革发展的强大合力。

四、要作实事求是的表率

第一，对自己要实事求是。组织系统是一家人，既然是一家人，就应该一条心、一股绳，同心同向，敞敞亮亮，没有必要遮遮掩掩。不落实市委组织部的工作部署，抓落实不到位，是不行的。不允许做得不好，还欺上瞒下，防着市组检查，怕市委组织部找问题，更不允许文过饰非、讳疾忌医。习近平总书记指出，要虚怀若谷，闻过则喜，善于在接受批评中成长进步，不能有了毛病只是自己悄悄改，而不愿别人帮助医，更不能对别人的批评耿耿于怀。要坚持真理，修正错误，特别要勇于并坚决改正自己的缺点和错误。这才是实事求是的态度，是对工作也是对自己负责的态度。

第二，对上级要实事求是。有的同志搞不清对党忠诚和对个人忠诚的关系，对领导一味“好好好，是是是”，明知不对还少说为佳，而一旦出了问题，又把责任全部推给领导。这实际上既是对组织不负责任，也是对领导个人不负责任。作为组织部长，最大的忠诚就是要如实地推荐干部、评价干部，给市委当好大参谋，出好大主意，为党的事业把好用人关。在大是大非的问题上，要跟理不跟人、从道不从上，敢于说真话、道真情、讲真理，坚持原则不变通，严肃认真不通融，这是避免出错、规避出事的有力武器。如果我们的正确意见没有被采纳怎么办？那就继续汇报，进一步给领导分析利弊。就像《弟子规》里所讲的："谏不入，乐复谏。"只要我们是为工作负责，上级会正确理解。最终，无论结果如何，正如马克思在《哥达纲领批判》中所说的："我已经说了，我已经拯救了自己的灵魂。"[①]我们自己起码可以问心无愧，良心安宁。

第三，对市委组织部也要说真话、报实数、讲实情。及时对组织部提出批评意见，我是举双手欢迎的。当地的班子情况如何，每个干部的情况如何，你们身处其中更清楚，要如实向组织部报告，帮市委组织部了解真实情况，这也是党性原则的要求。

五、要作群众至上的表率

第一，要亲民。组织部是党员之家、干部之家、知识分子之家。组工干部是这个家里的服务员，不要有高人一等的想法，不能高高在上、盛气凌人。群众之所以尊重组工干部，是因为组织上把我们放到这个位置上，大家对我们期望很高。我们自己不要太看重自己的身份，身份只是社会赋予的一个符号，随时都可能变化。以势压人、颐指气使是最不可取的工作方法，以柔性手段达到刚性效果才是智慧。我经常跟大家讲，要善说软话，能做硬事。在工作中，我们要坚守原则，这是底线，决不能随便用来送人情，对服务对象提出的一些要求，按政策不能办的坚决不办。但要注意坦诚真挚，把握分寸，换位思考，耐心解释，以春风化雨的方式赢得理解和支持。话是"柔"的，理是"硬"的，工作目标是刚性的。

第二，要为民。共产党的干部，执政为民是其本分。王阳明在任庐陵县令之前，从未有过在基层工作的经验。按朱熹的说法，你没干过

---

①《马克思恩格斯全集》第 25 卷，人民出版社 2001 年版，第 33 页。

就不可能知道这份工作的道理，你就无从下手。你只有“格物、致知”，先通过书本或者前任的工作总结“格”出工作的道理，才能胜任工作。但是王阳明不同意这个观点，他认为“天理”就在我心中，我先前之所以没有显露在基层工作的那些道理，是因为我没有碰到这个机会；现在我碰到这个机会，那些道理就自然显现出来了，所以我不需要向外求取任何关于基层工作的道理。这个道理是什么呢？其实就是用心，只要你用心为百姓好，就能想到为百姓做任何好事的道理，然后去做就是了。王阳明对弟子徐爱说，孝顺父母还需要去外面学吗？只要你有孝顺父母的心，就必然知道，冬天来了要给父母添衣服，夏天来了要给父母扇扇子。这是自然而然就该做和会做的事。他在庐陵第一次当县令，减税、息讼、防灾、止盗、劝善，干得风生水起，好评如潮。这都不过是因为他顺应群众的期盼，抓住突出矛盾，以百姓之心为心，顺应内心去做事而已。这其实是做好工作最简单的道理。你是为了出政绩还是为了群众得实惠？你是为了取悦上级还是为了群众满意？初衷不同，结果有天壤之别。真正使群众受惠，那才是有意义的政绩；真正让群众满意，那才会得到上下一致的认可。

第三，要用民。走群众路线，不仅是一种感情，也是一种工作方法。我们要眼睛向下，多和党员交朋友，沉下去蹲蹲点，听真话、摸实情，学会问计于民。毛泽东同志说：“群众是真正的英雄，而我们自己则往往是幼稚可笑的，不了解这一点，就不能得到起码的知识。”[①] 如果要防止干部带病提拔，不妨让群众做“聚光灯”，给干部照一照；如果工作遇到难题，不妨走出去，听听群众的意见；如果有些工作不好开展，也不妨发动群众，靠群众的力量来推动。依靠群众、发动群众，这是我们党取得胜利的基本经验。干部干、群众看，不能调动群众的积极性，累死

①《毛泽东选集》第3卷，人民出版社1991年版，第790页。

也干不好。

在基层党建中尤其要注意让群众监督干部。1945年，在黄炎培先生和毛泽东同志探讨历史周期率的时候，毛泽东同志表示："我们已经找到新路，我们能跳出这周期率。这条新路，就是民主。只有让人民来监督政府，政府才不敢松懈。只有人人起来负责，才不会人亡政息。"[①]党的十八大报告中有两条：一是健全社会主义协商民主制度，二是完善基层民主制度。我们完全可以在基层民主这方面有所创新、有所作为。前提是，必须能切实加强党的领导。

六、要作遵规守纪的表率

凡事要按规矩来，不要有任何的随意性。在当前的大形势下如果还想着"打擦边球"，或者抱着"无所谓、差不多"的想法，那可能要付出断送前程的代价，那完全不值得。

要维护党中央权威，在思想上政治上行动上同党中央保持高度一致，听从党中央指挥，不得阳奉阴违、自行其是，不得对党中央的大政方针说三道四，不得公开发表同中央精神相违背的言论。"不许妄议中央"，这是政治纪律。组织部长位置特殊，不管是中央、省委、市委，都不许妄议。要维护党内团结，决不允许培植私人势力，要坚持五湖四海，团结一切忠实于党的同志，团结大多数，不得以人划线，不得搞任何形式的派别活动。要遵循组织程序，不允许擅作主张、我行我素，重大问题该请示的请示，该汇报的汇报，不允许超越权限办事，不能先斩后奏。要服从组织决定，不允许搞非组织活动，不得跟组织讨价还价，不得违背组织决定，遇到问题要找组织、依靠组织，不得欺骗组织、对抗组织。

① 逄先知、金冲及主编:《毛泽东传》第2册，中央文献出版社2011年版，第729页。

各县（市、区）组织部是市委组织部的延伸，对当地党委负责的同时，要对市委组织部负责，有特殊情况要随时汇报。要洁身自好，不能贪财享乐。小节不守，终累大德。如果你吃了人家一顿饭，你在人家那里就只值一顿饭钱；如果收了人家一张卡，就只值一张卡的钱。中央八项规定出台后，还敢顶风而上、收钱收物，就是自取灭亡。如果公权私用、公器私用，因为收了东西替人递好话、替人争荣誉、替人谋位置，那会丢了自己的前程。要管好亲属和身边工作人员，决不允许他们擅权干政、谋取私利，不得纵容他们影响政策制定和人事安排、干预日常工作运行，不得默许他们利用特殊身份谋取非法利益。

大家都知道"白袍点墨"的典故。作为组织部长，我们要时刻提醒自己做一个一尘不染的人。大家不要觉得这是一个苛刻的要求，相反这是一个最基础的要求。如果说别的干部腐败，污染的是水流，那么组织部长腐败，污染的就是水源！组织部长不同于别的领导干部，岗位的特殊性就决定了要求的特殊性。作为管干部的领导干部，管人必先正己，正己必须从严。严到什么程度？要严到让别人鸡蛋里面就是挑不出骨头来，严到让别人拿放大镜也照不出问题来！只要沾染一点灰尘，就会留下一个污点，就会授人以柄、落人口实，就难以服众，难以做到坦坦荡荡、无所畏惧。我们监督干部，必须首先自己经得起监督；我们考验干部，必须首先自己经得起考验；我们挑选干部，必须首先自己经得起挑选。这一点提醒，请大家务必记住。

组织上把我们放在组织部长的位置上，是经过千挑万选的，是天大的信任和充分的肯定。我曾经说过，职位是造福社会、实现人生价值的最好平台。没有干事的平台就独善其身，有了干事的平台就一定要兼济天下。组织部长是一个很好的平台，大家位居这样的职位、身处这样的平台，一定要利用好它，多干事、干好事。

希望我们都能尽职尽责，不辱使命。将来，在我们回首往事的时候，可以自豪地说，我无愧于这个岗位，算得上是党员干部的榜样、标杆、表率。

（本文是作者 2017 年 2 月 17 日在烟台市组织部长专题培训时的讲话节选）

组织部门要加强自身建设

一、要增强政治意识

增强政治意识，就是要做到对党绝对忠诚。讲忠诚绝不是唱高调、说空话。

第一，从个人的角度看，作为共产党员，对党忠诚是一个最基本的要求。在平时工作生活中，要经常反思自己：距离党员的标准是不是还有差距？对党是不是能做到绝对忠诚？思想上是不是还有与党的路线方针政策不吻合的地方？对党交给的任务是不是能够不打折扣地贯彻落实？尤其是现在意识形态领域有很多乱象，需要时刻警惕、高度警醒，旗帜鲜明地反对新自由主义、历史虚无主义等。党员是无产阶级的先锋队，组织部的党员应该是全市党员的先锋队。别人要通过“两学一做”学习教育做合格党员，我们每一个人都要做模范党员。

第二，从工作的角度看，组织部门是党的政治机关，每一项工作都与讲政治、讲忠诚紧密结合，要把政治意识贯穿组织工作全过程。比如，在干部选拔任用上，除了看干部发展经济的能力，也要看干部的政治品质和抓党建的能力。在考察考核中，要有意识地了解干部的政治观点、对群众的态度，把对党忠诚作为考察干部的第一标准。又如，基层党建工作更是与讲政治、讲忠诚紧密相关，目前各级抓党建的意识不强，党建氛围不够浓，一些工作看不到党建的影子，体现不出党建工作的影响。因此，要强化党建意识，加大党建覆盖力度，开展任何工作都要同时考虑把党的组织延伸到每一个角落，把党的声音传递给每一个群众，让群众感受到党的伟大。即便与外国人打交道、与非党的同志打交道，也要让他们充分感受到党的伟大和党员的先进性。再如，在网络党校建设上，特别是在课程的设置、教学资源的搜集过程中，首要的也是讲政治。平时要注意学习中央精神、学习习近平总书记的重要讲话精神，对其进行深入领会领悟，以促进工作开展。部机关要围绕政治学习，组织一些小组讨论，以便于大家交流学习心得。

二、要增强大局意识

古人说，“不谋全局者，不足以谋一域”。无论做什么工作，都要有大局意识。

第一，要有宏观的视野。做科室的工作，要将其置于整个部里的工作大局来考虑；做组织工作，要将其置于全市经济社会发展的大局来考虑；做烟台的组织工作，要将其置于全省乃至全国组织工作大局来考虑，看我们的工作能为全国全省全市的大局做些什么。以俯视的视角，而不是以“身陷其中”的视角来看待工作，只有跳出组织看组织、跳出烟台看烟台，才能使工作更有预见性、超前性，才能更好地把握方向和定位。只有具备这样宏观的视野，才能把工作做得更好。

第二，要服务中心工作。做各项工作，都要找到与中心工作的结合点，比如，2016年农村党建工作的重点，在抓好常规性工作的同时，要与扶贫紧密结合起来。选派第一书记是扶贫工作很重要的一个方面，要真正发挥作用。又如，选拔使用干部重点要看干部抓党建、抓发展的水平，虽然不能以 GDP 论英雄，但是抓党建和抓发展的能力是最基本的考察因素。再如，人才工作要与产业更好地结合，直接为经济社会发展服务。

第三，要善于团结协作。团结共事、合作干事，是一种品格，也是一种修养。组织部是一个整体，每个科室都是其中的有机组成部分，要牢固树立“一盘棋”的思想，打破壁垒、加强协作、密切配合，形成凝聚力和战斗力。

三、要增强问题意识、补齐短板

世界上没有 100% 的完美，即使一项工作能达到 95% 的完美，剩下的 5% 就是问题，就是短板。

第一，要坚持问题导向。这是一个非常重要的工作方法，改革就是沿着“发现问题——解决问题——再发现问题——再解决问题”的道路走过来的。谈问题、找短板绝不是否定过去的成绩。对于过去的成绩和经验做法，一定要继续坚持，发扬光大。在此基础上，对还不够完善的地方加以改进，使短板变长。在短板变得足够长之后，可能目前的长板又变成了相对的短板，那么再转而将这些短板补齐，由此实现螺旋式上升。要直面问题。真正对一个人好，就应该告诉他还有什么地方做得不够好，提醒及时改进。因此，对自己分内的工作要及时发现问题，汇报工作也不要回避问题。

第二，要善于反思。有一种成功叫“无意义的成功”，有一种失败叫“有意义的失败”。什么叫“无意义的成功”？就是一项工作做得很好，上级也认可，但自己梳理不出为什么成功，总结不出经验，不能指导今后的工作，这种成功就是没有意义的。什么叫“有意义的失败”？

就是一件事虽然做错了，但通过反思总结了失败的原因，避免以后出现同样的问题。这样，即使一时做错了、失败了，也是有意义的失败。通过这样的反思，可以把工作上升到更加理性的层面。部务会要求大家交流最满意的工作和最不满意的工作就是出于这样一种考虑。长期坚持对每一项工作都进行反思，我们的工作水平、思维水平一定会有很大的提升。

四、要增强抓落实意识

抓落实是一切工作的根本，说得再好，落不到实处就是空谈。抓好工作落实要注意把握以下 4 点：

第一，要抓早。要早谋划、早考虑，用思路引领工作，而不是让工作推着走，这样就会比较从容，不至于被动。比如，在人才发展体制机制改革工作中，省里研究制定相关政策文件时，我们要不等不靠，同步谋划考虑，把工作做在前头。等省里政策文件正式出台后，做局部的修改就行，这样既可以争取工作主动，又可以提高效率。

第二，要抓细。抓工作要具体，不能大而化之，市级落实上级的部署和要求，一定要有具体的举措，要有细化的标准，不能只是原则性地提要求，不能上下一般粗，不能像收发室一样，只是倒倒手转给区县去落实。汇报工作时也要这样，贯彻落实的措施要具体，不能泛泛而谈。

第三，要抓严。就是督导调度要严，既要发现问题，也要敢于指出问题，不能搞“一团和气”。部署了一项工作，就要盯着抓落实，落实得不好，就要旗帜鲜明地公布出来，大胆地开展批评，确保各项工作落实不打折扣。一个好干部要敢于担当，敢管敢严是最基本的担当，文过饰非做老好人永远抓不好工作。

第四，要抓实。凡是布置的工作、提出的要求，不能放空炮，一定要有回应、有结果，做到有决策部署、有任务分解、有督导调度、有考核评比，层层传导责任、传导压力，推动各项组织工作向实处用力、在实处见效。

（本文是作者 2016 年 7 月 4 日在烟台市委组织部部务会议上的讲话）

附 录 APPENDIX

各界人士对烟台党建经验的评价

衣家村古稀老人修路的感人实践再次证明，决战决胜脱贫攻坚、实现全面建成小康社会的百年梦想，要靠党组织和党员干部把群众组织起来。

——旷思思、王慧:《古稀老人修路记》,《求是》杂志 2020 年第 17 期

山东烟台探索推广党支部领办合作社，通过选优配强村“两委”班子，将村民有效组织起来，让党支部在村集体经济发展过程中发挥带头作用，并有效地服务群众，使村子焕发出内生动力。

——肖家鑫:《山东烟台探索党支部领办合作社 支部有作为 群众干劲足》,《人民日报》2020 年 11 月 3 日

烟台把农民组织起来，不仅是迈向共同富裕，更重要的是拓展了党

的组织部门的功能，组织部门不仅是“人力资源部”，更要组织群众。把一个个普通农民内在的那种精气神激发出来，这是合作社未来更大的生命力所在。

——北京大学国家发展研究院教授李玲

“烟台经验”一个关键的特点是，把党支部中“能人”的经营管理能力发挥到了乡村集体经济经营当中，让这些作为企业家的“能人”把追求经济利益最大化的目标和村社公共利益最大化的目标紧密结合在一起，实现了激励相容。

——中国人民大学教授温铁军

习近平总书记多次鲜明指出，我国“统分结合，双层经营”的实践的结果是“‘分’的积极性充分体现了，但‘统’怎么适应市场经济、规模经济，始终没有得到很好的解决”。这个问题经过几十年探索，烟台是真正破局了。

——中国社会科学院社会政策研究中心副主任杨团

党支部领办合作社一方面能够节制资本过度膨胀和逐利，但另一方面恰恰也提供了一种渠道，使资本力量能够较好地与农村实际相结合，迅速改变农村经济社会的面貌。这是带有一定普遍性的经验。

——复旦大学思想史研究中心主任白钢

烟台证明了，在市场经济下做大做强集体经济并非特殊现象，只要找准路子，经过努力，大多数条件一般的村庄都是能做到的。

——山东省委党校（山东行政学院）教授戚桂锋

烟台的探索，由最初的反对、质疑，到局部的成功，再到成为广大群众衷心拥护和支持的事情，艰辛不言而喻。这也正说明了，中国特色社会主义现代化建设，并不是一个简单的事情，我们一定能够化解前进道路上的坎坷与不平。

——鲁东大学马克思主义学院副院长殷昭鲁

不是有了现成的完美的好干部才有党支部领办合作社，而是在党支部领办合作社的过程中，一批好干部随着事业的发展而迅速得到锻炼，在成就人民事业的同时，成就着自己。

——中共济南市委党校（济南行政学院）校委委员何惠玲

反对“单纯军事观点”，把建党、建政、建军统一起来，是中国革命胜利的重要经验。烟台把群众组织起来，更加有效地利用了各方面资源，继承了党的优良传统。

——中山大学哲学系教授吴重庆

如果只限于做党务，而不去抓党建，那么组织工作就会从我们党的基石变成官僚主义滋生的地方。烟台的探索是对我们党革命、建设经验的继承和发扬。

——中国社会科学院美国研究所研究员魏南枝

我们推行党支部领办合作社，找到了党的领导在农村落地的载体和平台，避免陷入“就党建抓党建”的自我循环，避免了把党建抓成党务。

——烟台市委组织部“两新”工委专职副书记吕永杰

感谢“党支部领办合作社”，它给了田家村由乱到治、由贫到富的局面。

——烟台市莱州市文峰路街道田家村党支部书记杨春华

我们村合作社建立了老人食堂，名字叫铭恩食堂，就是不忘党的恩情、不忘父母恩情的意思。合作社办食堂让村里的人上下都很齐心，感觉像一家人一样。大家都对这个食堂很叫好，也都相信村党支部，希望合作社越办越好。

——烟台市福山区臧家庄镇北洛汤村村民李阿妮

后 记 POSTSCRIPT

群众的鼓励，是前行的动力

2020 年 11 月 16 日，我因工作调整，离开烟台市，到山东省药监局报到。离开烟台前那段时间，每天都有人给我打电话或者到我办公室来，从市级领导到县委书记，从部门负责人到村和社区书记，大家和我一起回忆携手干事创业的日子，表达不舍之情，使我很感动。

有的同志给我留言说："党支部领办合作社是大势所趋，是符合人民群众利益的，是代表先进生产力发展方向的，也是马克思主义在中国实践的结果。"有的同志说："烟台组织工作特别是基层党建工作在全省走在前列、在全国有影响，体现了对党的忠诚、为民的情怀。"有的基层同志制作了纪念册或小视频送给我作为留念……所有这些，都是烟台的干部群众悄悄做的。不知他们在繁重的工作和劳作之余，占用了自己多少休息时间，耗费了自己多少心血。没有想到，在共同奋斗的过程中结下的感情会这么深。俗话说"人走茶凉"，可我这一走，茶不仅没有凉，反而愈加浓郁了。

其实，我深知，个人的力量是有限的。如果没有党多年的培养教育，没有省委、省政府和各级组织提供的干事平台，没有上级领导给予的关心和爱护，没有烟台干部群众的支持和帮助，单凭我个人的力量，怎么可能做成这些事？此生何其幸运，竟能收获如此多的深情。我唯有继续努力前行，以此为回报。

最让我感动的是一位村党支部书记的留言：

烟台实施了党支部领办合作社，在我们烟台的大地上，让农村农业农民又看到了新的发展前景，参与者谁没有感受到组织起来的力量？过去老百姓想解决可一直解决不了的问题，都慢慢地解决了，让村庄有了活力，有了奔头。请您放心，我一定把党支部领办合作社干得红红火火，再难我们都会挺过去，决不辜负您对我们的支持和帮助！

我去过这个村，见到过这位村党支部书记。他为了带领党员和群众创办合作社，把自己家的生意都放弃了，是个无私的人，我很敬重他。今天，他用干惯了农活的手写下的这些话，是对我沉甸甸的信任和肯定。于我而言，金杯银杯不如群众的口碑。村党支部书记的一句赞扬，让我觉得3年多来为办合作社吃过的苦、承受的压力都值了。我的努力，基层群众都看到了，这就是天底下最大的褒奖。我唯有继续努力前行，以此为回报。

2020年11月28日，有客人从烟台来济南看我。他从旅行包里取出一包东西，说这是件神秘的礼物。打开层层包裹的纸，发现里面是一摞鞋垫，每一双鞋垫都像工艺品一样精美。有的绣着“一帆风顺”，有的绣着“好运年年”，有的绣着“万事如意”……满是祝福。客人说，这是他所在社区的一位大姐听说他要来济南，紧赶慢赶，绣了8双鞋垫，托他一定带给我。大姐写了几句话：

于部长，您好！非常感谢您为我们做的一切，我们都记在心里。送上我做的几双鞋垫，留个纪念！祝您在以后的工作（中）顺顺利利！天天开心！

我在基层调研时见过这位大姐，但和她并不熟悉，素无交往。我只是做了自己该做的工作，人家却报我以深情厚谊。这让我想到，战争年代，人民群众给子弟兵送鞋垫，是把战士当亲人；今天，群众给我送鞋垫，也是把我当成了亲人。穿着群众绣的鞋垫，一定可以走得稳，一定可以打胜仗。感谢烟台人民！无论走到哪里，我都不会忘记亲爱的父老乡亲！

群众最公道，我们做的一切，他们都看在眼里。群众最包容，只要真心实意为他们办事，他们就会把我们当作亲人。群众最无私，我们给他们一桶水，他们能还我们一片海。群众最有力，把群众组织起来，可以排山倒海，无坚不摧，创造任何人间奇迹！我把这 8 双鞋垫放在了书橱最显眼的地方，它们时刻提醒我，要永远把人民放在心里最高位置。

最后，衷心感谢滕文生同志为本书题写书名，李慎明同志为本书作序，张全景、王伟光、朱佳木、孔丹、王宏甲、冷晓燕、江宇等领导和同志热情推荐本书，也感谢东方出版社的领导和编辑老师为本书所作的高效细致的策划和编辑工作。